트러스트

트러스트

초판 1쇄 발행 2022년 7월 6일

지은이 벤저민 호 / **옮긴이** 조용빈

펴낸이 조기흠
기획이사 이홍 / **책임편집** 정선영 / **기획편집** 유소영, 박단비, 전세정
마케팅 정재훈, 박태규, 김선영, 홍태형, 배태욱, 임은희 / **제작** 박성우, 김정우
교정교열 이경민 / **디자인** studio 213ho

펴낸곳 한빛비즈(주) / **주소** 서울시 서대문구 연희로2길 62 4층
전화 02-325-5506 / **팩스** 02-326-1566
등록 2008년 1월 14일 제 25100-2017-000062호

ISBN 979-11-5784-588-0 03320

이 책에 대한 의견이나 오탈자 및 잘못된 내용에 대한 수정 정보는 한빛비즈의 홈페이지나 이메일(hanbitbiz@hanbit.co.kr)로 알려주십시오. 잘못된 책은 구입하신 서점에서 교환해드립니다.
책값은 뒤표지에 표시되어 있습니다.

hanbitbiz.com **facebook.com/hanbitbiz** **post.naver.com/hanbit_biz**
youtube.com/한빛비즈 **instagram.com/hanbitbiz**

Trust

트러스트

신뢰는 시장을 어떻게 움직이는가

벤저민 호 지음
조용빈 옮김

한빛비즈
Hanbit Biz, Inc.

감사의 말

그동안 이 책의 초안에 지적과 피드백을 해주신 모든 독자와 학생, 제자에게 감사의 말씀을 전한다. 책을 쓰는 것은 힘든 작업이지만 혹시나 내용이 제대로 전달되지 않을까 걱정한다. 그러나 지적이나 제안이 있는 걸 보니 적어도 책의 일부분이 어떤 사람들에게는 이해가 된 것 같아 다행스럽다.

제자, 그중에서도 자세한 의견을 준 아이비 텅, 스테퍼니 쿤스, 조이 초프라, 에릭 헤이돈, 사나야 시카리에게 감사의 말을 전한다.

연구를 도와준 디아나 헨리에게도 감사의 뜻을 전하고 싶다. 나는 그녀를 내 생각에 거침없이 반박했기 때문에 채용했고 그녀는 이 책의 구조와 주제를 선정하는 데 커다란 도움을 주었다. 또한 내 문장과 사고를 명확하게 정리할 수 있도록 꼼꼼하고 비판적인 눈으로 원고를 검토해준 담당편집자 세라 스트리트에게도 감사를 표한다. 방향을 설정해준 세스 스티븐다비도비츠에게도 감사의 말을 드린다. 이 책이 탄생할 수 있도록

나와 많은 토론을 한 내 친구 레자 하스마스에게도 고맙다는 말을 하고 싶다.

또한 지원을 아끼지 않은 컬럼비아대학출판부의 편집자인 브리짓 플래너리매코이, 에릭 슈워츠, 크리스천 윈팅에게도 감사드린다.

책이 나오기 얼마 전 타계하신 박사과정 지도교수 에드워드 러지어 교수님께 감사의 말을 전한다. 내가 아직 학생일 때 교수님은 내가 언젠가 집필할 책의 모든 증정본은 사인을 해서 돌려야 한다고 말씀해주셨다. 교수님께 첫 번째 증정본을 드릴 생각으로 매우 기분이 좋았는데 안타깝다. 이 책 곳곳에 그분의 영향이 남아 있다. 경제학을 통해 보편적 진리를 얻을 수 있다는 신념은 교수님께 특히 배울 부분이었다. 일찍 돌아가셔서 몹시 아쉽다.

러지어 교수님과 친구들 그리고 동료들에게도 고마움을 전한다. 이분들 덕분에 지적인 여행을 통해 내 생각을 다듬을 수 있었다.

오늘의 내가 있도록 해준 어머니 란 호 여사님께도 감사의 마음을 전하고 싶다. 또한 항상 내가 정직하게 살도록 도와준 형 앤디 슐레진저에게도 고맙다는 말을 하고 싶다.

마지막으로 이 책을 쓰는 모든 과정에 도움을 준 평생의 반려자 로미나 와하브와 무엇이 중요한지 늘 일깨워주는 아이들에게 감사하고 싶다.

이 책에서 다룰 내용

제1장에서는 인류 문명의 역사를 신뢰의 확대라는 면에서 재조명할 것이다. 인류의 DNA에는 신뢰가 새겨져 있다. 다시 말해 신뢰를 다지고 주위의 다른 사람들에게 내가 믿을 만하다는 것을 보여주려는 본능이 내재해 있다.

최초에는 우리의 가족이나 부족에게만 이 본능을 표현했다. 범위를 넓혀 보다 많은 사람에게 신뢰를 보여주게 된 것은 수 세기에 걸친 문명의 발전 덕분이었다. 인류는 종교, 시장, 법률 같은 제도를 발전시켜 신뢰의 확장을 가능토록 했다. 물론 조직 구성원끼리는 더욱 신뢰하게 되지만 외부 사람은 더욱 불신하게 되는 부작용도 있었다.

또한 비교적 알려지지 않은 관습인 선물 주기gift-giving가 협조와 신뢰를 구축하는 기본 제도가 된 이유도 설명하겠다.

제2장에서는 시장과 관계없는 제도, 즉 의학에 대한 신뢰부터 기후변화

의 과학에 대한 신뢰까지 알아본다. 이 책에서 문명과 기술이 어떻게 나란히 서로에 대한 신뢰를 발전시켜왔는지를 살펴보겠지만, 최근 몇십 년간 전문 분야에 대한 신뢰가 감소한 것은 사실이다.

특히 의학, 언론, 정치 분야의 신뢰 감소가 두드러진다. 전문 분야에 대한 신뢰가 감소한 것은 어디에서나 정보를 얻을 수 있게 되었기 때문이다. 신뢰는 믿음인데 그 믿음이 우리가 얻을 수 있게 된 정보로 인해 약해진 것이다.

제3장에서는 신뢰가 우리의 일상생활과 개인 간의 관계에서 어떤 역할을 하는지 알아볼 것이다. 여기에는 사생활과 존엄성에서 나타나는 신뢰의 역할부터 어떻게 비난이 신뢰를 무너트리고 사과가 신뢰를 회복하는지까지 포함된다.

또한 때로는 왜 우리 자신조차 믿을 수 없는지 그리고 신뢰이론이 어떻게 더 나은 결정을 하도록 도와주는지에 대한 설명도 할 것이다. 추락한 신뢰를 회복하고 지속적으로 확장하기 위한 로드맵도 함께 제시한다. 더불어 낯선 사람에게 가지는 신뢰의 기본선에 대해서도 알아볼 것이다.

또한 자신을 신뢰하는 것이 어떻게 관계 개선에 도움이 되는지, 관계가 손상되었을 때 어떻게 신뢰를 회복해야 하는지, 인간 존엄성의 원칙

이 어떻게 신뢰의 강화라는 궁극적 목표를 방해하는 동시에 강화하는지도 알아볼 것이다.

제4장에서 신뢰에 대한 경제학자의 생각을 살펴본 다음, 제5장에서는 현대경제를 구성하는 제도 안에서 화폐와 금융부터 공유경제 및 블록체인까지 신뢰가 작용하는 모든 방식을 살펴본다.

우리가 신탁은행에 돈을 예치하고 피신탁자가 기업을 운영하듯이, 현대경제의 많은 부분은 오늘날 우리가 당연한 것으로 여기는 신뢰에 의존한다. 우리는 중앙은행이 화폐 공급을 적절히 유지하리라 믿는다. 사실 화폐라는 개념도 우리가 화폐제도를 신뢰하지 않으면 아무 의미가 없다.

지난 10년간 전자상거래, 공유경제, 블록체인 분야의 가장 큰 숙제는 근본적으로 불신을 극복하는 데 있었고, 신뢰의 이 중심적 역할은 21세기에도 이어지고 있다.

제6장은 결론으로서, 인간의 역사에서 신뢰의 역할을 되짚어보고 미래를 예측해본다. 이 책은 연구 결과에 기초하는데 미래를 연구할 수는 없으므로 현재로서는 예측하는 수밖에 없다.

바라건대 독자 여러분이 이 책을 읽고 신뢰가 가져올 미래에 대해 나와 마찬가지로 긍정적인 생각을 가졌으면 한다.

목차

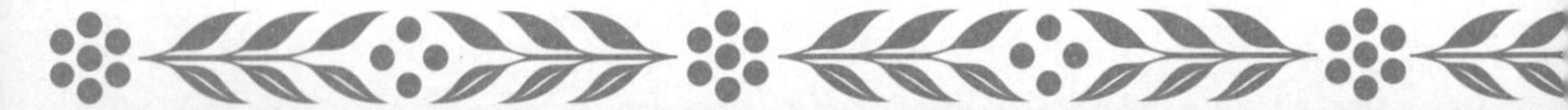

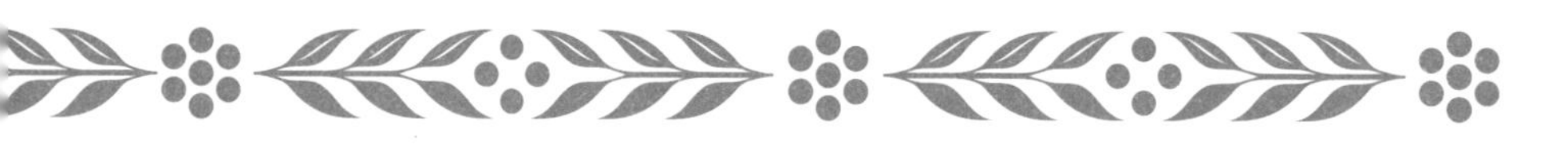

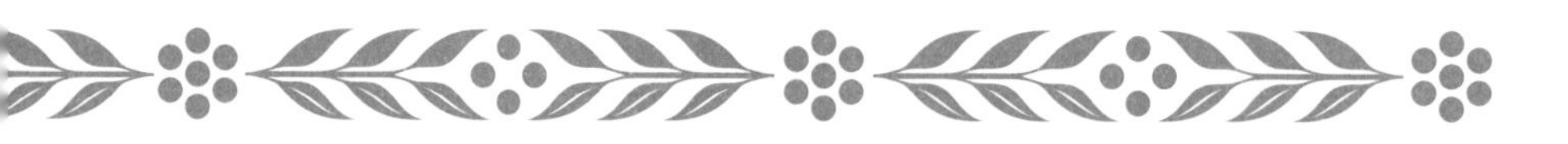

chapter 1

신뢰의 역사

이 장에서는 선사시대부터 현대까지 신뢰의 역사를 추적해본다. 문명의 역사는 결국 사람이 어떻게 서로를 신뢰하게 되었는지에 대한 역사다. 우리는 혼자 사냥하거나 혼자 먹지 않고 함께 사냥해서 사냥감을 나눠 먹었다. 협동하여 성당과 피라미드 같은 건축물을 지었다. 그러나 협조한다는 것은 남을 믿어야 한다는 뜻인데, 그러다 보면 맡은 임무를 게을리하고 다른 사람에게 묻어가는 사람들을 만나게 마련이다. 그래도 신뢰를 쌓는 방법을 찾아야 했다. 오랜 기간에 걸쳐 우리는 정부와 법률이라는 제도를 만들어 협력의 딜레마를 극복할 방법을 만들었지만 이것도 신뢰가 없으면 작동하지 않는다.

이에 더해서 문명을 지배했던 제도의 발전을 들여다봄으로써 인류 문명의 각 단계를 고찰할 것이다. 그렇지만 명확히 하기 위해 나는 노벨상 수상자인 더글러스 노스Douglass North가 내린 정의를 이용하겠다. 그는 제도가 믿음과 규범이며 우리의 행동을 한정 짓는 보이지 않는 규칙이라고 정의했다. 모든 게임에 규칙이 있듯이 모든 사회에도 규칙이 있다. 우리는 왜 규칙을 지키는가? 규칙을 따를 때와 위반할 때 각각 어떤 일이 발생할지 알고 있기 때문이다. 이런 예상 때문에 행동 규범과 규칙이 생겼고 우리는 게임이론의 시각에서 이들을 연구할 수 있다. 이런 규범과 규칙을 넓은 의미에서 **문화**라고 부른다.

신뢰를 이해하는 데 제도가 중요한 이유는 두 가지다. 첫째, 거의 모든 제도가 신뢰 없이는 작동하지 않기 때문이다. 사회는 제도를 만들어 집단행동 문제•나 부족한 자원의 분배 같은 사회적 문제를 해결하려 한다. 보다 구체적으로는 시장경제, 사법제도, 민주주의 같은 제도에 각 단계별로 신뢰가 필요하기 때문이다. 책 한 권을 구입하는 데도 신뢰가 필요하다. 법원에서 분쟁을 판결하거나 규제를 강제하기 위해서 얼마나 신뢰가 필요한지 생각해보라.

두 번째 이유는 인간이 만든 제도라는 것이 결국 쉽게 신뢰하기 위해 고안되었기 때문이다. 인류 문명의 핵심은 결국 대규모의 협력을 통해 보다 크고 위대한 것을 만들어왔다는 점에 있다. 나는 뉴욕 지하철 플랫폼 위에 선 수많은 인파 속에서 매일 500만 이상의 시민을 이동시키는 이 대단한 시스템에 감탄하곤 한다. 사람들은 복잡하고 지연이 잦은 뉴욕

● 수많은 기업 또는 사람으로 구성된 집단이 공동의 이해관계가 걸려 있는 문제를 개인의 이기심이나 무임승차 등의 원인으로 스스로 해결하지 못하는 상황 –옮긴이(이하, 본문의 모든 각주는 옮긴이 주이다).

지하철에 불만이 많지만 나는 그것이 보여주는 인간의 기발한 재주가 놀랍기만 하다. 이는 매일매일 수많은 사람과 수많은 시스템의 협조와 노력으로 이루어진다.

우리는 신뢰게임trust game(제4장 참조)의 구성 요소인 신뢰자와 피신뢰자의 관점에서 신뢰를 지원하는 제도를 관찰할 수 있을 것이다.

| 신뢰를 지지하는 제도

우리는 신뢰를 상호교류하는 사람의 신뢰성에 대한 믿음으로 정의한다. 믿음은 우리가 받는 정보에 기인하며, 많은 제도가 정보를 퍼트리고 유통시킬 목적으로 만들어졌다. 우리가 다룰 주제는 다음과 같다.

- 전근대적 부족시대의 소문
- 쇼핑할 때 찾는 브랜드
- 인터넷시대의 사회관계망서비스SNS

| 신뢰성을 지지하는 제도

우리는 신뢰성이란 행동을 통해 자기에게 주어진 신뢰를 입증하는 사람이 가진 특징이라고 정의한다. 이는 사람마다 또 상황마다 전부 다르며 인간 내면의 선악을 구분하는 능력에 따라 달라진다. 그런데 이런 구분 능력도 결국은 외부에 존재하는 제도의 영향을 받아 형성된 것이다. 그 사례로 다음 항목을 다룰 것이다.

- 감정이입과 이타심을 포용하도록 진화한 생물학적 능력
- 도덕적 행동규범을 강요하는 종교적 가치관
- 의학 같은 분야에서의 행동강령

| 신뢰 행위를 지지하는 제도

신뢰 행위는 믿음의 도약과 같다. 우리가 위험을 감수하는 이유는 누군가를 믿고 주어진 일을 완수하거나 조치를 취하기 위함이다. 어떤 사람의 신뢰성에 대해 강력한 믿음(즉 신뢰)을 가질 수는 있지만 확신이 서지 않을 때 믿음이 도약할 수 있도록 도와주는 제도에는 다음과 같은 것이 있다.

- 아무런 대가 없이 선물을 주는 관습
- 신뢰가 무너졌을 경우에 이를 만회할 수 있는 계약
- 거래와 계약의 자동화를 추구하는 블록체인 기술

| 신뢰성 행위를 지지하는 제도

마지막으로 일단 피신뢰인에게 신뢰가 주어지면 피신뢰인은 신뢰할 만한 행동을 할지 말지 결정해야 한다. 그 결정은 피신뢰인의 가치관뿐 아니라 그들의 행동을 지배하는 제도에도 좌우된다. 어떤 제도는 신뢰하기 어려운 행위를 금지하고 다른 제도는 신뢰성을 증명할 만한 다른 방법을 제시한다. 그 사례로는 다음과 같은 것이 있다.

- 공권력하의 재판제도와 집행기관
- 고통스러운 문신 같은 종교의식
- 무너진 신뢰를 회복시키는 역할을 하는 사과

나중에 각 항목을 심도 있게 다루겠지만, 우선 인간의 신뢰를 생물학적 관점에서부터 살펴보자.

생물학

아기가 미소 짓거나 웃는 걸 보고 왜 그럴까 생각해본 적이 있는가? 포유류의 새끼는 대부분 태어난 지 몇 분이 안 되어 스스로 일어서고 걷기 시작한다. 그러나 인간의 아기는 몇 개월이 지나야 걸을 수 있다. 그런데 인간의 아기는 걷기 전에 미소 짓고 웃는 걸 배운다. 어째서 태어난 지 일 년간 걷지 않아도 되는 동물이 난 지 일주일 만에 **웃어야** 할까?

진화단계에서 어떤 유전형질을 선택할 때는 목적이 있다. 이런 행동은 수만 년 동안 우리의 유전자에 프로그램 되어왔다. 왜 그럴까? 웃음의 목적이 무엇일까? 말이 나왔으니 말인데 왜 인간만이 얼굴이 붉어질까? 유전자를 통해 전해진 행동 중에서 인류를 사회적 동물로 특징 짓도록 하는 행동은 또 어떤 게 있을까?

다른 생물과 마찬가지로 인간도 다음 세대에게 자신의 유전자를 물려주려는 본능이 있다. 이 본능으로 인해 우리는 직계가족, 특히 자손의 생존을 위해 필사적으로 노력한다. 따라서 생물학적으로 우리는 한 명에서 열 명으로 구성된 그룹의 사람들을 신뢰하지 않을 수 없다(대략 직계 가족의 수와 일치한다).

인류가 수 세기에 걸쳐 발전시켜온 사회적 제도가 어떻게 생물학적 본능에 뿌리를 두고 신뢰하는 사람의 범위를 어떻게 수백만, 아니 심지어 수십억 명의 사람으로 확대시킬 수 있었는지를 살펴보자.

| 정열의 경제학

감정을 유발시키는 신호나 반응은 경제학보다는 심리학의 범주에 포함되지만, 경제학자는 인간의 감정이 상호교류에서 차지하는 역할 때문에 이를 연구해왔다. 경제학자 로버트 프랭크Robert H. Frank는 그의 저서《합리적인 정열Passions within Reason》에서 인간의 선천적인 감정반응을 경제활동에서 최적의 전략을 선택하도록 하는 생물학적 메커니즘으로 볼 수 있다고 주장했다. 이 메커니즘은 스스로 작동해서 우리의 행동을 결정하지만, 우리는 그것이 왜 존재하는지 그리고 어떤 분야에서 우리를 도와주는지 전혀 알지 못한다.

경제활동은 기업의 상품가격 결정부터 노동자의 회사 선택까지 여러 형태를 띠지만, 전형적인 경제 게임에서 (아마도 가장 오래되었기 때문에) 가장 중요한 것은 어떤 과업을 완수하기 위해 두 사람이 협력해야 할 때 과연 서로를 신뢰하고 일을 같이 할 수 있느냐는 것이다.

저자는 울고 웃고 미소 짓는 모든 행동은 사람들이 협력하는 데 도움이 되는 방향으로 진화했고 그 결과 우리에게 보다 나은 경제적 이익을 가져다주었다고 주장한다. 진화의 과정에서는 생존 가능성을 높이는 유전형질이 선택된다. 그러나 현대의 유전학에서는 유기체로서 개체의 생존보다는 유전자 자체의 생존이 더 중요하다고 생각한다.[1] 예를 들어 다윈은 보다 많은 먹이를 구할 수 있는 핀치새의 부리처럼 개체의 생존에 도움이 되는 형질에 주목했다. 그러나 현대생물학은 적어도 몇몇 생물에게 개체의 생존 가능성은 필수적으로 그들의 사회적 무리가 얼마나 잘 기능하느냐에 달려 있다고 주장한다.[2]

이 새로운 시각은 진화론이 오랫동안 해결하지 못한 난제인 이타적 행위를 설명할 단서를 제공한다. 왜 벌은 침입자를 막기 위해 벌침을 쏘고 나면 죽도록 진화했을까? 진화론에서 가장 중요시하는 것이 적자생존인데 왜 생존의 정반대인 자살을 하도록 진화했을까? 오늘날에는 가장 적합한 **유기체**가 아니라 가장 적합한 **유전자**가 살아남는다는 것이 생물학에서 거의 인정되는 분위기지만, 그런 결론을 도출하기까지는 개념상의 혁명이 필요했다.[3] 비록 벌은 죽더라도 그 유전자 코드는 후대로 전해져 벌의 희생을 통해 벌집이 온전히 보존된다. 생물학자들이 이타심에 대한 단초를 잡자 동물세계의 많은 사례가 보이기 시작했다. 예를 들어 먹은 피를 게워내 동료에게 먹이는 흡혈박쥐나 자신의 위치가 노출될 위험을 무릅쓰고 소리를 내 동료 원숭이에게 경고를 보내는 버빗원숭이까지 사례는 많다.[4] 인간 사회에도 슈퍼히어로 영화부터 가톨릭교회가 성인으로 추대한 테레사 수녀까지 희생정신과 이타심의 본보기가 되는 많은 사례가 있다.

행동과학자들이 사람의 이타심을 측정하는 게임 중에 **독재자게임** dictator game이 있다. 이 게임에서 실험 대상자는 결과를 마음대로 결정할 수 있는 권한을 받는다. 예를 들어 이들에게 20달러를 주고 모르는 사람과 나누어 쓰라고 요청한다. 돈을 어떻게 나누는지 전혀 상관하지 않는다. 혼자 독점해도 되는데 놀랍게도 참가자의 64퍼센트가 다른 사람과 돈을 나눈다.[5] 경제학자들은 자신의 행복보다 사회 구성원의 행복을 더 중요하게 생각하는 현상을 보여주는 이 선천적 이타주의 성향을 '사회적 선호social preference'라고 부른다.[6] 실험에서 금액을 높여보기도 하고, 실험 국가를 바꿔보기도 하고, 익명성의 정도를 변화시키는 등 갖가지 변화를 주었음에도 불구하고 일관적으로 상당히 높은 비율의 참가자가 이타적 행동을 보였다.

독재자게임 하나 가지고 이타적 성향이 선천적으로 타고난 것인지 후천적으로 습득한 것인지 판단하기는 어렵지만 추론은 어느 정도 가능하다. 심리학자들은 뇌의 작용을 제대로 알기 위해 극단적인 경우를 들여다보았다. 인구의 1퍼센트는 사이코패스의 성향이 있다고 한다.[7] 이들은 사회규범을 잘 알고 지키는 척 흉내를 내기 때문에 사회에 잘 적응하는 정상인처럼 보이지만 다른 사람에 대한 공감능력이 부족하기 때문에 다른 사람을 해치는 데 거리낌이 없다. 즉 타인의 감정을 이해하거나 공유하는 능력이 부족하다. 따라서 이들은 다른 사람에게 해를 끼쳤을 때 죄의식이나 후회를 못 느낀다. 최근에 쌍둥이형제에 대한 연구에서 사이코패스 성향이 유전된다는 것이 밝혀졌다. 이는 우리 유전자 안에 타인이 느끼는 것을 알고 싶은 욕망이 조금이나마 있다는 뜻이다. 공감능력을 담당하는 유전자가 있다는 것은 이타심과 공감능력이 진화에 유리하게 작용한다는 뜻이며 인류 진화의 역사에서 사회적 선호가 계속 존재해왔음을 보여준다.

| 그래서 아기는 왜 웃는가?

다시 최초의 질문으로 돌아가보자. 아기는 왜 웃는가? 로버트 프랭크의 가설에 의하면 진화는 경제 게임에서 보다 많은 이익을 낳는 형질을 선택한다. 게임에서 좋은 결과를 낳는(예를 들어 사냥한 짐승의 고기를 나누는 것 같은) 집단이 생존할 가능성이 높고 이에 따라 그런 특징이 후대에 전해진다. 신뢰에서 가장 중요한 문제는 누구를 신뢰하느냐다. 따라서 자신이 신뢰할 만한 사람임을 보여주는 형질이 진화에 유리하다.

미소가 바로 그런 역할을 한다. 표정은 의식하지 못하는 사이에 자동적으로 짓게 된다.[8] 심리학자 폴 에크먼Paul Ekman은 평생 사람의 얼굴 표정을 연구했으며 미세한 얼굴 근육의 변화에서 사람의 감정을 읽어낼 수 있다고 주장한다. 미소는 가장 기본적인 표정이다. 아기는 엄마 배 속에서부터 웃기 시작하고 생후 2개월이 되면 다른 사람이 웃을 때 따라 웃는다.

미소의 목적은 여러 가지다. 마음속에서 우러나오는 미소는 거짓으로 흉내 내기 어렵다. 이는 아기가 카메라 앞에서 포즈를 취하며 짓는 억지웃음에서도 알 수 있다. 타이라 뱅크스도 리얼리티 프로그램에서 모델 지망생들에게 입 모양뿐 아니라 눈으로 웃어야 한다고 훈계하지 않는가? 대부분의 사람은 의식적으로 눈웃음을 지을 수 없다. 진정한 미소는 그 사람의 감정을 들여다볼 수 있는 창문이다. 웃는 사람의 생각을 자동적으로 밖으로 나타내며 그 사람을 믿을 수 있는지 판단할 가장 최신 정보를 제공한다.[9] 신뢰게임(제4장 참조)을 해보면 우리가 웃는 사람을 더 신뢰한다는 것을 알 수 있다.[10] 미소는 억지로 꾸미기 어렵기 때문에 누구를 신뢰할지 결정할 때 중요한 정보를 제공한다.

미소의 또 다른 목적에는 다른 사람의 미소를 유도하기 위한 것도 있다. 미소는 아기가 태어나서 처음으로 하는 상호행동 중 하나이며 신뢰 사이클의 시작점 역할을 한다. 미소는 다른 사람에게 나의 신뢰성을 보여주는 역할을 하지만, 동시에 다른 사람의 신뢰를 유도하는 시작점 역할도 한다.

아기들은 미소를 주고받으면 다음엔 크게 웃기 시작한다. 웃음이나 얼굴 근육의 움직임이 사람의 생각을 노출하듯, 큰 웃음도 마찬가지다.

미소가 행복감이나 즐거움을 나타내는 반면 소리 내어 웃는 웃음은 장난의 의도가 있음을 드러낼 때가 많다.[11] 신뢰이론에서 다뤘듯 신뢰성을 결정하는 중요한 요소는 의도다. 그러나 큰 웃음은 의도를 넘어 보다 세련된 사회적 행위인 농담과 관련 있다.[12]

농담이란 무엇인가? 무엇이 웃게 만드는가? 아이들의 웃음에서 단서를 찾을 수 있다. 아이들이 자라면서 아장아장 걷기 전에 까꿍 놀이에 빠지는 시기가 있다. 아직 대상영속성•을 모르는 태어난 지 1년 미만의 아기들은 뜻밖의 상황에서 즐거움을 느낀다. 부모가 손바닥 뒤로 얼굴을 숨기면 아기는 아기가 보는 세상에서 부모도 사라졌다고 느낀다. 손을 치우고 부모의 얼굴이 보이면 아기는 깔깔대고 웃는다. 손바닥 뒤로 숨었지만 계속 거기 있다는 것을 알게 되면 까꿍 놀이는 더 이상 재미가 없어진다.

좀 더 나이를 먹으면 '응가 이야기'를 좋아하게 된다. 응가에 관한 농담을 이해하게 되면 왜 농담이 신뢰의 원천이 되는지 알 수 있을 것이다.[13] 부모가 아무리 조심을 해도 아이들은 특정 상황에서 화장실과 관련된 이야기를 하면 안 된다는 걸 금방 배운다. 따라서 예상치 못한 상황에서 갑자기 똥 이야기를 하면 아기는 뒤집어지도록 웃는 것이다. 사람들은 어떤 규범이 침범당했을 때 웃는다(때로는 기가 막혀서 웃기도 하지

• object permanence, 존재하는 물체가 어떤 것에 가려져서 보이지 않더라도 그것이 사라지지 않고 지속적으로 존재하고 있다는 것을 아는 능력.

만). 이 경우는 똥에 대해 이야기하지 않는다는 규범이 깨졌기 때문에 웃는 것이다. 나이를 먹어가면서 사회적 역할이나 정체성 등을 주제로 유머가 점점 세련되어지지만 뜻밖에 규범이 위반되면 웃는다는 기본 전제는 변함없다.

누구를 만났는데 믿을 만한 사람인지 확신이 서지 않는다면 그에게 농담을 한번 해보라. 만일 그가 당신과 웃음 코드가 맞는다면(억지웃음이 아니고 진심에서 나오는 즉각적인 웃음) 그가 당신이 느끼는 것과 같은 것에 유머를 느낀다는 뜻이다. 규범의 파괴가 웃음을 유발하는데 유머 코드가 같다면 규범이 같다는 뜻이다. 규범이 같다면 신뢰해도 좋다는 의미다.

욕도 마찬가지 역할을 한다. 마이클 애덤스Michael Adams는 욕을 하면 신뢰를 구축할 수 있다고 말했다.[14] 욕은 의도적으로 금기를 깨는 것이다. 당연히 금기를 깨는 사람은 사회에서 처벌을 받게 되어 있다. 욕을 함으로써 자신이 취약한 처지에 있다는 것을 알려 신뢰 행위가 시작된다. 상대방이 욕에 대해 긍정적인 반응을 보이면 신뢰 행위가 화답을 받아 사이클이 완성된다.

| 신뢰 호르몬?

신뢰가 인류의 유전자에 새겨져 있다는 것을 가장 잘 보여주는 증거는 소위 **신뢰 호르몬**이라고 불리는 옥시토신에 대한 연구에서 입증된다. 엔도르핀이 고통과 쾌락, 아드레날린이 위험과 관계있듯, 옥시토신은 신뢰감과 관계있다. 옥시토신은 남성호르몬과 여성호르몬이 활발히 작동하는 초기의 불꽃 튀는 연애 시기가 지나고 난 다음에 오는 은은한 애정관계와 연관된 호르몬이다. 이 호르몬은 오르가슴 중에 분비되어 성교 후의 정서적 유대감을 강화하는 기능이 있다.[15] 또한 초보 엄마들이 출산할 때와 수유할 때 분비되어 신생아와 유대감을 강화한다고 알려져 있다. 재미있는 사실은 초보 아빠들의 높은 옥시토신 수치인데 직접적으로 출산이나 수유를 하지 않아도 배우자의 수치가 높아지면 초보 아빠들의 수치도 같이 높아진다.[16]

학계에서는 옥시토신에 대한 연구 수준을 한 단계 높여 기존의 호르몬 분비 시점에 대한 연구에서 분비량을 조절해 사람들의 행동 조절 가능 여부까지 연구하는 단계에 이르렀다. 옥시토신과 신뢰 행동의 연관성을 관찰하는 것만으로는 이 호르몬이 신뢰를 유발한다는 증거를 찾지 못했다. 어쩌면 옥시토신은 그저 우리가 신뢰를 경험할 때 나타나는 또 다른 생물학적 과정의 부산물일지도 모른다. 아니면 신뢰가 옥시토신 분비를 유도하는 건지도 모른다. 옥시토신이 신뢰감을 유발한다는 것을 증명하기 위해 실험에 추가적인 옥시토신을 투입해야 했다.

폴 잭Paul Zak과 동료들이 그런 실험을 했다.[17] 신뢰게임에서 상대방에 대한 신뢰가 클수록 참가자의 뇌에서 분비되는 옥시토신 수치가 높다는 것을 밝혀낸 이 연구팀은 다음 단계로 실험 참가자에게 옥시토신을 흡입하도록 했다(합성 옥시토신은 상품으로 출시된 것이 많아 분만을 유도하기 위해 임산부에게 투여하기도 하고 모유수유에 곤란을 겪는 산모에게 투여하기도 한다). 그 결과 신뢰게임에서 상대방에 대한 신뢰감이 증가했으며 다른 사람의 의도를 다르게 생각한다는 것을 밝혀냈다. 연구진은 옥시토신 투여량이 증가하면 공감능력이 증가하기 때문에 신뢰도가 증가한다고 주장했다. 다만 실험의 효과가 지속적인지에 대해서는 논란의 여지가 많다.[18]

다른 연구에서는 신뢰를 신경생리학 관점에서 파악하기 위해 뇌를 스캔해서 분석하기도 했다.[19] 이와 유사한 다른 실험에서는 뇌의 특정 부분이 죄의식과 후회를 담당한다는 사실이 밝혀졌다. 이 두 감정은 신뢰의 사이클에 없어서는 안 되는 요소이다. 인간의 감정이 상호작용을 쉽게 하도록 설계되었다는 경제학자 프랭크의 가설대로, 죄의식은 무너진 신뢰관계를 회복하고 미래의 신뢰관계를 발생시키는 유인제 역할을 한다.

또 다른 연구에서는 유전자와 신뢰의 관계를 조사했다. 일란성 쌍둥이와 이란성 쌍둥이에 대한 비교 연구를 통해 신뢰게임에서 인간이 보여주는 행동은 유전되는 성질이 있다는 것이 밝혀졌다. 단, 환경의 영향이 유전자보다 크다는 것도 밝혀졌다.[20]

체화지능•으로 알려진 심리학의 한 분야는 최근에 두뇌가 사회적 정보를 처리하는 데 생리학적 역할이 크게 작용한다는 점을 밝혀냈다. 이 연구에 의하면 두뇌는 모든 부분이 연결되어 있기 때문에 아무 연관이

• embodied intelligence, 사람의 지능이 두뇌뿐 아니라 신체의 형태, 기능과 연관되어 있다는 개념.

없을 것 같은 외부의 감각적 자극이 사고와 행동에 영향을 줄 수 있다. 실제 실험에서 한 집단에게는 차가운 음료수를 잡게 하고, 다른 집단에게는 따뜻한 음료수를 손에 쥐게 한 뒤 새로운 사람을 평가하도록 했다. 찬 음료수보다 따뜻한 음료수를 쥔 사람들이 낯선 사람을 보다 신뢰할 만하다고 평가했는데 이는 낯선 사람과 따뜻한 음료수를 무의식적으로 연관시켰기 때문이라는 것이다.[21]

요약하면 생물학은 누구를 신뢰해야 할지 모르는 문제를 해결할 수 있도록 신뢰관계를 시작하는 방법과 상대방에게 신뢰를 보여주는 방법을 제시한다. 아기가 웃는 것부터 우리가 자동적으로 욕과 금기사항에 반응하는 것까지 인류는 사회적 반응능력을 갖고 태어난다. 이 능력으로 인해 우리는 다른 사람을 믿게 되고 자신이 믿을 만한 사람임을 보여줄 수 있다. 우리는 규범과 가치관을 공유하는 사람을 신뢰하는 경향이 있다. 따라서 이 규범을 표면으로 끌어내 보이도록 하는 메커니즘이 신뢰 사이클을 완성하는 데 매우 중요한 역할을 한다.

우리는 또한 농담을 통해 누가 우리와 같은 가치관을 가지고 있는지 분간한다. 유심히 봐야 할 것은 '다른 사람'을 고의적으로 비하하는 일반적인 농담이다. 이런 농담은 '그들'을 욕해서 '우리'를 중심으로 결속력을 구축한다. 신뢰를 쌓기 위해 사용하는 이런 방식의 나쁜 점은 이것이 고의적으로 외집단out-group을 **배척**한다는 데 있다. 신뢰의 나쁜 측면은 뒤에서 다룰 것이다.

선물

나는 크리스마스를 좋아한다. 그 음악과 장식물, 여기저기 퍼지는 행복감, 선물 등등 생각만 해도 좋다. 자라면서 나는 어머니가 전후 타이완에서 겪었던 결핍된 생활을 보상하려고 이렇게 많은 선물을 준비한다고 생각했다. 크리스마스트리 주위에는 항상 밝은색 선물상자가 넘쳤다. 사랑을 표현하는 방법은 많다. 애정 어린 말, 같이 보내는 소중한 시간, 일을 도와주는 것, 육체적 접촉 등등. 어머니는 선물로 애정을 표현하셨다.[22]

경제학자와 전문가는 크리스마스에 선물을 교환하는 관습을 비판한다. 그것이 가족과 더 많은 시간을 보내야 하는 크리스마스 정신을 훼손한다고 주장한다. 경제학자인 조엘 월드포겔Joel Waldfogel은 그의 책《스크루지노믹스Scroogenomics》에서 미국의 크리스마스 선물 구입에 사용되는 660억 달러 중 18퍼센트(120억 달러)는 받는 사람이 원치 않는 선물 구입에 쓰인다고 주장했다.[23] 그는 이 금액이 말 그대로 하수구로 버리는 돈이라며, 그 대신 상품권이나 그보다 더 좋은 현금으로 주자고 제안한다. 정말로 애정을 표현하고 싶은 사람이 있다면 현금을 주어서 알아서 쓰도록 하라는 이야기다. (설에 현금을 가득 채운 봉투를 주는 것처럼) 현금을 주는 문화도 많다. 그렇지만 월드포겔의 주장은 매우 중요한 것을 고려하지 않고 있다. 인간관계를 보다 끈끈하게 하는 선물의 역할을 간과하고 있는 것이다.

선물을 주는 관습은 사실상 신뢰를 쌓는 중요한 방식이다. 왜냐하면 위험성이 내포되어 있기 때문이다. 우리가 잘못된 선물을 구입할 수도 있다는 위험이 있고, 이는 낭비이자 받는 사람에게는 당황스러운 상황이 될 수도 있다. 왜 우리는 직접 돈을 달라고 해서 필요한 것을 사지 않을까? 왜 다른 사람이 나를 위한 선물을 선택하는 시스템을 유지하고 있을까? 다른 사람이 내가 소중하게 생각하는 것을 얼마나 제대로 알고 있느냐는 신뢰성을 측정하는 방법 중의 하나다. 크리스마스에 현금을 주는 것을 관례화한다면 누가 우리를 더 잘 아는지 알 방법이 없다. 선물을 함으로써 선물을 고르는 데 시간을 투자했다는 사실과 받는 사람의 취향을 밀접하게 파악하고 있다는 점을 피력할 수 있다.

경제학자 콜린 캐머러Colin Camerer는 선물 교환의 역할을 뒷받침하는 게임이론을 개발했고 이는 내 연구논문에 반영되어 있다.[24] 캐머러는 그의 모델에서 선물 구입에 들어가는 비용이 비효율적이라는 점을 충분히 인식하고 있지만, 동시에 그 비용이 비싸기 때문에 유용하다고 주장한다. 상대방이 좋아하는 선물을 주어 유대가 강해지려면 원하지 않는 선물을 줄 위험도 무릅써야 한다는 것이다.

오늘날 선물은 성숙한 어른이 잠시 한눈파는 장난처럼 뭔가 유치한 것으로 간주된다. 그러나 선물을 주고받는 행위는 인간이 만든 가장 오래된 관습 중 하나며 현대경제의 기초가 된 행위다.

| 선물의 경제학

월드포겔은 선물을 주고받는 행위가 시장에서 효율적인 자원 배분을 하지 못하기 때문에 낭비라고 주장한다. 경제학에서는 자원을 가장 소중히 생각하는 사람에게 분배되는 시장이 효율적이라고 말한다. 그런 면에서 상당 부분 그의 주장에 일리가 있다. 시장은 한 사회 내의 자원을 배분하는 데 놀라울 정도로 효율적인 제도이기 때문이다.[25]

그러나 항상 효율적인 시장만 있었던 것도 아니다. 심지어 오늘날에도 시장이 완전히 효율적이라고 말하기엔 조금 부족하다. 경제학자들은 일생을 바쳐 정보의 비대칭이나 과점의 횡포 같은 시장 실패를 찾아내고 수정하느라 노력한다. 시장제도가 원활하게 가동하기 위해 필요한 재판이나 계약, 소통 네트워크, 추천서 같은 제도가 없던 과거에는 상황이 더 안 좋았다. 그래서 제도와 시장이 생기기 전에 선물이 있었다.

마르코 폴로와 중세 유럽의 상인은 새로운 교역의 기회를 찾아 중국으로 갔다.[26] 그러나 중국에 도착해보니 국제무역이 기본적으로 불법이었다. 14세기부터 19세기 사이에 중국의 국제무역은 역사에서 **조공제도**라고 불리는 선물 교환 시스템을 통해 이루어졌다. 외국의 사신은 중국 황제에게 선물, 즉 **조공**을 바치고 중국 황제는 그 답으로 조공을 바친 국가에 선물을 하사했다. 황제는 받은 조공을 처분하거나 분배해서 정부 운영에 사용했다.

수백 년 동안 중국의 국제무역은 선물을 주고받는 시스템으로 이루어졌고 이는 신뢰가 없다면 불가능한 제도였다. 사신들은 중국에 선물을 보내면 중국이 같은 값어치의 선물로 되돌려주리라 예상했다. 시장 경제에서는 대가성 교환quid pro quo exchange이 관례화 내지 법제화되었다. 그러나 선물로 유지되는 경제에서는 동일한 대가를 기대할 때 관례나 법이 아닌 상대방의 신뢰성을 믿을 수밖에 없다.

조공제도가 유지된 이유 중 하나가 아시아 국가들이 중국을 두려워했기 때문이라는 것에는 의심의 여지가 없다. 이 국가들은 중국이 보내는 '하사품'을 받기 위해 조공품을 보낸 것도 있지만 중국의 비위를 건드리지 않고 침략을 예방하려는 목적도 있었다. 그러나 중국의 군사력이 약해졌을 때도 조공제도가 몇 세기간 유지된 것은 중국에 선물을 주면 동일한 가치의 선물로 보답받을 것이라는 믿음이 있었기 때문이다.[27]

물론 법률 등 현대와 같은 제도가 없던 시절이므로 다른 선택의 여지도 없었다. 베네치아 상인과 중국 상인이 비단과 와인을 교역하기로 합의했다면 상대방이 끝까지 교역 조건을 지켜줄 것을 믿어야 했다. 둘 중의 한 명이 위반한다고 해도 계약을 강제할 법률이 없었다. 시장의 거래도 신뢰를 바탕으로 이루어지며 중국과 다른 국가 간의 조공제도 역시 신뢰를 기반으로 이루어졌다. 다만 그 형태가 달랐을 뿐이다.

| 선물의 기원

선물을 주는 것은 불과 2~3세기 전까지만 해도 국제무역 질서의 일부로 간주되었지만 따지고 보면 그 역사는 인류의 초창기까지 거슬러 올라간다. 사바나에서 어렵게 가젤 한 마리를 잡은 사냥꾼이 고민에 빠진다. 먹어도 남을 만큼의 고기가 갑자기 생겼는데 남은 고기는 상해서 버려야 할 것이기 때문이다. 남은 고기를 보관할 냉장고도, 내다 팔아 돈으로 교환할 수 있는 시장도 없다. 그에게는 또 다른 고민거리가 있다. 그는 사냥에 성공하려면 많은 운이 따라야 한다는 걸 알고 있다. 오늘은 운이 좋았지만 언젠가 운이 좋지 않은 날도 분명 있을 것이다. 해결 방안은 간단했다. 남은 고기를 오늘 사냥에 실패한 이웃에게 선물로 주는 것이다. 이웃의 호혜 정신이 언젠가 입장이 바뀌었을 때 은혜를 되돌려줄 것이다.

여기에는 신뢰의 전제조건이 모두 들어 있다. 사냥에서 얻은 획득물을 나누면 모두에게 좋기 때문에 협조로부터 얻는 이익이 있다. 나눠줘도 상대방이 나중에 갚는다는 보장이 없으므로 위험도 있다. 하지만 나눠줄 여유가 있다면 언젠가 내게 갚을 것이라는 희망으로 다른 사람과 나눈다. 마지막으로 좋은 평판을 쌓을 기회가 생긴다. 계속해서 주고받고 하다 보면 누가 믿을 만하고 믿을 만하지 못한지 알게 된다.

마을의 다른 사람에게 선물을 주는 이런 '선물경제'는 많은 전근대적 부족사회를 움직이는 경제 시스템이었다. 인류학자들은 이 관습을 연구해서 선물을 주고받는 정교한 의식에 대해 많은 기록을 남겼다. 예를 들어 파푸아뉴기니의 여러 부족이 쿨라링 교환Kularing exchange 의식을 행하는데 이는 카누를 타고 몇백 마일에 걸쳐 여러 섬을 도는 행사다. 시계 방향으로 돌 때는 붉은 조개껍질로 만든 목걸이를 선물하고 시계 반대 방향으로 돌 때는 하얀 조개껍질로 만든 팔찌를 선물한다.[28] 인도에는 형제자매간에 선물을 주고받는 락샤 반단Raksha-Bandhan이라는 관습이 있다. 여동생이 오빠의 손목에 끈을 묶어주면 오빠는 동생을 보호해주겠다는 의미로 답례의 선물을 주는 풍습이다.[29]

오늘날 서구사회에서는 선물을 아이, 축제, 생일 등과 연관시켜 생각한다. 시장이 생기기 전의 부족사회에서 선물을 주고받는 것은 생존에 필수적인 관습이었다. 이런 이유로 인류학자 진 엔스밍어Jean Ensminger와 조지프 헨릭Joseph Henrich 연구팀이 경제 게임을 실험했을 때 부족 단계 사회가 다른 사람과 나누려는 의사가 제일 낮게 나와 매우 놀랐던 것이다. 다음에서 이를 알아보자.

| 실험으로 하는 시간여행

신뢰의 역사적 기원을 보다 잘 알기 위해 역사를 거슬러 올라가려면, 가장 이상적으로는 타임머신을 타고 수천 년 전까지는 아니더라도 수백 년 전의 사회로 가서 직접 실험을 해보는 게 좋지만 아직 기계가 발명되지 않았으므로 차선책에 의지하는 수밖에 없다.

엔스밍어와 헨릭 팀은 인류의 경제 행위가 어떻게 발전해왔는지 밝히기 위해 실험경제학• 기법을 이용했다. 전 세계를 뒤져 경제 발전의 각 단계에 머무르고 있는 마을 15곳을 선정했다. 리스트에는 외부의 시장경제와 전혀 접촉이 없는 농업 이전의 수렵채집 단계 마을(탄자니아의

• experimental economic, 실험을 통해 얻은 데이터를 수집, 분석하는 경제학의 한 분야.

하자 마을, 볼리비아의 치마네이 마을)부터 전 세계와 연결되고 현대적이며 자본주의적인 미국의 마을까지 포함되었다. 연구진은 각 문화 단계에서 규모가 비슷한 마을끼리 짝을 지어 비슷한 돈을 걸고 실험을 했다. 모든 단계의 문화가 화폐를 사용하는 것은 아니었으므로 객관성을 높이기 위해 2주치의 소득을 기준으로 삼았다. 미국은 400달러였고 아마존 마을은 평균적인 가족이 2주간에 걸쳐 사냥하거나 채집할 수 있는 양의 음식이었다.

마을 사람들을 실험적인 게임에 참여하도록 하고 각 문화 간에 나타나는 행동을 비교해보았다. 실험은 특정 상황에서 신뢰가 어떻게 작용하는지 알아보는 신뢰게임, 각 플레이어가 상대방이 어떤 결정을 할지 모르는 상태에서 상대방과 협조할 것인가 배신할 것인가를 결정하는 죄수의 딜레마prisoner's dilemma 게임, 사람들이 공정을 얼마나 중시하는지를 알 수 있는 최후통첩게임, 실험 대상자에게 음식이나 돈을 주고 같은 마을의 모르는 사람에게 얼마나 나누어주겠느냐고 물어보는 독재자게임 등으로 구성되었다.

수렵채집사회는 인류가 오래전에 어떻게 행동했을지에 대한 힌트를 주고 행동을 비교할 수 있도록 해준다. 연구팀은 시장통합• 정도에 따라 마을을 나열했는데 왼쪽에는 수렵채집과 자급자족 단계인 마을을, 오

• market integration, 시장이 달라도 동일한 상품이나 서비스에 동일한 방향으로 가격이 형성되는 상황.

른쪽 끝에는 미국과 유럽처럼 통합 시장경제가 적용되는 마을을 배치했다. 전통적인 독재자게임에서 같은 마을의 모르는 사람과 얼마나 나누겠느냐고 물어보고 응답한 평균 수치를 각 마을별로 표시했는데 그림 1.1에서 보듯이 명확하게 패턴이 나타난다.

학생들에게 결과를 예측해보라고 하면 실험팀이 추측했던 것과 비슷한 예측치를 내놓는다. 학생들은 일면식도 없는 기업과의 비대면 거래가 일상화된 현대사회와 생존을 위해 매일 이웃에게 의존해야 하는 부족사회를 비교했다. 그리고 보다 집단성이 높은 수렵채집사회가 더 많

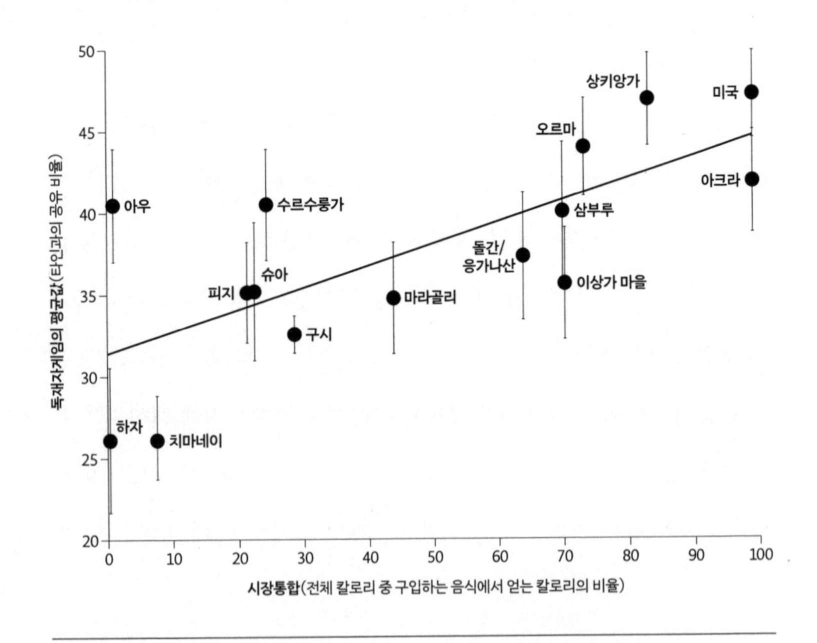

그림 1.1 **시장통합 평균값 대비 각 집단의 독재자게임 평균 공유율**

출처: Ensminger, J., & Henrich, J. (Eds.). (2014). *Experimenting with social norms: Fairness and punishment in cross-cultural perspective*. Russell Sage Foundation. Figure 4.4.

이 나눌 것으로 예상했다. 수년간 선물경제사회를 연구했던 인류학 교수들도 비슷한 결과를 예측했다. 뜻밖에도 정반대의 결과가 나왔다. 미국의 현대화된 마을에 사는 사람들이 모르는 이웃과 가장 많이 나누겠다고 했고 수렵채집사회 부족 구성원들의 대답이 제일 낮았다.

학생들과 인류학자들이 표준화된 이 경제 실험에서 간과한 것이 있었다. 그것은 모르는 사람에게 얼마나 주겠냐는 질문이었다. 수렵채집인이 현대의 미국인보다 훨씬 더 많이 이웃과 협력할 것이라는 건 의심의 여지가 없다. 그러나 모르는 사람과의 협력이라는 문제에 부딪히자 협력의 가장 중요한 요소인 호혜성이 없어져버렸다. 수렵채집 마을에서 협력은 일상적으로 발생하지만 이는 오직 장기간에 걸쳐 지속되는 관계에서만 가능하다.

모르는 사람에게 선물을 주면 선물교환경제의 핵심요소인 선물을 되돌려 받을 가능성이 없어진다.

이 결과가 의미하는 것은 사람 간에 남을 더 생각하는 사회적 선호는 호혜성과 신뢰를 기반으로 한다는 것이다. 갑자기 횡재를 하면(사냥에서 큰 짐승을 잡았거나 외국에서 연구팀이 방문해서 실험을 한다거나) 다른 사람과는 나누지만 모르는 사람과는 나누지 않는다. 반대로 특정한 사람과만 횡재를 나누면 그것은 또다시 신뢰와 호혜의 사이클로 편입된다. 내가 이번 사냥에서 얻은 고기를 너와 나누는 것은 미래에 네가 잡은 고기를 내게 나눠주리라 기대하기 때문이다. 다른 말로 하면 믿기 때문에 나눈다.

연구팀은 결과에 놀랐지만, 알고 보면 놀랄 일도 아니었다. 게임이론에서도 같은 결과를 예상한다. 그 이유는 선물 교환이 **조건부 협조**, 즉 상대방의 평판이 좋을 때만 일어나는 협조이기 때문이다. 조건부 협조는 상대의 평판을 알아야 하기 때문에 상대가 누군지 알아야 한다.

선물교환경제에서는 여태까지 내가 베푼 호의와 내가 받을 호의를 생각하면 직관적으로 결과가 예측된다. 그렇다고 해도 게임이론이 풀지 못하는 중요한 문제가 남는다. 예를 들어 부족 내 구성원의 수가 증가하면 어떤 일이 발생하는가?

우리는 두 사람 사이에 호의가 어떤 식으로 거래되는지 잘 알고 있다. 그러나 사람이 많아지면 문제가 생긴다. 구성원 입장에서는 집단에 속하면 구성원이 많아져 위험이 넓게 그리고 드문드문 퍼지기 때문에 좋다. 둘밖에 없다면 둘 다 사냥에서 실패할 가능성이 있다. 그러나 인원이 많아지면 사냥 실패 확률이 분산된다. 또한 인원이 많아지면 기술도 다양화되므로 특별한 기술을 가진 사람과의 협력 기회가 많아진다.

그러나 사람이 많아지면 신뢰를 유지하기 힘들어진다. 게임이론학자들은 집단의 규모가 커지면서 발생하는 문제, 즉 '미래의 그림자'•로부터 발생하는 문제에 집중했다. 미래를 고려하는 것은 신뢰에 대한 합리적 의사 결정에 중요하다. 그 두 가지 이유는 다음과 같다.

• shadow of the future, 미래에 거래가 계속 발생할 것으로 예상되면 당장의 이익보다 장기적인 영향력을 고려한 의사 결정을 한다는 게임이론.

1. 미래에 같은 사람을 만날 가능성이 있으므로 오늘 **신뢰**를 보여야 한다.
2. 미래에 같은 사람을 만나면 보답을 받을 수 있기 때문에 오늘 만나는 사람을 **믿는** 모험을 한다.

즉 신뢰는 내 행동이 미래에 미치는 영향에 대한 기대에 따라 달라진다. 그 기대란 피신뢰자가 신뢰성 있는 행동을 하고 신뢰자의 모험을 가치 있는 것으로 만들 것이라는 기대다. 이런 이유로 신뢰를 형성하고 유지하는 데는 인내심이 중요하다. 이런 강제적 집행 메커니즘을 작동하게 하려면 언젠가는 보상을 받을 거라는 희망으로 오늘 위험을 무릅쓰고 상대방을 믿는 수밖에 없다. 그러려면 인내해야 한다. 쌍방(일대일) 관계에서는 내가 오늘 베푼 것이 돌아온다는 것을 쉽게 알 수 있다. 그러나 내가 보다 큰 사회의 한 구성원에 지나지 않을 때는 참고 기다리기 쉽지 않다.

익명의 상대가 연관된 실험에서는 상대방을 다시는 만나지 못할 수도 있으므로 엔스밍어 등의 연구에 의하면 기본적인 본능이 불신 쪽으로 기운다. 매일 만나는 이웃과 관계가 지속될 때는 신뢰할 만하다는 명성을 쌓아야 할 충분한 이유가 있다. 미래에 그 명성으로부터 이익을 얻을 수 있기 때문이다. 게다가 지속되는 관계 형성의 가능성은 신뢰를 쌓기 위한 위험을 감수할 수 있도록 해준다. 오늘 관계를 형성해놓으면 미래에 보답을 받을 것이기 때문이다. 그런데 이 모든 것은 내가 규칙적으로 상호관계를 맺는 사람의 수가 늘어나면 바뀐다.

관계를 유지하는 이유는 언젠가 다시 관계를 맺을 가능성이 있기 때문이다. 게임이론을 연구하는 학자들은 이런 가능성을 **할인율**과 연결시켜 현재 가치 대비 미래 가치로 정의한다. 예를 들어 만화《뽀빠이》의 등장인물인 윔피가 "오늘 햄버거 한 개를 주면 화요일에 두 개로 갚아줄게"라고 제안한다고 하자. 그 제안을 받아들이면 화요일의 할인율이 50퍼센트라는 뜻이다. 즉 미래의 햄버거 1개는 현재 햄버거 가치의 50퍼센트에 불과하다.

게임이론에서는 사람들이 미래의 가치를 더 높이 평가할 때(다른 말로 하면 기다릴 수 있을 때) 협조적 행동을 유지하기 더 쉽다고 한다.

상대방을 다시 만날 가능성이 적을수록 미래의 관계를 덜 중요하게 생각하기 때문에 조직의 크기가 중요하다. 이웃이 한 명이면 매일 만날 수도 있다. 이웃이 두 명이면 만날 횟수는 반으로 줄어든다. 세 명이면 3분의 1로 준다. 이웃이 많을수록 만날 횟수가 줄어들고, 인내심이 있어야 관계 유지가 가능하다. 상호교류가 적다는 것은 관계에 투자할 이유가 별로 없고 다른 사람을 잘 모른다는 이야기다.[30]

누구를 믿어야 할지 모르는 데서 나오는 문제는 공동체 사회의 또 다른 발명품인 소문으로 어느 정도 해결할 수 있다. 다른 사람과 일대일로 직접 소통할 때는 그의 행동을 일거수일투족 관찰할 수 있다. 그러나 사회의 규모가 커지면 자신이 경험에만 의존하는 것으로는 부족해져 다른 사람의 경험에 의지하게 된다. 소문을 통해 많은 사람이 참여한 네트워크를 활용해 다른 사람의 신뢰를 알 수 있기 때문에 위험성이 그만큼 감소한다. 게다가 나에 대한 소문이 빨리 퍼진다는 것을 알게 되면 자신의 신뢰감을 높이기 위해 노력한다. 내 행동에 관한 소식이 널리 알려질 거라는 사실을 알면 나는 모범적인 시민이 될 수밖에 없다. 사실, 보다 더 중요한 것은 나에 관한 나쁜 소문이 날까 봐 행동을 조심한다는 것이다. 극단적인 경우, 조직에서 제일 신뢰받지 못하는 사람은 기피인물로 낙인찍혀 추방되고 다른 사람에게 신뢰를 잃으면 어떻게 되는지 본보기가 된다.[31]

하지만 소문이 완벽한 것은 아니다. 어떤 소문을 믿어야 할지 판단해야 한다. 다른 사람과 정보를 공유할 때는 합당한 근거가 있어야 한다. 따라서 소문이 믿을 만한지 검증하고 거짓 소문을 낼 가능성을 원천봉쇄할 시스템이 필요하다. 어릴 적에 전화기 놀이를 해봤다면 잘못된 소문이 얼마나 쉽게 퍼지는지 잘 알 것이다. 거짓말을 퍼트려 누군가 이익을 볼 수 있다면 나쁜 소문은 더욱 증폭되어 퍼져나간다. 법이나 종교처럼 우리가 이 장에서 다룰 제도들은 조직의 적정 규모 문제를 해결하기 위해 생겨난 것이다. 이것들이 없다면 사회가 커나가는 데 규모 면에서 한계에 부딪힐 것이다.

인류학자들은 공동체의 규모를 한정하는 수를 **던바의 숫자**Dunbar's Number라고 부르는데 사람의 경우 최대 150명이다. 로빈 던바Robin Duinbar는 1990년대에 영장류의 대뇌 신피질 크기와 무리 구성원 숫자 사이에 상관관계가 있음을 주목했다.[32] 그는 영장류가 신피질을 이용해 무리 내에서 계속해서 관계를 유지한다고 주장했다. 그러므로 인간이 영장류 중에서 신피질이 가장 크기는 하지만(**그림 1.2** 참조) 사람들이 구성할 수 있는 공동체 구성원의 숫자가 너무 많아지면 결국 쪼개질 수밖에 없다는 뜻이다.

그는 인류학 논문을 뒤져 부족민의 평균적인 숫자가 대략 150명이라는 증거를 찾아냈다. 인원이 150명을 초과하면 내부에 분규가 발생하여 공동체가 깨진다는 주장이다. 이는 로마시대 이후로 군대 조직의 표

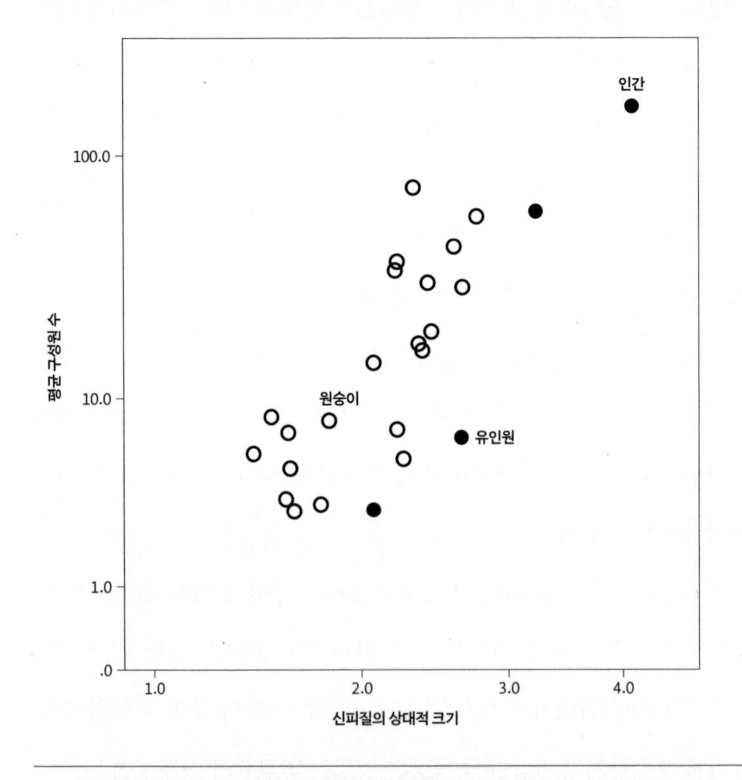

그림 1.2 영장류의 신피질의 상대적 크기(피질하부 면적 대비 신피질의 비율순)와 사회적 무리의 평균 구성원 수. 검은 원은 인간을 포함한 유인원, 흰 원은 원숭이. 회귀선은 사회인지복잡성의 증가 추세를 보여준다(선의 밀집도순).

출처: Dunbar, R. I. (2014). The social brain: Psychological underpinnings and implications for the structure of organizations. *Current Directions in Psychological Science, 23*(2), 109-14. Figure 1.

준 규모가 150명이고 페이스북에서 서로 소통하는 사람의 수도 평균 약 150명이라고 하며 자신의 이론이 옳다고 주장했다.[33]

그러나 사람 두뇌의 신피질 크기와 상관없이 오늘날 우리가 무리를 이루는 숫자는 던바의 숫자보다 크다는 것이 확실하다. 그런데 사람이 속한 그룹의 규모에 커다란 변화가 생겼다. 부락은 마을이 되고 마을은 도시가 되었다. 도시는 도시국가로, 도시국가는 민족국가가 되었다. 오늘날 자신을 보다 더 많은 사람과 동일시하려는 시도가 늘어나고 있다. 새로운 제도는 보다 많은 사람과 상호교류하는 데서 오는 문제에 대처하도록 그룹의 팽창과 나란히 진보해왔다.

선물경제는 다른 사람으로부터 받은 호의를 기억하고 누구한테 빚을 지고 있고 누구한테 은혜를 베풀었는지 곧바로 생각해내는 시스템에 기반을 두고 있다. 던바의 숫자는 우리가 소통하는 사람이 150명이 넘어가면 기억 가능 범위를 넘어간다고 알려준다. 이를 극복하는 방법은 곧이어 다룰 그룹화다. 빚을 갚아야 할 사람을 에이미, 밥, 칼 이렇게 사람별로 구분하지 않고 이들을 그룹화하면 기억능력을 효율적으로 사용하면서 계속 상호작용할 수 있다. 신뢰란 일종의 믿음이고 정보의 한 형태이다. 따라서 전부 다 그런 건 아니지만 신뢰의 문제는 계산의 문제다. 신뢰 문제를 해결하기 위해 생겨난 많은 제도는 정보를 단순화해서 유지하기 위한 목적에서 출발했다.

그룹화 기술은 보다 큰 조직에 신뢰를 확고히 뿌리내리게 하고 사회를 어떻게 구성해야 하는지에 대한 많은 영감을 주었다. 또한 상대방이 어떤 그룹에 속해 있느냐에 따라 달리 보는 메커니즘이 생겨나게도 했다. 속한 그룹을 기준으로 정체성을 판단하는 방식은 인류 문명의 발전 단계에서 강력한 요소로 작용했으며 오늘날에도 우리의 행동에 심대한 영향을 미치고 있다.

누구를 믿어야 할지 결정할 때 누구나 자기가 속한 부족민을 믿으려는 강한 속성이 존재하는데 이는 신뢰의 발전에 기본적인 요소로 작용했다. 왜냐하면 같은 부족민은 잘 알기 때문에 누구를 믿을지 결정하기 쉬우며 추방당할 가능성 때문에 신뢰성 있는 행동을 하기 때문이다. 마을에서 국가, 더 나아가 지구촌 사회까지 신뢰를 가능하게 하는 비법은 우리 부족민의 수를 늘리는 것이다. 그 첫 단계는 우리 사회를 종교를 중심으로 구성하는 것이다.

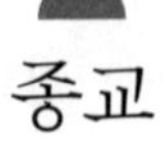

종교

캄보디아에는 세계 불가사의 중 하나로 지어진 지 천년된 석조 사원 앙코르와트가 숲속에 어지럽게 뻗어 있다. 넓이가 수백 에이커에 이르고 정글 속에 숨어 있는 이 사원은 전 세계에서 가장 큰 종교 구조물 중 하나다. 크메르문화는 대부분 다 사라졌지만 유일하게 앙코르와트만 남아 있다.

관광객으로 처음 이곳을 방문했을 때 가이드에게 이 사원의 용도가 무엇이었느냐고 물어보았다. 시장, 학교, 군사요새 등이 아닐까 추측했다. 가이드는 여러 용도가 있지만 주로 종교시설로 사용되었다고 답했다. 이 말이 나는 잘 이해가 되지 않았다. 제도가 얼마나 잘 기능하느냐에 따라 문화의 발전이 결정되는데, 시장, 학교, 방어시설 같은 실용적 용도의 건물이 아닌 종교 사원에 이렇게 많은 돈을 투자한 문화가 번성했다는 것이 이해가 되지 않았다.

그러나 고딕 성당부터 이집트 피라미드까지 현재까지 살아남은 웅장한 건축물이 기본적으로 종교시설이었다는 사실은 전부터 종교에 많은 자원을 투입하는 사회가 흔히 존재했으며, 이유는 잘 모르지만 종교시설에 투자했기 때문에 그 문명이 번성했다는 걸 입증하는 것인지도 모른다.

종교가 오래 살아남은 이유는 기능적 역할에 충실했기 때문이다.[34] 진화의 압력으로 적자가 생존하듯, 똑같은 메커니즘으로 적합한 사회가 살아남는다. 역사적으로 보면 강력한 사회조직이 인접 지역보다 생산량이 더 많아 그 지역을 점령하고 보다 오래 유지된 경우가 많다. 강력한 종교가 있는 사회일수록 건축물에 그들의 가치관이 반영된다. 종교가 사회의 안정과 결속을 강화했기 때문에 번창했고 경제 성장 덕분에 대규모 건축물을 지을 수 있었다.

앞부분에서 인간의 두뇌가 관리할 수 있는 관계의 수가 150명이 넘어가면 정리가 어렵고 제대로 관리하기 어렵다는 던바의 숫자를 다룬 적이 있다. 문명이 그 숫자를 초과하려면 새로운 제도가 필요하다.

이 장에서 다루는 내용의 많은 부분은 경제학자 로런스 아이어나콘Laurence Iannaccone의 선구자적 연구의 결과에서 왔다. 그는 게임이론을 발전시켜 종교 행위를 설명했다. 이 모델은 실험실에서 그리고 시계열 데이터를 통해서 테스트되었다. 그는 기능적인 관점에서 종교를 제도로 보고, 구성원에게 종교의 유용함이란 종교활동을 더 잘 영위할 수 있는 사회를 만드는 데 있다고 주장했다. 그는 빈민구호나 보호 역할을 강조하였으나 아브너 그라이프Avner Greif 같은 경제학자는 신뢰를 전파하는 과정에서 종교의 역할을 강조했다.

| 쉽볼렛을 발음해보시오

우리가 지금까지 본 것처럼 신뢰 대상자의 범위를 넓히려는 노력의 방해물은 우리의 두뇌가 겨우 150명 정도밖에 관계를 유지하지 못한다는 사실이었다. 범위를 확대시켜 보다 많은 사람을 포함시키려면 어떻게 해야 할까?

성서에는 종교가 범위를 넓히는 데 어떻게 도움을 줄 수 있는지 설명하는 구절이 있다.

길르앗 군은 에브라임 지역의 요르단강 나루를 차지하고 에브라임 사람이 도망치다가 건네달라고 하면, 에브라임 사람이냐고 묻고 아니라고 하면 '쉽볼렛'이라고 말해보라고 하고 그대로 발음하지 못하고 '십볼렛'이라고 하면 잡아서 그 요르단강 나루턱에서 죽였다. 이렇게 하여 그때 죽은 에브라임 사람의 수는 사만 이천이나 되었다.
-〈사사기〉 12장 5절

이 이야기는 신뢰집단의 범위를 넓히는 한 가지 방법을 알려주고 있다. 우리의 경험을 근거로 각 개인별로 신뢰할 사람을 판단하는 게 아니라(불가능한 방법이다) 그룹으로 신뢰 여부를 결정하는 것이다. 수백 명에 달하는 사람의 평판과 그들과의 관계를 기억하고 유지하는 것은 인간 두뇌의 용량을 초과한다. 만일 수백 명, 수천 명 아니 수백만 명을 하나의 그룹으로 묶은 뒤 그룹으로 평판을 추적한다면 관리 가능한 영역 내에 들어올 것이다. 이러한 그룹의 정체성이 물론 종교집단에만 해당되는 건 아니지만, 역사를 보면 종교는 인간의 정체성을 구별하는 중요한 역할을 했다. 개인의 평판 대신 그룹의 평판을 이용하면서 신뢰의 모델은 많은 변화를 겪게 된다.

속한 그룹으로 신뢰해야 할지 말지 쉽게 알 수 있다면 신뢰는 조직 내에 공유되는 자원이 된다. 그라이프는 중세 말기에 길드나 도시의 구성원 중 한 명이 신뢰하지 못할 행동을 하면 그 사람이 속한 길드나 도시의 다른 모든 구성원과 관계를 끊도록 하는 사례를 발견했다.[35] 속한 집단의 어떤 사람이 좋거나 나쁜 행동을 하면 그 집단의 다른 사람들도 영향을 받는다. 그룹은 도움은 주지 못하면서 그룹이 쌓아놓은 명성에 무임승차하는 사람이 없도록 해야 한다.

그룹이 신뢰를 공유한다는 의미는 진입장벽을 높이 쌓아 아무나 함부로 구성원이 될 수 없도록 한다는 뜻이다. 예를 들어 고통스러운 문신을 새기고, 몸에 상처를 내고, 특별한 지식이나 언어(경전 암송)를 공부하는 등 어려운 입문의식을 통과하도록 하는 것이다. 대학의 사교클럽 입회식의 복잡한 의식에 대해 많은 사람이 연구했다. 내가 입학해서 우등생 클럽에 들어갔을 때 마침 회장이 내 친구였고 신입회원의 입회식을 주관하고 있었다. 회장은 예복을 입고 입회식 내내 근엄한 얼굴로 '비밀스러운' 의식을 집행했다. 예복에 촛불에 구호까지 우스꽝스러웠지만 나름대로 목적이 있었다. **인지부조화**cognitive dissonance라는 용어를 들어본 적이 있을 것이다. 인지부조화를 다룬 초기 연구 중에는 사교클럽 입회의식이 고통스러울수록 가입한 회원의 충성도가 높다는 것을 밝힌 논문도 있다.[36]

진입장벽을 뚫고 기어이 그룹에 들어오겠다는 사람은 두 가지 측면에서 신뢰감을 준다. 첫째, 입문의식의 고통과 고난을 참고 견딘다는 것은 장기간에 걸친 충성 약속이다. 구성원이 되면 혜택을 누리게 된다. 초반에 많은 대가를 치르게 하면 구성원은 충성하지 않을 수 없다. 초기의 고통스러운 대가의 보상에는 장기간의 혜택이 요구된다. 둘째, 입회의식을 통해 오래가며 모방하기 어려운 표식을 갖게 된다. 따라서 낯선 곳

에서 모르는 사람을 만나더라도 쉽게 구성원임을 알아볼 수 있게 된다.[37]

게다가 각 구성원의 행동이 조직의 명성에 영향을 주고, 표식은 지울 수 없기 때문에(문신은 지우기 힘들고 한번 익힌 전문지식은 잊기 쉽지 않다) 조직을 떠나는 것을 불가능하지는 않더라도 매우 어렵게 만든다. 이와 비슷하게 누구를 추방할 때도 영원히 남는 표식을 새겨 남은 조직원의 결속력을 강화한다.

구성원이 되면 규칙을 잘 지켜야 하며 그렇지 못하면 자격이 박탈된다. 어떤 규칙은 매우 독단적인 것처럼 보이기도 한다. 예를 들어 코셔 Kosher 식단법 같은 규칙이 그렇다(돼지고기를 못 먹게 하는 율법은 선모충병을 예방하려는 건강상의 이유에서 출발했지만 오늘날에는 별 효용이 없다). 또한 정해진 시간에 정해진 기도를 암송해야 하는 율법도 마찬가지다. 이런 규칙도 입문식과 마찬가지로 두 가지 목적이 있다. 이 규칙은 구성원에게는 대의명분에 대해 장기간 지속되는 약속을 뜻하며, 외부인에게는 조직의 구성원을 드러내는 상징 역할을 한다.

규칙에는 또 다른 기능도 있다. 게임이론에서는 협조가 잘 안 될 경우를 대비한 많은 해결책을 제시한다.[38] A가 B에게 친절을 베풀면, B는 C에게 친절을 갚는 구조인 '페이잇포워드pay it forward'라는 관습을 채택할 수 있다.[39] 또한 신뢰를 해치는 행위를 한 사람에게는 제재를 가할 수 있는 규칙을 제정할 수 있다. 실험실 게임에서는 부정직한 행위를 하는 사람을 목격한 실험 참가자가 자기의 이익을 포기하고 그 사람을 처벌하기도 한다.[40] 이와 비슷한 제재조치는 군부대처럼 은밀한 집단에서도

목격된다.[41]

실생활에서 규칙을 강제하면서 발생하는 문제는 어떤 규칙을 선정할지 모든 구성원의 의견이 일치해야 한다는 점이다. 공식적으로 이는 **조정게임**coordination game으로 알려져 있다. 종교집단이나 정부는 이 과정을 거쳐 구성원 사이에 규칙을 전파하고 강제하는 중앙집중화된 시스템을 보유하고 있다.[42]

집단의 외부에 있는 사람은 내부에 있는 사람이 따르는 규칙 정보에 접근이 불가능하다. 이들은 아직 조직에 대한 충성심을 보여주지 않았기 때문에 신뢰받지 못한다. 그러므로 종교가 강요하는 행동 패턴은 같은 종교를 믿는 사람은 신뢰하고 믿지 않는 사람은 불신하라고 가르친다.

이런 종류의 행동은 인간의 본성에 깊이 뿌리박혀 있어 피하는 것이 거의 불가능하며, 너무나 자명한 일이지만, 치밀하게 준비된 실험에서도 같은 결과가 입증된다. 실험실에서 신뢰게임을 한 결과 각 참가자의 신뢰는 그들 사이의 '사회적 거리social distance'에 따라 달라진다는 것이 밝혀졌다. 최근에는 이 용어가 다른 뜻으로 사용되기도 하지만 원래 '사회적 거리'라는 용어는 다른 사회 그룹에 속한 사람에게 느끼는 친밀도 또는 가까이 있는 느낌의 정도를 지칭한다. 누군가 사회적으로 당신과 유사할수록, 당신은 그 사람을 신뢰할 가능성이 높다.

| 지옥을 믿사오니……

이 장의 앞부분에서는 종교를 미시경제적 관점에서 접근했다. 즉 게임이론의 개념을 이용해서 소규모 그룹 내 구성원 사이에서 다른 사람을 신뢰하는 행동과 다른 사람으로부터 신뢰받는 행동을 결정하는 동기와 메커니즘을 알아보았다. 한편 종교와 신뢰 간의 거시경제적 관계도 알아보았다.

경제학자인 로버트 배로Robert Barro와 레이철 매클리리Rachel McCleary는 2003년에 논문을 통해 경제 성장과 종교의 관계를 발표했다. 1960년부터 100여 개국 이상의 경제 성장률을 조사한 결과 놀랍게도 지옥의 존재를 믿는 것이 경제 성장에 도움이 된다는 결과가 나왔다. 게다가 종교적으로 독실한 것과 경제 성장이 별 관계가 없다는 결과도 발표했는데 교회 출석률이 높은 국가의 경제 성장률이 오히려 낮았다.[43]

조지프 헨릭은 이 연구를 발전시켜 근대 문명에서 종교의 역할을 더 자세히 연구했다. 그의 연구는 종교의 발전 시기가 경제의 발전 시기와 일치한다는 것을 밝혀냈을 뿐 아니라, 구체적으로 복수하는 신(나쁜 행동을 하면 벌을 주는 신)을 믿는 종교가 자연신(천둥이나 번개를 일으키는 신) 이나 짓궂은 신(인간을 곤란에 빠트리는 신)을 믿는 종교보다 문명의 성장에 더 중요한 핵심요소라는 점을 밝혀냈다.[44]

배로와 매클리리는 인과관계를 발견했다고 주장한다. 왜냐하면 **도구변수모델**instrumental variable model을 이용하여 원인과 결과를 밝혀냈기 때문이다. 다시 말해서 경제가 발전해서 지옥을 믿는 것이 아니라, 지옥을 믿기 때문에 경제가 발전한다는 뜻이다. 이를 구분하는 것은 매우 중요하다. 왜냐하면 어느 쪽으로 말해도 그럴듯하기 때문이다. 독실함이

성장을 촉진한다는 생각[45](막스 베버의 명저《프로테스탄트 윤리와 자본주의 정신》에 언급된 바 있다)은 종교와 이 장에서 설명하는 신뢰의 연관성을 포함해서 오래전부터 이론화했다. 그러나 관계가 있다고 해서 인과관계가 정해지는 것은 아니다. 경제가 성장하면 종교를 믿는 사람이 늘어날 수도 있다. 고성장이 사람들을 보다 긍정적으로 만들고 절대적 존재에 고마움을 느낄 수 있게 하기 때문이다. 아니면 문화 같은 제3의 요소가 있어서 신앙심과 경제를 동시에 성장시키는 것인지도 모른다.

종교가 여러 채널을 통해 경제 성장에 영향을 줄 수 있지만 우리는 그 중의 하나가 바로 신뢰라는 증거를 가지고 있다. 매우 복잡하기는 하지만 신앙심과 신뢰의 연관관계는 전 세계적으로 많은 사례가 보고되었고 그다음 단계로 신뢰와 경제 성장의 관계까지 이어진다.[46]

거시적 입장에서 연구한 결과물은 항상 인과관계를 파악하기 어렵다. 그 이유는 첫째 새로운 종교가 형성되는 과정 같은 사건 기록이 부족하고, 둘째 어느 것이 원인이고 어느 것이 결과인지 절대로 알 수 없기 때문이다. 따라서 연구 결과를 입증할 실험실의 데이터가 필요하다. 한 실험에서는 개신교와 천주교 신자로 구성된 참가자들이 실험실에 모여 표준적인 실험 게임에 참여해서 신뢰와 공공의 이타심을 측정했다.[47] 실험에서는 몇몇 참가자에게 종교를 연상시키는 표현(예를 들어 '그녀는 영적인 힘을 느꼈다', '디저트가 정말 천상의 맛이었다', '신에게 감사를 표하다')을 사용하는 게임을 시켰다. 반면에 대조군에게는 종교와 관계없는 표현만 보여주었다. 실험 결과 개신교도가 보다 이타적이라는 결과가 나왔다.

천주교도는 덜 이타적인 것으로 나타났는데 이는 종교 관련 단어를 미리 보여주었을 때만 이런 현상이 나타났다. 아마도 천주교 신자가 천주교가 소수 종교인 국가 출신이기 때문일 것이다. 종교를 생각할 때 다른 사람과 종교가 다르다는 사실이 보다 예민하게 느껴졌기 때문인데 인류는 자기와 다른 집단 사람에게는 타고난 불신감을 갖는다는 걸 이미 앞에서 언급한 바 있다. 다수 종교인 개신교를 믿는 실험 참가자에게는 그 반대 현상이 나타났다.

연관된 실험에서는 연구진이 모로코 마라케시의 전통시장을 방문해서 상인들이 인근의 모스크에서 기도음악이 나올 때 기부를 요청받으면 더 많이 한다는 것을 밝혀냈다.[48] 또한 배로와 매클리리 그리고 헨릭이 밝힌 대로 협조를 촉진하는 것은 종교의 징벌적 성격 때문이라는 것을 입증하는 많은 실험이 진행되었다. 실험에 참가한 개신교 신자들은 자비로운 신보다는 무서운 신을 생각할 때 비도덕적인 행동을 하지 않는 것으로 나타났다.[49]

게임이론의 눈을 통해 지옥에 대한 믿음을 보다 자세히 들여다보자. 지옥이 있다고 믿는 것은 아무도 보지 않는 상황까지 집단의 결속력을 확장하는 것이다. 철학자 벤담은 벽이 없는 구조의 감옥을 생각해내고 이를 **파놉티콘**panopticon이라고 불렀다. 벽이 없는 대신 각 방을 24시간 들여다볼 수 있는 중앙탑이 있다. 죄수는 정확한 시간은 모르지만 간수가 언제라도 자기 방을 들여다볼 수 있다는 것을 잘 안다.

벤담의 주장에 의하면 죄수들은 어느 때라도 자신이 감시 대상이 될

그림 1.3 **감시하는 얼굴 형상(왼쪽)과 그렇지 않은 형상(오른쪽)**

수 있다는 사실 때문에 나쁜 행동을 할 수 없고, 규율을 잘 지킨다. 신이 항상 당신을 쳐다보고 있다는 느낌은 어떻게 보면 감시받는 죄수의 심정이 확대된 것뿐이다.

감시의 효과를 보여주는 실험에서 메리 리그던Mary Rigdon 연구팀은 실험 대상자에게 간단한 이타심 게임을 실시했다.[50] 낯선 사람과 이익을 나눌지, 나눈다면 얼마나 나눌지를 결정하는 과정에서 피실험자는 그림 1.3에 있는 두 개의 그림 중 하나가 그려진 양식지에 답을 기록했다. 점 3개가 마치 감시하는 얼굴로 보이는 로고가 표시된 양식지에 답한 응답자가 보다 이타적인 것으로 나타났다.[51]

게임이론은 또한 초자연적인 존재인 신을 이용해서 어떻게 나쁜 사람을 골라냈는지에 대해 설명한다. 경제사가인 피터 리슨Peter Leeson은 중세 마녀화형식 같은 신성재판•을 연구했다.[52] 화형은 (너무나 어리석은 방식이기 때문에) 흔히 중세를 풍자할 때 많이 이용되는데 죄인은 자신의

• ordeal, 범죄혐의자에게 육체적 고통을 가한 뒤 이겨내면 무죄로 인정하는 중세의 재판 방식.

무고를 입증하기 위해 끓는 물에 삶기거나 쇠기둥에 묶여 불타는 방법 중 하나를 택할 기회가 주어졌다. 그렇게 하는 근거는 만일 피고인이 마녀가 아니라면 신이 불에 타지 않게 할 것이고, 만일 마녀라면 타 죽게 내버려둘 것이라는 것이다. 리슨의 조사에 의하면 놀랍게도 이런 관행이 당시 매우 흔한 일이었으며 더욱 놀라운 점은 화형에서 불타 죽지 않고 살아남는 일이 종종 있었다는 것이다.

그의 설명에 의하면 화형식을 집행하는 사제에게 불꽃의 열기를 몰래 조절하는 특수한 방법이 있었다. 예를 들어 시간을 조정하거나 불 속 쇠기둥의 위치를 조정해서 보이는 것보다 덜 뜨겁게 하는 특수한 기법이 있지 않았을까 추측된다. 또 다른 그럴듯한 설명으로는 그리스시대부터 알려진 석유 부산물인 나프타처럼 낮은 온도에서 연소하는 화학물질을 이용하는 방법도 있다. 나프타는 마술사나 차력사가 불꽃쇼를 할 때 흔히 이용하는 물질이다.

리슨은 사제가 죄인에게 단순한 제안을 했다고 추정한다. 죄인에게는 화형을 받아들이는 방안과 죄를 인정하고 감옥에 가는 두 가지 방안이 있었다. 불에 타 죽을 것 같은 공포에 휩싸이면 죄를 자백하고 감옥에 갈 것이고 자신이 죄가 없다고 생각하면 화형을 당당히 받아들일 것이다. 화형을 받아들인다는 것은 정말로 죄가 없다는 뜻이므로 사제는 나프타 불꽃을 이용해 마녀로 고발된 사람의 생명을 구한다는 것이다.

구약성서에서 유황불기둥으로 복수하는 신이나 신약성서에서 천국을 약속하는 자비로운 신이나 결국 같다. 착한 사람만이 천국행으로 보상

받는다고 부추기는 것이나 죄를 지으면 지옥으로 떨어진다고 협박하는 것이나 원리는 똑같다. 규율을 강제로 지키도록 하는 데는 보상보다는 벌이 더 효과적이라는 실험 결과가 있다. 그러나 미래를 긍정적으로 볼수록 미래의 그림자의 영향을 받아 보다 협조적이 된다.[53]

게임이론학자가 신뢰를 보는 관점은 결국 우리가 미래(즉 우리의 평판)를 얼마나 중요하게 생각하느냐에 따라 협조 정도가 달라진다는 것이다. 어느 거래에서나 우리는 나 자신의 이익만을 챙기고 싶은 유혹을 받지만 그렇게 하면 내 평판이 훼손될 것이고 따라서 미래의 거래가 영향받을 것이라는 예측 때문에 함부로 하지 못한다. 그러나 살날이 얼마 남지 않은 사람이라면 신뢰성 있는 행동을 할 이유가 별로 없다.

중세에는 삶에 큰 희망이 없었고 평균 수명이 짧았다. 그런데 사후에도 영혼이 영원하다는 가르침은 사람들에게 희망을 주었고 미래를 생각하고 미래에 대한 계획을 세울 근거를 주었다.[54] 미래에 대한 희망이 생기면서 중세인의 신앙심은 사람들 사이의 신뢰를 증가시켰고 다른 사람을 더욱 믿게 만들었다.

종교가 신뢰를 발전시켰다는 주장은 다음의 세 가지로 요약할 수 있다.

1. 종교를 통해 다른 그룹에 속한 사람의 평판과 누구를 신뢰할지를 알 수 있으므로 신뢰가 커진다.
2. 신의 벌을 받을까 무서워 사람들은 행동을 조심하게 되고 스스로 더욱 신뢰할 만하게 만든다.

3. 영생을 믿든, 신이 항상 보고 있다는 두려움을 갖든, 종교로 인해 참을성을 갖게 되며 신뢰가 커지고 신뢰할 만한 행동을 하게 된다.

하지만 종교에 관한 나의 주장에 마지막으로 한 가지 주의할 점을 상기시키며 끝내고 싶다.

종교라는 제도의 발전은 150명 정도의 범위로부터 수십억 명에 이르는 사람에게 신뢰라는 규칙을 확장할 수 있도록 만들었다. 그러나 그 결과 같은 종교를 믿는 사람에 대한 신뢰와 믿지 않는 사람에 대한 편견이 더욱 공고해지는 부작용이 생겼다.

같은 집단 내의 사람들을 알기 때문에 그들을 믿는 것은 합리적이다. 그들은 당신과 마찬가지로 신뢰를 조장하는 동일한 규범을 통해 사회화했다. 같은 정보 네트워크(즉 소문 네트워크)에 속해 있으므로 즉시 나쁜 사람을 찾아내 격리할 수 있고 조직 내의 신뢰를 더욱 증가시킬 수 있다. 관습과 행동을 공유함으로써 집단에 대한 끊임없는 충성을 과시한다. 그리고 전반적으로 고정관념에 의지해서 사람의 정체성을 추측하는 경향이 더욱 강해진다.

이 경향은 동일 그룹 내에서는 신뢰를 강화하지만, 외부로부터 들어오는 사상을 거부하고 규범에서 벗어나는 것을 싫어하기 때문에 다양성을 저해한다. 많은 실험에서 다양한 그룹이 모일수록 보다 창의적이 된다는 것이 확실히 증명되었다.[55] 스콧 페이지Scott Page는 흥미로운 실험 결과를 발표했는데 새로운 문제가 닥쳤을 때는 문제 해결 능력이 탁월

한 그룹보다 다양성을 갖춘 그룹이 더 뛰어나다는 것이다.[56] 뛰어난 성과를 보이는 사람은 같은 방식으로 문제에 접근할 경향이 높다. 따라서 잘하는 사람만으로 팀을 구성하는 것은 불필요한 일이다. 그에 따르면 다양한 구성원이 모인 그룹은 폭넓은 관점에서 문제 해결 방안을 고려하기 때문에 더 뛰어난 해결 방법을 도출할 수 있다.

부족주의와 연관된 동일성의 단점은 제도가 발전해서 부족의 규모가 커지면 완화된다. '부족'의 개념을 보다 큰 개념으로 확장한다는 뜻은 사회가 커진다는 뜻이다. 사회가 커지면 분업을 통한 다양성 덕택에 생산성이 증가한다. 그러나 부족이 커지면 외부인에 대한 반감이 커지는 부작용도 늘어난다. 구성원 수가 던바의 숫자 정도였던 부족끼리의 분규가 십자군과 이슬람군의 전쟁처럼 규모가 커져 수천 명, 더 나아가 수백만 명의 생명을 앗아가는 끔찍한 전쟁이 된다.

막스 베버는 그의 가장 유명한 책에서 종교의 장점을 역설했지만, 두 번째로 유명한 책인《경제와 사회》에서는 관료제의 장점을 극찬한다.[57] 베버가 관료제를 좋아한 것은 부패한 지도자의 정실인사를 제한하는 공평한 규칙을 도입했기 때문이다. 지금까지 보다 큰 규모의 신뢰를 가능토록 한 종교라는 제도의 발전을 다루었다. 다음에서 동일한 신뢰를 가능하도록 한 법률이라는 제도를 다루겠다.

중세의 시장과 국제무역

파리로 가는 기내에 비치된 잡지 광고에 혹해 파리에서 프로뱅으로 가는 기차에 올랐다. 마상창시합, 매사냥 그리고 꿀술에 끌렸던 것이다. 그곳은 진짜 중세시대로 돌아간 마을 같았다. 매해 여름이면 으레 관광지에 들끓는 미국인 관광객과 좀 다른 경험을 해보고 싶었다. 프랑스인 관광객과 섞여 중세 투석기 시범과 연출된 칼싸움을 관람하는 것도 좋았지만 프로뱅에서 가장 좋았던 건 그곳이 바로 중세경제사에서 가장 중요한 사건 중의 하나인 샹파뉴 시장Champagne Fairs이 열린 곳이기 때문이다. 프랑스 샹파뉴 지방의 오래된 마을인 프로뱅은 이 시장으로 국제무역을 촉진시키고 근대 경제활동의 출발점이 되었다.

1990년에 게임이론학자인 폴 밀그럼Paul Milgrom, 경제사가 더글러스 노스, 정치학자인 배리 와인개스트Barry R. Weingast는 현대의 시장경제를 지탱하는 제도적 규범의 역사에 관한 획기적인 논문을 발표했다. 현대경제학이론은 마찰 없는 경쟁적 시장을 전제로 하여 20세기 내내 발전해왔는데, 복잡한 상황을 고려할 능력이 없어서가 아니라 수학적 정교함이 부족하기 때문에 이 전제를 이용했다. 물리학을 처음 배우는 학생이 마찰 없는 표면이나 이상기체ideal gas 또는 무한평면을 가정하고 공부하듯, 설정을 자세히 구성하지 않아도 잘 굴러가는 시장경제를 가정하는 게 유용하고 생산적이었다. 그러나 20세기 말이 되자 이 방법이 부적합하다는 인식이 점점 퍼졌다. 특히 많은 개발도상국이 빈곤의 함정에서 허우적거리고, 공산국가에 시장경제를 가르치려고 노력하는 와중에, 경제학계는 무엇이 시장경제를 움직이는지 정확히 모르고 있다는 것이 점점 명확해졌다.

이에 대한 대응으로 신제도경제학NIE; New Institutional Economics이 출현했다. 이는 (우리가 전에는 당연한 것으로 여겼던) 시장의 기반이 되는 사회구조를 조명하는 새로운 접근 방법이다. NIE는 큰 틀에서 시장 같은 거시적 시스템을 보고 게임이론 같은 미시적 기법을 이용해서 시장이 돌아가는 원리를 찾아낸다. 밀그럼 등이 쓴 논문은 이 접근 방법에 커다란 기여를 했다. 이 논문은 중세 말기 프랑스에서 재판관이 샹파뉴 시장에서 발생한 상인 간의 분규를 중재할 때 이용했던 시스템을 연구해서 국제무역이 작동하도록 한 제도의 기원에 대한 이해도를 높였다.[58]

나는 이런 학문적 배경을 생각하며 프랑스 샹파뉴 프로뱅 마을의 복원된 법정에 서서 경이에 찬 눈으로 모형 재판관이 판결을 내리는 모습을 바라보았다. 방 안에는 나 혼자였다. 다른 관광객들은 밖에서 승마쇼나 화려한 축제에 참가하기도 하고 더위를 피해 어둡고 시원한 석조회랑에서 휴식을 취하기도 했지만 나는 모의법정에서 경이로운 느낌에 취해 있었다. 그 모형 재판관이야말로 시장경제의 획기적인 발전, 다시 말해 새로운 종류의 신뢰를 상징하기 때문이다.

| 시장이란 무엇인가?

20세기 중반의 신고전주의 경제학자와 마찬가지로 우리는 대부분 시장이 존재한다는 것이 무슨 뜻인지 깊게 생각하는 것 같지 않다. 구글에서 시장경제의 정의를 검색하면 '가격'이니 '공급'이니 '수요', '사기', '팔기' 같은 말이 나온다. 이 단어들은 다시 궁금증을 유발한다. 가격이란 무엇인가? 산다는 게 뭐지? 파는 건 또 뭐야? 더 모호한 개념인 수요와 공급 같은 용어는 더 이상 말할 것도 없다.

간단히 말해 **팔기**(판매)는 돈을 받고 상품을 주는 것이다. **사기**(구매)는 돈을 내고 상품을 받는 것이다. **가격**이란 교환되는 돈의 양이다. 이런 정의가 간단해 보이지만 그 기저에는 **돈**을 이해한다는 전제가 깔려 있다. 뒤에서 돈의 개념에 대해 다시 다루겠지만 여기서는 **시장의 거래**란 거래하는 사람의 신분이 아니라 교환되는 상품이나 서비스로 결정된다는 정도만 기억하자.

사회학자나 인류학자에게 시장경제의 등장은 인간 사회의 구성에 커다란 변화를 의미한다. 반면에 경제학자에게는 한정된 상품과 용역을 사회 구성원에게 분배하는 방식에 변화가 생겼다는 뜻이다. 즉 시장이 등장하면서 관계에 의한 배분이 모르는 사람에게의 배분으로 바뀌었다.

시장이 발전하면서 부족사회 및 관계로 유지되는 선물경제 단계를 벗어날 수 있었고 사회가 가까이 있는 사람들을 벗어나 공정한 시스템, 즉 누구를 아느냐에 따라 경제적 풍요도가 달라지지 않는 시스템으로 발전할 수 있었다. 그러나 시장은 평탄한 길만 걷지 않았고, 선물경제와 지금까지 다른 종교와의 갈등으로 엄청난 격변을 겪으며 발전해왔다.

엔스밍어 연구팀이 수렵채집사회에서 진행한 실험으로 인해 우리는 선조들이 선물에 의존했지만 낯선 사람에게는 선물을 잘 주지 않았다는 것을 알았다. 레이철 크랜턴Rachel Kranton은 게임이론 연구자 중 최초로 선물경제와 시장경제가 상호충돌할 때 발생하는 갈등관계를 연구했다. 연구의 목적은 한 시스템에서 다른 시스템으로 전환하는 과정을 파악하고 서로 다른 두 시스템이 접촉할 때 어떤 일이 생기는지 알고자 함이었다.

크랜턴은 선험적으로 어떤 시스템이 우월한지 알 수 없다고 했다. 그리고 시장경제 기반이 취약하고 사람 사이의 관계가 끈끈하면 선물경제를 선호할 것이고, 반대라면 시장경제를 선호할 것이라고 주장한다. 그는 시장경제로 전환하는 것이 이익이더라도 시장이 두텁지 못하다면 전환 효과가 별로 없다고 말한다.[59]

이 말은 선물을 주고받으며 필요한 것을 전부 구할 수 있다면 아무도 시장에서 거래하지 않을 것이라는 이야기다. 반대의 경우라면 시장경제가 도래했을 때 선물경제가 타격을 입을 것이다. 신뢰성 있는 행동을 지속하는 이유는 다른 사람의 신뢰를 잃을지도 모른다는 두려움 때문이다. 만일 관계 네트워크에서 추방된 사람이 필요한 물품을 시장에서 사거나 팔 수 있다면 선물경제는 지속되기 어렵다. 시대가 변해도 선물경제와 시장경제는 존재할 수 있지만 크랜턴의 연구에 의하면 두 시스템이 충돌하면 상대의 기능을 파괴할 가능성이 있다.

더 나아가 종교와 시장경제는 항상 사이가 좋지 않았다. 예수는 성전에서 환전상을 쫓아내버렸으며, 대출금에 이자(즉 고리대금업)를 금지하는 것은 전 세계 모든 종교의 공통적인 현상이다. 시장경제는 이런 종교의 권위에 도전한다.

시장은 많은 장점을 가지고 있지만 사람들은 시장거래가 얼마나 취약한지 그리고 소위 마찰 없이 완벽한 시장거래가 얼마나 쉽게 사라질 수 있는지 금세 망각한다. 거기에는 파는 사람과 사는 사람 모두 상대방을 속이고 싶은 유혹과 기회가 있다. 상품이 모조품일 수도 있고, 화폐가 위조화폐일 수 있다. 상인이 물건을 건네지 않고 돈만 받아 도망갈 수도 있다. 소비자가 상품만 받고 지불을 하지 않을 수도 있다. 거래가 복잡해질수록(주택 거래처럼) 거짓말과 사기의 발생 가능성이 높아진다.

역사적으로 평판과 시장경제는 나란히 존재했다. 구매자와 판매자가 상호거래할 때는 평판에 의거해 누구를 믿고 신뢰할 만한 행동을 해야 할지 결정했다. 같은 사람과 계속해서 거래를 하게 되고 한 상품을 전문으로 취급하는 사람이 시장에 진입하면 던바의 숫자를 극복할 수 있다. 거래할 필요가 있는 모든 사람의 평판을 모르더라도 각 상품별 상인의 평판만 제대로 알고 있으면 된다. 몇 가지 상품만 거래했던 중세의 단순한 사회에서는 평판을 파악해야 할 상인의 수가 그리 많지 않았을 것이다.

뒤에서 다룰 현대사회의 많은 신뢰 시스템은 단지 수 세기 동안 진화해온 평판이 디지털화한 것에 지나지 않는다. 예를 들어 이베이의 판매자 점수는 디지털 형태의 평판에 불과하며 옐프Yelp 같은 리뷰 사이트는 현대판 소문 수집 네트워크라고 볼 수 있다. 그러나 엔스밍어 팀의 실험이 보여주듯이 현대에 도입된 여러 가지 제도로 인해 사람들은 특정한 사람과의 거래로부터 모르는 사람과의 거래로 사고방식을 전환해야 했다. (아무리 범위가 넓다고 해도) 부족 내의 사람들만 믿다가 모르는 사람이 만든 규칙과 제도를 믿는 것으로 바뀐 것이다.

주택 구입을 예로 들어보자. 주택 구입은 현대의 평범한 소비자가 거래하는 것 중에서 가장 복잡한 것 중 하나일 것이다. 그러나 수많은 제도가 우리를 보호해준다. 집을 사고파는 것은 자주 일어나는 거래가 아니기 때문에 상대방의 평판을 제대로 알 수가 없다. 대신에 주택평가사와 보험평가사가 주택을 감정하고 구매자가 알 수 없는 정보를 알려준다. 신용평가사는 매수인의 신용도를 알려준다. 정부는 주택 관련 법령을 제정하고 준수하도록 한다. 소송이 발생하면 재판을 통해 해결할 수 있다. 사소한 분규를 해결할 때까지 결제대행사에 주택 등기 권리증을 담보로 맡길 수도 있다. 권리증의 행사를 위해 경찰력이 동원될 수도 있다.

재미있는 사실은 이들 제도의 전부는 아니더라도 상당수가 민간이 설립한 제도로서 정부의 규제를 받기는 하지만 집행권 자체에는 공권력이 개입하지 않는다는 점이다. 사실 이들 제도의 뿌리는 12~13세기 유럽으로 거슬러 올라갈 수 있는데 당시 국가라는 것이 특히 국제적인 분규가 발생하였을 때 계약을 이행하도록 도와주기보다는 방해하는 경우가 더 많았다. 이런 경우에는 정부에 의지하기보다 민간단체를 이용하는 것이 더 나았다. 그래서 밀그럼, 노스, 와인개스트 같은 학자들이 주목한 제도 중 하나가 바로 샹파뉴 시장이었다.

| 샹파뉴 시장

12~13세기에 프랑스의 샹파뉴 지역은 유럽 대륙의 교차로 같은 곳이었다. 이 지방의 여러 도시에서는 전 유럽의 상인들이 모여 이탈리아, 스페인, 북유럽 등에서 생산한 모직, 가죽, 향신료 등을 사고파는 장이 돌아가면서 열렸고 길게는 한 달씩 계속되기도 하였다. 상인들이 모이는 이유는 간단했다. 남쪽에서는 싸고 흔히 볼 수 있는 물건이 북쪽에서는 비싸고 귀했기 때문이다. 그 반대도 마찬가지였다. 위험하고 힘든 여행을 해서 상품을 맞바꾸면 이익이 생겼다. 초기 경제학자 중의 한 명인 데이비드 리카도David Ricardo가 그의 비교우위론에서 영국산 양모와 스페인산 포트와인을 예로 든 것은 매우 유명하다.

통상적으로 거래는 위험하고 신뢰 없이 할 수 없었다. 강도 때문에 몸에 돈을 지니고 다니지 않았으며 지불은 장이 끝날 때 이루어졌다. 선불금이 모자라면 오늘날과 마찬가지로 상품을 먼저 인수받고 지불은 다음에(보통 다음 장이 설 때) 하기로 약속했다. 보다 구체적으로 말하면, 인도받은 상품을 고국으로 가져가 판매하고 다음 장이 설 때 미지불금을 지급하는 구조였다. 여기에 내포된 위험은 운송에 걸리는 시간이다. 계약 체결 후 상품과 대금을 맞바꾸기 전까지 계약을 어길 기회는 많다. 판매자가 더 좋은 조건을 제시하는 구매자를 만날 수도 있다. 또는 구매자가 대금을 '분실'할 가능성도 있다. 판매자가 질 낮은 상품으로 바꿔칠 수도 있다.[60]

상인들이 샹파뉴에 모인 이유는 많은 무역로의 중심지라는 편리한 위치도 있지만 그보다 더 중요한 것은 신뢰를 쉽게 정착시킬 수 있는 제도가 거기에 있었기 때문이다. 샹파뉴 백작은 힘이 있었기 때문에 (지리적으로는 프랑스령이었지만) 프랑스 왕의 간섭으로부터 어느 정도 자치권을 누릴 수 있었다. 백작은 상인들의 자유로운 왕래를 보장했고 법적인 문제가 생기면 해결할 수 있는 재판소를 설치했다.[61]

그러나 밀그럼 연구팀의 조사에 의하면 공식적 사법제도로는 부족했다. 국경을 넘어서까지 계약을 집행할 권한이 없었기 때문이다. 이 문제는 아마도 민간재판소의 설립으로 해결했다고 추정된다. 재판관은 정부(백작이나 국왕)가 아니라 상인들로부터 보수를 받았다. 제재가 필요하다고 판단되면 해당되는 상인을 요주의 대상으로 블랙리스트에 올렸다. 블랙리스트는 대중에게 공표되었으며 상인들은 리스트에 오른 상인과는 거래하지 않았다. 단 일정 기간이 경과하거나 벌금을 내면 리스트에서 제외되었다. 민간중재는 오늘날에도 국제적 분규가 발생했을 때 흔히 이용되는 해결 방법이다.

밀그럼 연구팀은 샹파뉴 시장의 민간재판소를 다룬 획기적인 논문에서 계약 내용을 강제할 공권력도 없는 민간기관이 어떻게 상인들 사이의 신뢰를 높이는지를 연구했다. 연구팀은 수학적 게임이론 모델을 적용하여 제도가 제대로 작동하는 데 필요한 몇 가지 전제를 다음과 같이 제시했다.

- 상인은 있는 그대로 신고해야 한다.
- 재판관은 공정한 판결을 내린다.

- 다른 상인은 규칙을 어긴 상인의 제재에 동참해야 한다.
- 요주의 대상에 오른 상인은 반드시 벌금을 낸다.
- 상인은 재판관에게 보수를 지급한다.

어떤 사회의 구성원 대다수가 관련된 규칙을 잘 지키고, 자발적으로 규칙을 지키는 것이 가장 이롭다는 걸 깨닫는 상태에 도달하면 그 사회는 게임이론학자들이 소위 **내시 균형**Nash Equilibrium이라고 부르는 상태에 들어간다. 내시 균형의 최종 목적은 구성원들의 자발적 규칙 준수다. 규칙을 어겼을 때 경찰이 나를 투옥한다면 규칙을 준수할 이유를 쉽게 이해할 수 있다. 나를 잡아넣을 경찰이 없는데도 규칙을 잘 지키고 정직하게 행동한다면 그것은 쉽게 이해하기 어렵다. 재판관이 있지만 이들이 왜 공정한가라는 문제가 생긴다. 그리고 상인들이 제재에 참여하기는 하지만 그렇게 하는 데 비용이 든다면 꼭 그럴 필요가 있는지, 왜 제재를 받아야 하는 상인만 제재를 하는지 하는 문제가 생긴다. 밀그럼 팀은 내시 균형을 수학적으로 증명하여 이 문제를 해결했다.

연구팀에 의하면 재판관이 뇌물을 뿌리치고 공정한 판결을 내리는 이유는 그렇게 하지 않으면 자신의 평판이 훼손되고, 뇌물수수로 적발되면 미래의 수입이 보장되지 않는다는 걸 잘 알기 때문이다. 상인 또한 정직하게 신고한다. 재판관이 뇌물을 거절하고 규칙을 위반한 상인에게 공정한 판결을 내릴 것을 알기 때문이다. 상인들은 제재에 동참하지 않으면 자신이 부정직한 사기꾼으로 몰려 블랙리스트에 오를 것이기 때문에 제재에 동참한다. 상인들이 재판관에게 보수를 지급하는 것도 같은 이유다. 제재를 받은 상인은 그것만이 유일하게 다시 먹고살 수 있는 길이기 때문에 벌금을 낸다.

우리의 행동 뒤에는 우리가 대부분 당연히 여기면서 깊이 생각하지 않는 요인이 수없이 많다. 우리가 규범과 규칙을 따르는 것은 관습 때문이기도 하고 범죄자가 될지 모른다는 공포 때문이기도 하다. 그러나 밀그럼, 노스, 와인개스트 연구팀은 시스템을 잘 구성해놓으면 구성원 모두가 순수하고 이성적으로 사익을 추구하기 때문에 규칙을 잘 따른다는 것을 보여주었다.

개인적 친분관계로부터 샹파뉴 시장 같은 시스템으로 신뢰의 기본이 바뀐 이유 중 하나는 거래에 따른 위험성과 취약성이 감소했기 때문이라는 점도 잊어서는 안 된다. 이는 당시의 당사자에게는 좋을지 모르나, 신뢰의 발전이라는 측면에서 보면 후퇴라고 할 수 있다. 이런 모순은 정부처럼 공공성을 갖춘 제도가 발전하면 더욱 커진다. 안정적인 제도가 신뢰에 좋은 것은 사실이지만, 제도가 너무 강력하면 신뢰의 구축에 오히려 방해가 될 수 있다. 다음에서 신뢰와 법률의 갈등을 조명해보자.

법률

바리스의 수수께끼는 이렇다.

> 방 안에 왕과 성직자와 부자가 금괴를 들고 앉아 있습니다. 앞에는 평민 출신의 보잘것없는 사람이 칼을 들고 있습니다. 세 사람은 각각 평민에게 다른 두 사람을 죽일 것을 명령합니다. 왕이 "내가 너의 합법적인 지도자니 그들을 죽여라"라고 하자 성직자는 "신의 이름으로 명하노니 그들을 없애라"라고 하고 부자는 "이 금을 다 줄 테니 죽여라"라고 말했습니다. 누가 죽고 누가 살았을까요?
>
> - 조지 R.R. 마틴, 《왕좌의 게임》

이 수수께끼는 조지 R.R.마틴의 판타지 소설 연작인 '얼음과 불의 노래'에 등장하는 교활한 첩보대신 바리스가 낸 문제다. 이 소설이 나중에 폭발적인 인기를 끌었던 텔레비전 드라마 시리즈 〈왕좌의 게임〉의 원작이다. 사람들은 도대체 왜 왕이나 성직자 또는 부자 상인의 말을 듣는 걸까? 더 일반적으로 말하면 사람들은 왜 규칙을 따를까? 예를 들면 21세기 미국인은 이렇게 세상이 바뀌었는데도 왜 미흡하기만 한 1789년에 제정된 미합중국 헌법을 아직도 준수하는 걸까?

토머스 홉스가 인간의 "자연 상태"•에서 "삶은 끔찍하고 짐승 같고 짧으며" 계속되는 "만인의 만인에 대한 투쟁"이라고 주장한 것은 유명하다.[62] 장 자크 루소의 고귀한 야만인•• 덕분에 우리는 부족사회에 목가적 환상을 갖고 있다. 그러나 스티븐 핑커Steven Pinker가 장기간에 걸친 살인율을 조사한 결과 수렵채집시대의 선조들이 살던 사회가 훨씬 폭력적이었으며 살인이 매우 흔했다.[63] 선사시대 주거지에서 발굴된 두개골을 분석해보니 사망자의 15퍼센트가 폭력으로 사망했다는 연구 결과도 있다. 기록된 역사가 있는 중세시대에는 이 비율이 하락해서 1300년대의 기록에 의하면 10만 명당 100명이 폭력으로 사망했고 오늘날은 10만 명당 1명으로 감소했다.

전근대시대에는 갈등이 발생하면 폭력으로 해결했고 협조가 거의 없었다. 개인적인 수단이 아닌 집단의 힘을 이용하려면 신뢰가 필수적이었다. 왜 그리고 어떻게 해서, 추상적인 규칙을 신뢰하여 정치지도자, 종교지도자, 심지어 시장의 규칙에 복종하게 되었을까?

앞부분에서는 종교와 교역의 측면에서 신뢰가 진화하는 과정을 다루었다. 기능적인 측면에서 본다면 종교는 대규모 협조가 가능한 수준의 신뢰를 창조하고 이는 다시 보다 강력하고 번창하는 사회를 창조한다. 종교는 사회적 규범과 믿음을 세뇌시킴으로써 신자들이 신뢰를 갖도록

• state of nature, 국가가 생기기 이전의 원시 상태의 시기.
•• noble savage, 자연 그대로의 상태로 때 묻지 않은 순수하고 고결한 상태의 사람.

만든다. 종교적 규범은 구성원에게 표준화된 행동을 강요한다. 신자는 규범을 믿으면 복을 받고 어기면 벌을 받는다는 믿음을 갖게 된다. 이들 규범이 생존하고 성장할 가능성이 높은 사회를 육성하고 발전시키므로 지지자 사이의 믿음은 더욱 강화되고 지속된다.

이에 더해, 지역사회의 규모가 커지고 시장의 범위가 국제적인 수준으로 성장함에 따라 유럽과 기타 지역에서 비공식적인 법률 시스템이 국제적 수준으로 발전하는 과정을 보았다. 재판관은 국제무역상의 평판을 관리했고, 재판관도 자신의 평판을 유지하려 노력했기 때문에 무역상은 이들을 신뢰했다.

그러므로 바리스의 수수께끼에서 칼을 쥔 평민은 세뇌받은 교리 때문에 성직자의 말을 들을 수도 있고, 금괴를 주겠다는 약속을 지켜야 하는 시장제도 때문에 부자의 말을 들을 수도 있다. 그렇다면 왕의 말에 복종해야 할 이유는 무엇인가? 무엇이 정치지도자에게 권력을 주는가?

《왕좌의 게임》은 문제를 제기하지만, 게임이론은 답을 제시한다.

| 게임이론과 법률

앞부분에서는 경제 발전 초기 단계에서 무역을 가능하게 만드는 신뢰의 역할만 중점적으로 다뤘지만, 사실 신뢰는 게임이론을 연구하는 학자들이 풀려고 노력하는 공동생활의 기본적인 딜레마 중 하나에 불과하다. 그중에서도 가장 기본이 되는 딜레마는 집단행동 문제다. 정부는 형태가 다양하고 많은 역할을 하지만, 경제학자들은 정부가 개인을 움직여서 집단행동문제를 어떻게 해결하는지에 관심이 많다. 이 문제는 두 가지 방식으로 해결할 수 있다. 첫째는 친사회적 활동을 추구해서 사회 구성원의 협조를 유도하는 것이다. 예를 들어 관개시설을 구축하거나 공동방위를 위한 민병대를 조직하는 것 등이다. 두 번째는 폭력, 절도, 사기 그리고 (할 수 있다면) 자원의 낭비 등을 예방해서 반사회적 행동을 감소시키는 것이다. 그러나 어떤 경우건 고전적 의미의 죄수의 딜레마의 다른 버전에 지나지 않는다. 협조적인 행동을 하는 선택이 공공의 선을 위한 최선이기는 하나, 개인은 책임을 회피하고 다른 사람에게 책임을 넘겨버리려 한다.

정부의 존재 이유를 설명하는 다른 개념은 권력의 중앙집권자로서의 정부로, 시기적으로는 최소 홉스까지 거슬러 올라간다.[64] 현대경제 시스템에서 정부는 법률을 제정하고, 세금을 징수해서 각종 사회보장 서비스를 제공한다. 이러한 역할을 제대로 하려면 정부에 법률을 제정할 수 있는 능력이 있어야 하고 국민이 이 법률에 따라야 한다. 그러나 우리는 대부분 왜 법률을 준수해야 하는지 깊게 생각하지 않는다. 그저 우리가 법을 어기면 대가를 치르기 때문이라는 것이 전통적인 관점이다. 세금을 내지 않으면 벌금이 부과되고 벌금을 내지 않으면 자산압류가 들어오고 그래도 내지 않으면 감옥에 가야 한다. 감옥에 가기를 거부하면 강제로 연행되어 투옥된다.

정부라는 개념의 중심에는 정부만이 합법적으로 폭력을 사용할 권한을 가지고 있다는 사상이 있어 모든 법률의 존재 근거가 그 사상에서 나온다. 정부만이 법과 질서를 유지하는 역할을 하고 다른 기관에 의한 폭력 사용은 살인과 강도 같은 행위를 금지하듯 불법화한다. 그리고 협박이라는 메커니즘을 동원해 공권력을 행사한다.

시민이 이 시스템을 받아들이는 이유는 정부가 만든 질서가 있는 세상이 그나마 정부가 없을 때 겪은 지저분한 세상보다 낫기 때문이라고 홉스는 주장했다. 시민이 성실하게 거래하고 세금을 내고 폭력을 행사하지 않는 것은 처벌 가능성을 내세워 은연중에 가해지는 정부의 위협이 두려워서다. 협박을 받으면서도 견디고 사는 것은 그나마 정부가 없는 사회보다는 낫기 때문이다. 이는 정부라는 것이 엄격한 법제도를 기반으로 존재한다는 관점이다. 그러나 이 관점은 신뢰와 인간관계의 역할을 인정하지 않는다.[65]

이런 관점이 현대생활을 제대로 표현했다고 생각할 수 있지만, 자세히 들여다보면 그렇지 않다. 그 첫 번째 반박 증거는 사람들이 법이 두려워 질서를 유지하는 건 아니라는 주장이다. 엔스밍어 연구팀이 시장경제 전의 부족사회를 대상으로 했던 실험을 상기해보자. 이 실험은 두 가지 결과를 내놓았다. 하나는 전근대적 경제 시스템하의 사람들이 모르는 사람과의 경제 게임 실험에서 덜 협조하는 경향이 있었다는 것이고, 다른 하나는 현대의 경제 시스템하의 사람들이 모르는 사람과의 경제 게임 실험에서 상당히 협조하려는 경향이 있었다는 것이다.

가장 강력한 반박은 여성 최초로 노벨경제학상을 수상한 엘리너 오스트롬Elinor Ostrom으로부터 나왔는데 오스트롬은 우리가 밀그럼의 모델을 설명할 때 소개했던 신제도경제학의 추종자였다. 이 학파는 사회의 규칙을 알고 싶으면 권력이 집중된 상부 구조를 볼 것이 아니라 밑바닥의 구조를 들여다봐야 한다고 주장한다. 규칙의 제정은 분산되어 공식 법령뿐 아니라 사회로부터 진화된 행동규범으로부터도 이루어진다.

이런 주장을 일반화해서 오스트롬은 다양한 집단(학계에서 보통 연구대상으로 삼는 현대의 교육받은 서구사회뿐 아니라)의 집단행동문제를 해결할 방법을 조사했고 다음과 같이 효율적인 규범의 특징 여덟 항목을 발표했다.[66]

1. 명확한 정의
2. 지역에 적합한 상황
3. 폭 넓은 참여
4. 효과적인 모니터링
5. 적절한 제재조치
6. 효율적인 분쟁 해결
7. 자기결정권
8. 확립된 권위

모든 사회가 가장 효율적일 필요는 없지만, 진화의 측면에서 본다면 가장 효율적인 시스템이 살아남을 가능성이 높다. 오스트롬은 또한 이 여덟 가지 특징의 기반에 신뢰와 호혜성이 깔려 있다고 주장한다.

오스트롬은 안정성과 법에 의한 통치가 반드시 톱다운top-down 방식일 필요가 없다고 주장한다. 안정성을 확립하게 위해 정부의 포고령이나 독재자가 반드시 필요한 것은 아니다. 오히려 밑에서 위로 올라가면서 협조와 질서와 법률이 생길 수 있다. 신뢰와 호혜를 바탕으로 개인 간의 관계를 잘 이용하면 훨씬 크고 복잡한 형태의 사회가 창조될 수 있다는 것이다.

위에서 규칙을 만들어 아래에 있는 시민에게 질서를 강요하는 권력기관으로 정부를 볼 것이 아니라 시민을 연결하는 관계를 기반으로 사회가 형성되고 이 관계가 반영되어 설립된 것이 정부라고 봐야 한다는 것이 오스트롬의 관점이다.

| 신뢰와 정부의 안정성

신뢰와 정부의 관계에 대해 이보다 더욱 근본적인 질문이 있다. 우리가 얼마나 그 시스템 자체를 신뢰하는가 (그리고 그 시스템을 유지하려면 어느 정도의 신뢰가 필요한가) 하는 문제다.

홉스는 원래 독재적이고 잔인한 군주의 지배를 시민이 참고 견디는 이유는 그가 질서를 유지해주기 때문이라고 보았다. 다시 말해 무질서 상태보다는 군주가 있는 게 낫다고 생각한다는 것이다. 캘버트Calvert는 게임이론을 이용해 이런 생각을 형식화해서 항상 이웃에게 속는 상황(즉 죄수의 딜레마 상황)에 사는 사람으로 구성된 사회에서는 그들 중의 누구든 지도자로 뽑는 것이 (비록 그 지도자가 권력을 이용해 사리사욕을

채우는 한이 있더라도) 유리하다고 주장했다.[67]

그러나 우리는 지도자와 시민 사이의 이런 암묵적 계약이 때때로 와해되어 폭력적인 혁명의 형태로 나타난다는 것을 역사를 통해 잘 알고 있다. 이 분야의 주요 학자인 대런 에이스모글루Daron Acemoglu, 제임스 로빈슨James Robinson, 사이먼 존슨Simon Johnson은 정부가 실패하는 이유가 불평등이라고 주장한다. 전 세계 혁명의 역사를 보면, 특권계층이 불평등 격차를 너무 벌려놓아 사회불안이 야기되고 결국 혁명이 발생했다는 것이다.

NIE와 마찬가지로 이들은 불평등 해소 같은 거시경제적 조치뿐 아니라, 사회를 지배하는 규칙이 **착취적**인지(즉 부자에게 유리한지) 또는 **포용적**인지를 중점적으로 연구했다. 신뢰라는 항목은 게임이론에서 직접 다루는 분야가 아니지만 포용적인 규칙은 아무래도 신뢰를 제고할 가능성이 높고 데이터를 보면 불평등과 신뢰가 밀접하게 연결되어 있다는 것을 알 수 있다. 그들의 저서에서 에이스모글루와 로빈슨은 국민이 "제도와 법률을 믿고 사유재산 소유권의 안전에 대한 걱정을 하지 않을 때" 국가가 성공한다고 기술하고 있다. 또한 멕시코와 미국의 조사 결과를 비교하면서 이렇게 말했다. "설문조사를 해보면 멕시코 국민은 미국 국민보다 타인에 대한 신뢰가 떨어지는 것으로 나온다. 멕시코 정부가 마약카르텔을 근절하지 못하고 공정한 사법 체제를 구현하지 못하니 국민의 신뢰가 낮은 것은 당연하다."[68]

이들이 이야기하는 포인트는 두 가지다. 첫째, 국가의 부를 창조하는 원동력은 강력한 제도에서 나오며 부유한 국가의 국민이 높은 수준의 신뢰를 보여주는 것은 정부가 성장과 안정성을 추구하기 때문이다. 둘째, 혁명의 원인은 불평등에 있다. 노동계급은 혁명으로 얻는 대가가 참음으로써 얻는 혜택보다 커지면 지배계급을 상대로 반란을 일으킨다.

제도에 대한 이들의 연구 중 가장 중요한 내용은 제도가 제대로 정립되어 있으면 경제 발전으로 이어진다는 것이다. 경제학자들은 함부로 인과관계를 이야기하지 않는다. 경제적으로 발전한 국가일수록 제도가 잘 갖추어져 있다는 것을 부인하는 사람은 없다. 그러나 경제 성장으로 인해 제도가 발전했는지, 아니면 제도가 발전해서 경제가 성장했는지는 명확하게 단정할 수 없다. 그들의 실증적 연구 결과에 의하면 유럽 각국이 식민지 정복에 열을 올리던 시기에 포용적인 제도가 정착된 식민지가 착취적인 제도가 정착된 식민지보다 나중에도 경제적으로 앞섰다. 또한 제도가 잘 정비되고 법이 강력하면 안정적인 국가에 나타나는 수준의 높은 신뢰를 보였다.

이들의 연구는 불평등이 걷잡을 수 없이 커지면 법이 무너진다고 역설한다. 노동계급은 반란이 일어날 수 있다는 보이지 않는 위협이 존재하기 때문에 지배계급이 부의 분배를 위해 지속적으로 노력한다고 믿으므로 힘들어도 참고 견딘다는 것이다. 즉 지배계급과 피지배계급 간에는 어떤 암묵적인 계약이 존재한다고 볼 수 있다. 노동자는 지배계급이 권력을 누리는 대가로 자신들의 이익을 돌봐줄 거라고 믿는다.

사회를 결합시키는 암묵적인 계약이 대외적으로 잘 나타나는 경우는 헌법을 제정할 때이다. 미국 대법원의 인준청문회는 토론과 의제가 표준화한 전형을 보여준다. 그중의 하나는 헌법에 대한 해석인데 근원주의자들originalists은 200년 전 헌법을 제정한 선조들의 의도대로 헌법을 준수해야 한다고 주장한다. 나는 항상 이 의견을 의아하게 생각했다. 왜 인터넷이나 사이버범죄, DNA염기서열결정, 동성결혼 등과 관련해서 발생하는 문제를 판결하면서 200년 전의 헌법을 참조해야 하는가? 경제학자는 늘 최적화에 집착한다. 국회의원은 최선의 안을 도출해야 한다. 인류의 복지를 최고로 증진시키는 선택을 해야 한다. 하지만 200년 전에 이루어진 선택이 오늘을 살고 있는 우리가 안고 있는 각종 문제점을 해결하는 최선책이라고는 생각되지 않는다.

반복게임repeated games 이론은 왜 근원주의적 해석이 맞을 수도 있는지, 이런 토의가 왜 중요한지에 대한 또 다른 시각을 제공한다. 이 이론에 의하면 헌법은 조정기구 역할을 해서 갈등을 감소시켜야 한다. 200년 전에 어떤 규칙을 선택했는지는 중요치 않으며 중요한 것은 우리가 합의한 일단의 규칙이 존재한다는 점이다.

출처가 불분명하지만 많이 알려진 다음 심리학 실험이 이런 아이디어를 잘 설명해준다.

> 우리 안에 원숭이 다섯 마리가 있고 가운데에 높은 사다리가 있는데 꼭대기에는 잘 익은 바나나 송이가 달려 있다. 한 원숭이가 사다리에 올라가려 할 때마다 과학자들은 나머지 원숭이에게 찬물을 뿌렸다.

얼마 지나지 않아, 어떤 원숭이가 사다리를 타려고 하면 다른 원숭이들이 그 원숭이를 붙잡고 두드려 팼다. 그러자 어떤 원숭이도 사다리에 올라갈 생각을 하지 않게 되었다. 무리 중의 한 마리를 새로운 원숭이로 대체했다. 이 원숭이는 바나나를 보자마자 사다리를 타려 했고 곧바로 다른 원숭이들로부터 집단구타를 당했다. 그렇게 몇 번 두드려 맞은 원숭이는 이유도 모른 채 사다리에 올라가서는 '안 된다'는 걸 알았다. 두 번째 새로운 원숭이도 교체되어 우리 안에 들어와서 똑같은 과정을 거쳤는데 첫 번째로 교체된 원숭이도 두 번째로 들어온 원숭이를 향한 공격에 가담했다. 세 번째, 네 번째, 다섯 번째 원숭이 모두 새로 바뀌면서 같은 과정을 겪었다. 결국 우리에는 한 번도 찬물세례를 받아본 적이 없지만 사다리를 오르려고 하는 원숭이를 두드려 패는 원숭이 다섯 마리가 남았다.[69]

이 이야기의 핵심은 우리 모두가 규칙을 잘 지킨다는 것이다. 규칙을 지키지 않으면 다른 사람들로부터 처벌을 받기 때문에 규칙을 지킨다. 우리는 때때로 이유도 모른 채 다른 사람을 벌주어 규칙을 지키도록 만든다. 그 규칙이 논리적으로 맞지 않더라도 말이다. 우리가 이렇게 하는 이유는 질서를 유지하고 협력을 가능하도록 하는 규칙이 없는 인간의 삶은 만인에 대한 만인의 투쟁이며 끔찍하고 짐승 같고 짧기 때문이다.

근원주의자들이 헌법을 바라보는 시각은 독특하다. 다른 문맥에서 본다면 약 250년 전에 제정된 문서에 집착하는 것이 이례적으로 보일 수도 있다. 그러나 캘버트와 에이스모글루, 로빈슨, 홉스의 모델을 보면 이들의 집착이 이해되는 부분도 있다. 각 시대별로 사회는 어떤 특정 지도자를 추종하기로 결정했다. 다른 지도자를 따를 수도 있었고 지금의 지도자가 최고의 지도자라고 믿을 이유도 없었다. 그러나 정권이 바뀔 때마다 무질서가 난무할지 모른다는 생각 때문에 지금의 지도자를 그냥 추종하는 것이다.

우리는 미국 헌법을 집권세력의 역할을 하는 존재라고 생각할 수 있다. 누구라도 지도자가 될 수 있는 것처럼 채택 가능한 헌법의 종류도 많다.[70] 미국의 경우 헌법에 대한 신뢰는 질서 유지에 매우 중요한 역할을 한다. 헌법정신에 위배되는 정책을 추구하는 것도 나름의 가치가 있지만, 헌법에 대한 신뢰가 무너졌을 때 발생할 수 있는 혼란을 감안하여 균형 있는 정책을 추구해야 한다.

나는 신웨 저우Xinyue Zhou, 스테판 마이어Stephan Meier, 원원 셰Wenwen Xie 등과 같이 실시한 연구에서 사람들이 불평등을 싫어하기는 하지만, 이를 해소하기보다는 차라리 질서를 유지하려 한다는 것을 밝혀냈다.[71]

실험 결과는 사람들이 불평등을 해소하는 방법을 잘 보여주고 있다. 이 실험에서 우리는 학생들에게 두 사람의 실험 참가자가 있는데 딱히 뭘 하지 않아도 한 사람은 4달러, 다른 사람은 1달러를 받을 것이라고 이야기했다. 그리고 많이 받는 학생의 돈을 빼서 적게 받는 학생에게 나눠주면 어떻겠느냐고 물었더니 나눠주는 금액이 적을 때(예를 들어 1달러)는 대부분 기꺼이 나누는 걸 환영했지만, 금액이 2달러로 커지면 대부분 반대했다. 어떻게 나누든 두 학생의 금액 차는 1달러로 한 학생은 3달러, 다른 학생은 2달러를 갖게 되었다. 다만 나눈 금액이 2달러일 때는 '부자인' 학생과 '가난한' 학생이 뒤바뀐다는 것만이 다를 뿐이다.

사람들이 이렇게 행동하는 이유는 두 개의 상반되는 욕망을 가지고 있기 때문이다. 즉 불평등을 줄여야 하지만 동시에 질서도 유지하고 싶은 것이다. 동물의 세계에서도 한 집단 내의 동물군은 쪼는 순서●를 정하기 위해 싸움이라는 의식을 치러야 한다(꼭 쪼는 동물일 필요는 없다). 그런데 한번 서열이 정해지면 동물들은 그 순서를 지키려고 하며 다른 동물이 질서에 도전하는 것을 막는다. 그 이유는 도전이 계속되면 무리 전체가 외부 침략에 취약해지기 때문이다. 인간 사회도 마찬가지라고 생각한다. 우리는 급격하게 기존 질서를 뒤흔들지 않는 선에서만 불평등 해소에 찬성한다. 갑자기 질서가 변하면 힘든 혼란의 시기가 온다는 것을 모두 잘 알고 있다.

우리는 이 결과를 사람들이 평등을 선호하기는 하지만, 그 평등으로 인해 기존 질서가 전복되는 것을 원하지 않는다는 뜻으로 해석한다. 또한 이 현상은 미국뿐 아니라 전 세계적인 현상이라는 점을 알게 되었다. 예를 들면, 플라톤은 "이 세 계급 간의 간섭이나 위치 변화는 도시국가에 가장 커다란 해를 끼칠 수 있으며 최악의 평가를 받아 마땅하다"라고 했고, 공자는 "임금은 임금다워야 하고, 신하는 신하다워야 하며, 아버

● pecking order, 서열. 어떤 공동체 내의 지배와 복종의 위계질서를 일컫는 용어.

지는 아버지다워야 하고, 아들은 아들다워야 한다"라고 했다. 이는 미국부터 중국, 인도, 호주까지 어디서나 유효하다. 티베트의 유목민 사이에서는 그 효과가 더욱 명확했다. 안정성보다 위계질서를 중요시하는 성향은 어린이의 일곱 살에서 여덟 살 사이에 형성된다는 것도 알았다. 불평등은 나쁘지만 무질서는 더 나쁘다는 것이 전 세계적으로 당연시되고 있다. 조직 내에 신뢰를 유지하려면 순서가 있어야 한다.

우리는 일대일 관계에서 어떻게 신뢰의 역사가 시작되었는지를 설명하면서 이 장을 시작했다. 그다음엔 시장, 종교, 정부 같은 제도를 중심으로 신뢰가 발전하는 과정을 알아보았다. 여기서는 칼을 든 사람이 왜 왕이나 상인 또는 종교지도자의 지시를 따라야 하는지에 대한 질문으로 시작했다. 그 대답은 무력을 휘두르는 사람이 지배하는 사회에서 인간의 삶은 끔찍하고 짐승 같고 짧기 때문이다. 그리하여 우리는 상인, 종교지도자, 왕이 만들고 문명의 기초가 된 규칙을 따르는 것이다.

오늘날의 현대인은 규칙에 너무나 익숙해져 사다리가 있는 우리에 사는 원숭이처럼 이유도 모른 채 규칙을 따르고 있다. 제5장에서 다루겠지만, 신뢰는 여전히 현대경제 내의 제도에 깊숙이 침잠해 있으며 이들 제도는 신뢰에 의존하는 동시에 신뢰를 유지하도록 설계되어 있다.

chapter 2

전문기관에 대한 신뢰

현대문명에 닥친 가장 중요한 시험은 아마도 150명 정도의 부족사회에 적합하도록 발달된 인류의 문화적 생물학적 본능을 수십억 명에 달하는 글로벌 커뮤니티에 확장시킬 수 있느냐의 여부다. 역사상 최초로 인류는 잘못 사용하면 모든 인류뿐 아니라 지구 전체에 치명적인 해를 입힐 수 있는 기술을 보유하게 되었다. 이 난관을 해결하기 위해서는 전 인류의 협력이 필요하고 그렇게 하기 위해서는 전 세계적인 규모의 신뢰가 필요하다.

내가 이 책을 쓴 이유 중 하나는 신뢰가 인류 문명사에 미친 영향에서 희망을 보았기 때문이다. 우리는 본능적으로 신뢰하도록 태어났으나 신뢰 대상을 일부로 국한한다. 지난 몇 세기 동안 우리는 이 본능과 도구와 제도를 발전시켜 신뢰의 대상을 수백만 명으로 확대한 나머지, 지구 반대쪽의 전혀 모르는 사람에게 장난감이나 장식품을 보내달라고 컴퓨터 화면에서 무언가를 클릭하고도 그것이 전혀 이상하다고 느끼지 못하는 지경에 이르렀다. 택배 시스템을 신뢰해서 며칠 내로 장난감이 도착할 것을 믿고, 은행이 대금 지불을 처리할 것을 믿는다. 또한 그 장난감에 결함이 없고 독성이 없으며 안전하다고 믿는다. 이 모든 것은 법률제도에 대한 신뢰(계약과 규제 등), 브랜드에 대한 신뢰, 온라인 평가 시스템에 대한 신뢰, 거래를 규제하는 시장경제에 대한 믿음이 있기 때문에 가능하다.

역사적으로 보면 식품 및 약품, 기타 도구 등을 만드는 기술이 발전할수록 이들에 대한 신뢰가 높아진다. 그런데 이와 관련된 자료를 조사하다 전문 분야에 대한 불신이 늘어나는 기현상을 발견했다. 사람들 사이의 신뢰는 높아졌지만 전문가에 대한 신뢰는 감소한 것 같다.

데이터를 들여다보면 상황은 좀 더 복잡하다. 퓨리서치센터는 각종 기관을 움직이는 사람에 대한 미국 국민의 신뢰도를 조사했다. 1973년부터 2018년 사이에 언론매체를 신뢰한다고 답한 응답자는 20퍼센트에서 13퍼센트로 감소했고, 의학에 대한 신뢰도는 60퍼센트에서 37퍼센트로 감소했다. 연방정부에 대한 신뢰는 1960년대 초 80퍼센트에 가까웠으나 2018년에는 20퍼센트 이하로 줄어들었다. 물론 1970년대 30퍼센트, 1990년대 20퍼센트 이하 등 오르락내리락하기는 했다.

반면 신뢰가 증가한 기관도 있다. 군에 대한 신뢰는 1970년대 40퍼센트 이하에서 2018년도 60퍼센트로 증가했다. 반면에 과학계에 대한 신뢰는 동기간 40퍼센트에서 44퍼센트로 증가해 비교적 안정세를 보였다(그림 2.1 참조).[1]

이 장에서는 다음의 내용을 포함해서 전문 분야에 대한 신뢰 감소의 사례를 다룰 예정이다.

- 과학자들의 확신에도 불구하고 미국 국민은 점점 기후변화로 인한 영향을 믿지 않는다.
- 정치인에 대한 신뢰는 역대 최저를 기록 중이다(한 번도 높았던 적이 없다).
- 의학에 대한 신뢰는 개도국과 선진국 모두 감소했다.
- 자신의 생각과 다른 기사는 모두 가짜 뉴스라고 믿는 미국인이 많다.

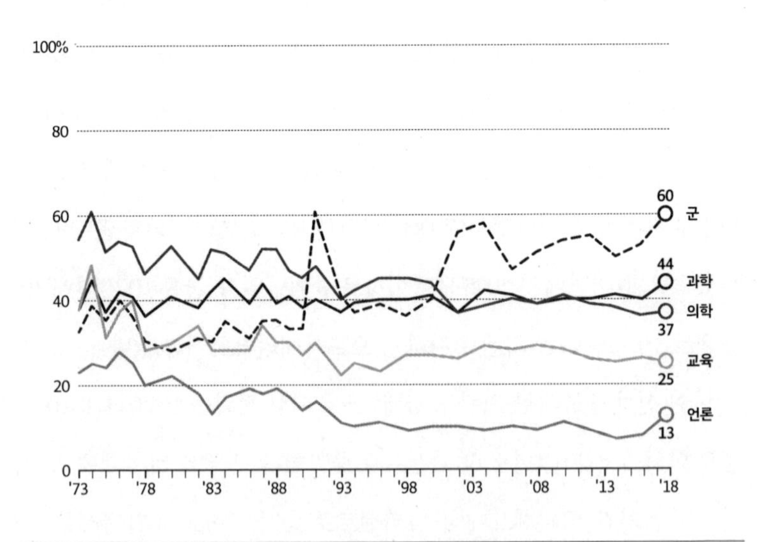

그림 2.1 **미국 성인의 각 분야별 신뢰도**
참고: 군에 대한 신뢰도는 상승했으나 다른 분야는 하락했다.
출처: Pew Research Center (2019)

뒤에서 이 사례들을 좀 더 깊게 파고들 것이다. 우리가 알고 싶은 것은 이 현상이 일시적인 것인지(유구한 역사의 흐름에서 보면 수십 년은 순간에 지나지 않는다), 그렇지 않다면 이 현상이 어떤 결과를 낳을지, 이런 추세를 막을 방법은 없는지 등이다. 구조적 변화인지 아니면 각 제도의 특징 때문에 나타나는 특이한 현상인지도 파악해볼 것이다. 인류가 당면한 가장 큰 문제들을 해결하려면 그 어느 때보다 협력이 필요하며 이를 위해서는 더 많은 신뢰가 필요하다.

전문가에 대한 신뢰가 위기에 직면한 이유는 다음과 같다.

1. 우리는 현재 그 어느 때보다 선택권이 많다. 이는 다른 의견을 구하기가 쉬워졌다는 뜻이며 현재의 관계에 집착할 이유가 없다는 뜻이다.
2. 초기 부족사회와 종교의 탄생 시점으로 돌아가보면 신뢰는 다른 사람에 대한 공포에서 출발한다는 것을 알 수 있다. 전 세계가 가까워지면서 이런 공포는 줄어들었다. 따라서 공동의 적이 사라져버렸으므로 우리끼리 똘똘 뭉쳐 서로를 믿어야 할 명분이 줄어들었다.
3. 정보 접근과 교육 기회가 많아지자 전문가보다 자신의 인지능력을 과신하게 되었다. 연구 결과에 의하면 교육 수준이 높고 인터넷에 자주 접속할수록 과학에 대한 잘못된 지식을 갖는 경우가 많다. 이로 인해 양극화가 심해진다. 인터넷은 '우리 부족'을 찾을 수 있

는 여러 수단을 제공한다. 따라서 우리와 다른 사람과 억지로 교류하기보다 우리와 같은 사람과 더 많은 교류를 할 수 있다.

이와 같은 관점에서 각종 기관(특히 정치, 언론, 의학, 과학, 그중에서도 기후변화와 관련된 과학)을 살펴볼 것이다. 물론 내게 모든 정답이 있는 것은 아니다. 또한 2016년 이후 이들 분야의 신뢰 감소가 반대 방향으로 움직인다는 점도 주목해야 할 것이다. 전 분야에서 골고루 상승 추세를 보이며 특히 언론에 대한 신뢰가 눈에 띄게 증가하고 있다. 아직은 이것이 완전한 추세 전환인지 아니면 일시적인 현상인지는 단정 짓기 어려우나 긍정적인 추세인 것은 확실하다. 신뢰 트렌드가 바뀐 이유를 완전히 파악하기 어려울지 모르지만 신뢰가 이들 기관에 어떤 작용을 하는지 이해하는 것은 문제 해결에 필요한 첫 단계다.

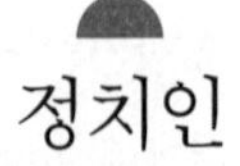

정치인

오늘날 신문의 헤드라인은 민주주의의 미래에 대한 신랄한 경고로 넘

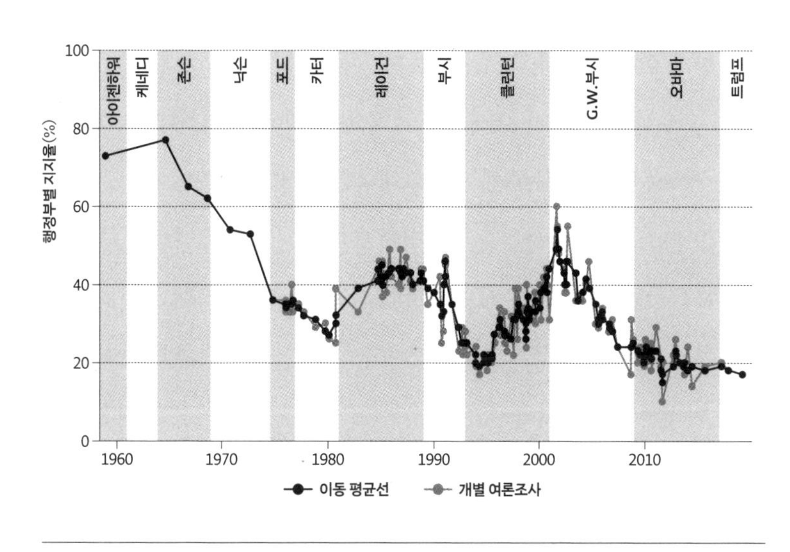

그림 2.2 **정부에 대한 대중의 신뢰도: 1958-2019**
출처: Pew Research Center (2019). *Public Trust in Government: 1958-2019*. April 11.

친다. 선거는 인기에 영합하는 선동정치가, 가짜 뉴스, 외세 개입 등으로 혼탁해진다. 미국 정부에 대한 신뢰의 감소는 여론조사에 잘 나타나 있다(**그림 2.2** 참조).

물론 이런 우려가 새로운 것은 아니다. 뮤지컬 〈해밀턴〉을 보면 1700년대의 섹스스캔들, 가짜 뉴스, 선동정치의 영향을 잘 알 수 있다. 알렉산더 해밀턴이 작성한 조지 워싱턴의 고별연설에서도 외세의 간섭에 대해 경고하는 내용이 나온다. 그는 프랑스의 미국 정치 개입을 경고하면서 "외세의 개입은 공화정의 가장 큰 적이며 (중략) 여러 다양한 방법으로 간섭할 수 있기에 경각심을 가져야 하며 (중략) 기회가 날 때마다 뒤에서 파벌을 조장하고, 영향력을 행사하려 갖가지 술수를 동원하며 여론을

선동한다"고 주장했다.[2]

정부에 대한 신뢰가 오래전부터 문제가 되었기 때문에 미국 헌법의 초안에는 많은 부분이 신뢰에 할애되었다. 앞에서 헌법이 비준된 지 250년이 넘었음에도 아직까지 우리에게 미치는 역할에 대해 다룬 바 있다. 여기서는 헌법이 어떻게 유권자와 선출직 공무원 사이에 권력을 분배하는지 알아본다. 공화민주주의의 구성 요소가 유권자와 선거로 선출된 공직자라고 생각하지만 이런 분류도 사실은 매우 복잡하다. 미국 건국 초창기에 대부분의 주민은 투표권이 없었다(재산이 있는 21세 이상의 백인에게만 투표권이 있었다). 정부 관료는 투표를 통해 선출되지 않았다. 대법관은 (현재와 마찬가지로) 종신직이었으며 상원의원은 주지사가 지명했다. 연방정부의 각료 역시 (현재와 마찬가지로) 대통령이 지명했다.

| 정치인에 대한 신뢰

민주주의 실천에 가장 예민한 문제 중 하나는 유권자와 피선출자의 권력 배분이다. 국민은 권력의 집중을 싫어한다. 20세기 초반의 진보주의 운동 덕분에 헌법에 기초를 둔 공화민주주의는 직접민주주의로 변하는 과정을 겪었다. 최초에는 주지사가 상원의원을 임명하였고 대통령은 선거위원회에서 결정했다(다시 말해 선거인단이 결정했는데 당시는 주민의 의사를 꼭 반영할 필요가 없었다). 진보 운동은 상원의원과 대통령 선출 방식에 영향을 미쳤다. 오늘날 상원의원은 직접선거로 선출되며 선거인단은 유권자의 의사를 보다 더 반영한다. 그 결과 **주민발의 국민투**

표initiative and referendum가 도입되어 국민이 직접 정책을 결정할 수 있게 되었다. 캘리포니아주 같은 곳에서는 여전히 매우 활발하게 직접민주주의가 작동하고 있다.

그러나 직접민주주의가 사회에 정말로 좋은 역할을 하는가? 최근 미국 국립과학재단National Science Foundation에서 실시한 설문조사에 의하면 민주당원의 과반수 이상이 태양이 지구를 돈다고 대답했으며 지구가 태양을 돈다고 답한 사람도 도는 데 1년이 걸린다는 사실은 몰랐다. 같은 조사에서 공화당의 과반수 이상은 진화론을 믿지 않는다고 응답했다.[3] 이런 상황에서 유권자가 어느 정도까지 정책 수립에 관여해야 하는지 당신은 의문이 들 것이다.

개인적으로 나는 조사에 응한 응답자들이 이해가 된다. 태양이 지구를 돈다고 생각한다는 설문조사 결과를 민주당원이 놀랄 만큼 과학지식이 없다고 받아들여서는 안 된다고 본다. 그저 무작위 전화 설문조사에 정확하게 대답하기 싫었을 수도 있다. 2015년 설문조사에서는 실업률이 오바마 행정부와 부시 행정부 중 어느 때 더 높았냐는, 정답이 있지만 정치 성향에 따라 다른 답이 나올 수 있는 질문에 당연히 정치 성향을 반영한 답이 나왔다.[4] 그러나 동일한 질문을 하면서 정답을 맞힐 경우 몇 달러를 상금으로 주겠다고 하면 정치적 편견은 금방 사라져버린다. 이런 걸 보면 우리의 정치적 충성심은 그리 강력하지 않은지도 모르겠다. 내 생각에 우리는 모두 대부분의 이슈와 관련하여 얕은 지식밖에 없는 것 같다. 우리가 세계에 관해 믿는 것은 우리가 직접 그것을 목격했기 때문이 아니라 우리가 그것을 신뢰하는 사람에게 배웠기 때문이다.

나는 유권자가 자신의 가치관에 의거하여 투표하는 것이 옳다고 본다. 민주주의는 무엇을 우선해야 할지를 유권자의 의견에 따라 결정해야 한다고 생각한다. 예를 들어 빈곤 퇴치를 위한 싸움과 기후변화에 대처하기 위한 싸움 간의 예산 배분 문제라든지, 인권 문제 같은 윤리적 이슈를 어떻게 해결해야 하는지 등이다. 그러나 어느 작은 도시에서 원주율을 3으로 정하는 법을 통과시키려 했던 것과 마찬가지로 과학으로 답을 낼 수 있는 문제를 입법화하는 것은 문제가 될 수 있다.

올바른 정책을 선택하기 위해 어느 정도의 지식이 필요한지 내게 가장 잘 알게 해준 사례는 우리가 매일 사용하지만 별로 관심 없는 옥수수와 휘발유였다. 거의 모든 사람이 들으면 놀라는 통계 수치 하나를 말하겠다. 미국에서 재배되는 옥수수의 거의 절반은 에탄올(기본적으로 옥수수 보드카)로 전환된 후 휘발유에 첨가된다. 우리가 사용하는 휘발유의 10퍼센트를 이렇게 얻는다.

옥수수 에탄올로 휘발유를 만드는 것에 사소한 의견이라도 있다면 아마도 대중문화의 영향을 받았기 때문일 것이다. 예를 들어 애런 소킨의 텔레비전 드라마 〈웨스트윙〉 중 한 에피소드는 단지 대선에서 아이오와가 중요하다는 이유로 정치인들이 옥수수 에탄올 사용을 지지하는 이야기로 채워졌다. 에탄올 정책이라고 해봐야 아이오와의 옥수수 재배 농민들의 비위를 맞추는 것에 불과하다. 이 문제가 부각되면 내가 아는 사람들은 대개 에탄올 지원금이 멍청한 짓이고 폐지하는 게 낫다고 생각할 것이다. 전에는 나도 그랬다. 그런데 옥수수 지원금은 소속 당에 상관없이 국회의원의 전폭적인 지지를 받는 몇 안 되는 정책이다.

나는 백악관 경제자문위원회의 수석 에너지경제학자였다. 당시 의회를 통과 중이던 에탄올 관련 입법 과정을 다듬고 조언하는 것이 나의 일이었다. 당시에 나는 미국의 에탄올 정책에 대해 그 누구보다 많이 알았지만 그럴수록 시시각각 찬성과 반대 의견이 달라졌다.

에탄올 정책을 제대로 이해하기 위해, 기존에 휘발유 첨가제로 사용되던 메틸삼차부틸에테르methyl tertiary-butyl ether 잔여물에서 발암성 물질이 발견되어 이를 에탄올로 대체하게 된 과정을 공부해야 했다. 그리고 미국 무역대표부로부터 에탄올 관세가 무역 협상에서 중요한 카드임을 배웠다. 에탄올의 연비가 휘발유의 3분의 2에 불과하지만 옥탄가가 높다는 것도 알았다. 또한 에탄올이 엔진을 잘 부식시키지만 현재의 배출가스 규제에 맞춰 생산된 차량에는 영향이 없다는 것과 파이프라인을 부식시키기 때문에 트럭으로 운송한다는 것도 배웠다.

에탄올이 기후변화에 미치는 영향은 명확하지 않다. 논문 수십여 권을 메타분석•한 결과 기술이 발전함에 따라 에탄올의 영향이 감소했음을 알 수 있었다. 에탄올은 농촌경제에 영향을 주지만, 에탄올 정책 때문에 멕시코의 토르티야 가격이 올랐다는 신문기사에도 불구하고 옥수수 가

• meta-analysis, 특정 연구 문제에 관련된 모든 개별 데이터를 한곳에 모아 그것을 통계학적으로 분석하는 방법.

격에 그리 영향을 미치지 않는다. 미국에서 바이오연료 사용을 법제화 하자 팜유에 대한 수요가 증가하여 인도네시아의 광범위한 지역에 산림 파괴가 일어났고, 이로 인해 온실가스 배출이 역대 최대로 증가했다.[5] 길게 이야기했지만 요약하면, 몇 달 몇 년에 걸쳐 에탄올 정책을 공부했어도 새로운 사실을 알게 될 때마다 내 의견이 왔다 갔다 했다는 것이다. 이럴진대 휘발유에 옥수수 에탄올 10퍼센트를 반드시 함유해야 한다는 정책이 좋은지 나쁜지에 대해 유권자가 명확한 의견을 가지길 기대하는 일은 미친 짓이라고 생각한다.

전에는 민주주의가 제대로 작동하려면 교육이 제일 중요하다고 생각했다. 유권자를 교육시키면 정치인이 책임질 수 있는 현명한 결정을 하리라 기대했다. 그러나 내가 제대로 된 판단을 하기 위한 지식을 습득하느라 투입한 시간은 엄청났다. 모든 사람이 한 이슈에 대해 이 정도의 지식을 습득하기를 기대하는 것도 매우 비현실적인 일인데 하물며 바로 바로 결정해야 하는 수많은 이슈는 말할 것도 없다. 그래서 전문가가 있는 것이다. 모든 사람이 자신의 차를 직접 수리할 줄 알아야 하는 건 아니다. 카센터에 맡기면 된다. 그래서 대의민주주의하에 살고 있는 우리는 선거를 통해 지도자를 뽑는 것이다.

하지만 여전히 우리는 옥수수 에탄올 같은 이슈에 대한 정치인의 입장을 기준으로 후보자를 평가해야 한다. 〈웨스트윙〉에 관련 에피소드가 방영되었을 때 이 문제는 대선의 주요 이슈였고 아이오와 코커스의 성패를 결정했다. 한 〈뉴욕타임스〉 기자는 2020년 대선 토론에서 에탄올

이 처음으로 주요 이슈가 안 되는 것을 보고 놀랐다고 최근에 밝힌 바 있다.[6] 대학원 재학 때 나는 선거일 전에 다른 박사과정 학생들과 아메리카 원주민 카지노세, 재산세, 대중교통 보조금 등의 선거 이슈에 대해 토론을 하기도 했다. 이 학생들은 세계 최고의 명문대학에서 최고 수준의 교육을 받았지만 이런 주제에 대해 사려 깊고 신중한 견해를 형성하지 못한 것은 물론이고 관련 문서조차도 전부 읽지 못했다. 이해할 수 있다. 우리는 모두 바쁘니까. 그렇다면 이렇게 복잡한 문제에 대해 유권자를 어떻게 믿을 수 있을까?

다행히, 희망은 있다. 유권자에게 정책 결정을 맡기기는 어렵겠지만, 적어도 어느 의원이 신뢰할 만한지를 결정하는 것은 가능할 것 같다. 대선 토론이 끝나면 정치비평가들은 후보자의 보디랭귀지, 표정, 끼어들기, 안면의 경련, 용어 사용 등을 자세히 분석한다.

미디어에서 이렇게 사소한 것까지 자세히 다루는 것을 비판하고 정책 대결로 선거의 승패가 결정되어야 한다고 주장하는 학자도 있다. 물론 낙태나 총기 규제처럼 유권자가 명확하게 후보자의 정치적 성향을 알 수 있는 이슈도 있지만, 대부분의 경우 후보자가 지지하는 구체적인 정책을 보고 선택하는 것보다는 가치관이 같은 후보를 선택하는 것이 더 중요하다. 대선에서는 후보자의 세부적인 정책이 별로 중요하지 않으며 중요해서도 안 된다. 후보자가 제시하는 숫자가 말이 되는지, 대책이 정확한지를 검증하는 데 너무 많은 노력이 투입된다. 에탄올 사례에서 보았듯, 유권자는 어떤 정책에 대한 후보자의 의견을 결코 자세히 알 수 없다. 낙태나 총기 규제에 관한 정책 토론도 결국에는 신원조회나 정신병력 정보 제공 및 수술비 면제 요청 제도처럼 세부적인 내용으로 깊이 들어가게 마련이다.

유권자는 몇 시간(또는 몇 년)에 걸쳐 세부적인 사항까지 파악하려 하지 않는다. 대신 후보자에 대한 충분한 정보가 제공된다는 전제하에 자신과 가치관이 같고, 자신과 같은 성향의 선택을 할 것 같은 후보자를 파악하는 게 더 합리적이다. 게임이론과 경제학에서 사용하는 용어를 빌리면 유권자는 **성향 일치**alignment of preferences를 가진 후보자를 선택해야 한다. 이 책의 용어로 표현하자면 유권자는 자신이 **신뢰할** 수 있는 후보자를 선택해야 한다.

다행히 앞에서 설명한 대로 수천 년간 생물학적 문화적 진화를 겪은 결과 우리는 누구를 신뢰할지 결정하는 본능과 시스템을 갖게 되었다. 반면에 불운하게도 이런 신뢰본능이 기업이나 정치가가 그들 자신의 목적을 달성하는 데 이용될 수 있다.

이를 잘 보여주는 결과가 후보에 대한 신 슬라이싱thin slicing 실험이다.[7] 실험 참가자에게 낯선 주의 주지사 경합 후보가 나오는 각각 10초짜리 무음 동영상을 보여주면 놀랄 만큼 정확하게 누가 선거에서 승리했는지 알아맞힌다. 다시 말해 후보의 외모, 제스처, 움직임만 보고도 유권자들이 어떤 후보를 선택했는지 정확히 예측했다는 뜻이다. 이는 두 가지로 해석이 가능한데 긍정적인 해석은 어느 후보가 믿을 만한지 결정하는 데는 단지 10초면 충분하며, 유권자들이 이 정보로 선택을 결정한다는 것이다. 다소 부정적인 해석은 정치인이 믿을 만하게 보이려고 연출하고 유권자가 그들의 외모에 속는다는 것이다. 어떻게 받아들이든 비언어적 신호가 정치인 선택에 중요한 역할을 하는 것은 확실하다.

개인적인 의견이지만, 얼마나 신뢰할 만하게 보이느냐를 기준으로 후보자를 결정하는 것이 좋은 선택이라고 생각한다. 정치적 사실과 관련된 정보를 기억하는지 묻는 질문(예를 들어 레이건 행정부와 클린턴 행정부 중 어느 때 인플레이션이 더 높았는가 같은 질문)을 받으면 우리는 보통 정치적 편견에 치우친 답을 하게 마련이다.[8] 어떤 정책이 민주당 소속 의원에 의해 도입되었다고 민주당원에게 알려주면 그 사람은 그 정책을 지지한다. 똑같은 정책을 공화당 의원이 도입했다고 하면 반대한다.[9] 신뢰할 만한 사람인지 결정할 때 과거에는 종교가 기준이 되었듯, 현재는 정치 성향이 그 역할을 한다. 나는 유권자들에게 정책을 결정하는 뛰어난 판단력이 부족하다고 생각한다. 그러므로 국회의원을 제대로 뽑는 수밖에 없는 것 같다.

동시에 비록 민주적인 절차를 통해 선출되었다고 해도 모든 결정권을 지도자에게 위임하는 것은 위험하다고들 생각할 것 같다. 문제는 정책 결정을 할 때 어느 때 지도자를 믿고 어느 때 유권자를 믿어야 하는지를 결정하는 일이다.

| 정치인과 관료

가르치는 사람으로서, 나중에 우연히 제자들을 만나 수업시간에 내가 가르친 것 중 어떤 내용을 아직도 기억한다는 말을 들으면 매우 유쾌하다. 내가 정치학 수업을 들으며 가장 기억에 남은 말은 민주주의의 척도란 시민이 투표하는 일단의 의제가 아니라 **투표할 수 없는** 의제라는 문장이다. 미국에서 투표에 부칠 수 없는 의제의 수를 안다면 매우 충격을 받을 것이다. 가장 대표적인 것이 대법관은 한번 임명되면 탄핵 등의 사유가 없으면 죽을 때까지 유지되는 종신직이라는 사실이다. 또한 연방준비제도이사회 이사의 임기는 어떤 대통령의 임기보다 긴 14년이며 대법관과 유사한 수준의 독립성이 보장된다.

이런 독립성은 고위직뿐 아니라 하위직 공무원에게도 적용된다. 의회가 만든 법령은 정책의 전반적인 틀을 구성하며, 대법원의 판결은 엄청난 관심의 대상이 되지만 실제 정부의 기능은 보이는 않는 곳, 그러니까 소규모 소송 사건이나 (큰 책임이 없는) 박봉의 관료들이 작성하는 수천 쪽에 달하는 규제법에서 작용한다. 어떤 규제조항에 대한 소송이 제기되어 법정에서 시시비비를 가리는 일이 발생하기도 하지만 몇몇 대형 사건을 제외하면 유권자들은 별 관심이 없다. 어쩌면 그게 맞는 것인지도 모른다.

게임이론에서 내가 제일 좋아하는 모델은 노벨상 수상자인 에릭 매스킨Eric Maskin과 장 티롤Jean Tirole이 만든 단순한 모델이다. 이 두 학자 모두 정밀한 수학적 모델 기법으로 유명하지만, 고등학교 수준의 꽤 단순한 수학만을 이용해서 정책 결정을 할 때 누구를 믿을 것인지 같은 중요한 질문을 던지는 논문을 작성했다. 유권자, 선출직 의원, 임명직 관료, 법관 중에서 누구를 믿어야 하는가? 논문에서는 문제가 되는 정책의 형태에 따라 달라진다고 한다.

이 모델은 어떤 정책의 결정을 유권자가 직접 하는 경우, 선출직 관료가 하는 경우, 임명직 관료가 하는 경우에 각각 어떤 일이 발생하는지를 제시한다. 사회라는 것은 누가 세금을 내야 하는가(그리고 얼마나 내야 하는가), 어떤 것이 규제 대상이 되는가, 어떤 사회보장 프로그램이 지원금 대상인가 등 많은 정책 문제와 씨름해야 한다. 정부가 결정해야 할 정책은 여러 가지 관점에서 보면 다양하지만, 매스킨과 티롤은 다음 세 가지 기준에 주목한다.

1. 정책에 대한 유권자의 이해도(익숙함과 기술적 난이도에 따라 달라진다).
2. 정책에 참여하는 관료가 관직 유지와 소명의식 중 어떤 것을 더 소중하게 생각하는가?
3. 관료의 선택이 잘된 것인지 잘못된 것인지를 유권자가 깨닫는 데 걸리는 시간.

예를 들어 낙태 문제 같은 경우는 유권자들이 낙태 금지와 관련된 기술적 문제를 비교적 잘 알고 있기 때문에 실제 낙태금지법이 시행되면 어떤 일이 발생할지를 예상할 수 있다. 그러나 에탄올 정책과 관련된 내용은 유권자가 잘 모르는 복잡하고 기술적인 내용으로 가득 차 있어서

그 결과를 예상하기 어렵다(기후변화에 미치는 영향은 수십 년이 지나도 밝힐 수 없을지 모른다).[10]

이 책에서 사용하는 표현을 쓰자면 정책 결정은 우리가 의지할 수 있는 신뢰할 만한 피신뢰자를 찾는 신뢰 행위다. 이 행위에는 많은 위험이 따른다. 왜냐하면 정책 결정자가 하는 선택은 우리의 삶에 커다란 영향을 미치지만, 유권자는 그 선택이 옳은지 평가하기 어렵기 때문이다. 정부의 존재 목적은 결국 국민을 위해 일하는 것이므로, 국민은 자신들을 대신해 선택할 권한을 특정 관료에게 부여하는 위험을 감수하게 된다. 정부 공무원은 올바른 선택을 해서 유권자에게 자신의 신뢰성을 보여줄 수 있다. 그러나 공무원은 보다 많은 정보를 기반으로 대중이 좋아하지 않는 선택을 하기도 한다. 공무원이 인기 있는 선택만 한다면 공무원이 존재할 필요는 없어진다. 직접민주주의를 하는 게 더 낫다.

이 모델은 공무원이 때로는 청렴하고 때로는 부패하다고 가정한다. 부패한 정치인은 자신의 권력과 경력 그리고 재선에만 신경 쓴다. 정직한 정치인은 가장 좋은 선택을 하려 노력한다. 사람을 분류하는 게 쉬운 일은 아니지만 정치인이 하는 결정은 자신에게 더 도움이 되는 선택 아니면 대의를 위하는 선택으로 나뉘게 되어 있다.

스티븐 레빗Steven Levitt이 설명했듯이, 이를 잘 보여주는 사례는 정치인이 선거 전에 보다 많은 경찰을 거리에 배치한다는 것이다.[11] 그는 거리에 경찰이 많을수록 시민들이 안전하다고 느끼기 때문에 현직 정치인이 재선될 가능성이 높다고 주장했다. 시민을 위해 예산을 써 경찰을 더 배치할 때도 있지만 그저 당선을 위한 속임수일 때도 있다. 문제는 시민들이 정치인의 진정한 동기를 알기 어렵다는 점이다.

이 모델에서 (대법관처럼) 책임지지 않는 공직자는 정직과 부패의 여부를 떠나 자신의 성향대로 행동한다. 재선을 노리는 선출직 공직자는 정책 결정 과정에서 신뢰할 만한 정치인임을 증명할 필요가 있다. 이는 좋은 결과를 낳기도 하고 좋지 않은 결과를 낳기도 한다. 한편으로는 부패한 정치인이 시민의 요구에 조금이나마 귀를 기울이는 효과가 있다. 다른 한편으로는 정직한 정치인이 인기에 영합하도록 만든다는 것이다. 이들은 무엇을 해야 할지 잘 알고 있지만 그렇게 하면 인기가 없기 때문에 그 방식을 택하지 않는다. 대신 이들은 단기간에 대중의 인기에 부합해 신뢰를 쌓고 재선에 성공하면 보다 더 큰 일을 할 수 있을 것이라고 믿게 된다. 이처럼 인기에 영합하는 정책이 좋지 않은 결과를 낳을 것으로 예상되면 차라리 임명직 공무원이 더 잘할 수도 있다. 그러나 유권자가 깨어 있고 정치가에게 절제력이 부족할 때는 선출직 공무원이 더 낫다.

경제와 마찬가지로 유권자, 정치인, 관료 중 누구를 신뢰할 것인가는 결국 타협의 문제다. 올바른 정책을 선정하려면 두 가지가 중요하다. 정책 결정에 대한 정확한 정보와 (사익이 아닌 공익을 추구하려는) 올바른 의도다. 지도자가 우리보다 많은 정보를 가진 것은 확실하지만 나쁜 마음을 먹을 수도 있다. 나는 선거로 뽑힌 지도자들이 우리의 신뢰 이상으로 좋은 의도를 가지고 있다고 믿는다. 악의 길을 가는 팰퍼틴 의원*보다는 워싱턴으로 가는 스미스 씨**에 가깝다. 무역 관세를 조사해보면 정치인들이 자신의 이익을 희생하면서까지 유권자에게 가장 유리한 정책 결정을 한다는 것을 알 수 있다.[12] 그렇지만 유권자보다 자신의 이익을 우선으로 하는 정치가도 분명히 존재한다. 그러므로 우리는 유권자에게 어떤 결정권을 부여하고 그들이 정보가 없는 상태에서 선택하도록 하는 위험을 감수할 수도 있다. 또는 적어도 그들 자신의 영역에서는 독재자일 수 있는, 책임이 없는 공무원(판사 또는 관료)에게 어떤 의사결정 권한을 부여할 수도 있다.

관료가 일을 제대로 하려면 유권자보다 더 많은 정보를 아는 것도 중요하지만 선거구 내 다수 유권자와 소수 유권자 간 이해관계의 균형을 맞추는 것도 중요하다. 유권자의 비위를 맞추는 관리는 소수 유권자를 포기함으로써 입는 손실이 더 크다고 해도 다수 유권자의 이익에 부합하는 쪽으로 기울 것이다.

매스킨과 티롤은 그들의 모델을 다음과 같이 요약했다.

> (1) 관료가 책임을 진다는 것은 두 가지 면에서 좋다. 주민들과 의견이 맞지 않는 관료를 찾아낼 수도 있고, 적극적인 업무 태도나 비위 맞추기 등을 통해 관료가 유권자의 의견을 따르는 것처럼 움직이게 동기를 부여할 수 있다. (2) 그렇게 되면 관료들은 소수 집단의 이해

● 영화 〈스타워즈〉에 등장하는 독재자.

●● 1939년에 제작된 영화 〈스미스 씨 워싱턴에 가다〉에 등장하는 정의로운 젊은 상원의원.

관계를 무시하고 유권자에게 영합할 수 있다. (3) (a) 유권자에게 정확한 정보가 없고, (b) 정책 결정을 위한 정보 획득에 많은 비용이 들어가며, (c) 정책의 효과가 늦게 나타나는 경우에는 책임을 지지 않는 임명직이 차라리 낫다. (4) 가장 중요한 결정은 임명직보다 선출직 공무원이 해야 한다(물론 이런 경우에는 대의민주주의보다는 직접민주주의가 더 적합하기는 하다). (5) 임명직 공무원의 재량권은 선출직보다 적어야 한다. (6) 다수 유권자의 의견이 소수 유권자에게 부정적 외부효과를 유발할 경우에는 임명직이 낫다. 이 경우에는 직접민주주의보다는 대의민주주의가 낫다. 왜냐하면 극단적이지 않은 온건한 수준의 외부효과가 나타나기 때문이다.[13]

결론적으로 매스킨과 티롤은 권력 배분에 대해 이렇게 제안한다.

- 유권자가 정보를 제대로 파악하고 있다면 직접민주주의가 제일 좋다. 가치관과 관련된 내용이나 결과가 명확히 나타나는 정책에 대해서는 국민투표를 해야 한다.
- 잘못된 판단이 국민에게 직접 영향을 미치는 정책 결정은 대통령이나 국회의원 같은 선출직이 해야 한다.
- 소수 유권자를 보호해야 할 필요가 있을 때는 임명직 공무원을 활용해야 한다. 대법관이나 판사가 주로 이 역할을 한다. 그러면서도 이들의 권한에는 한계가 있어야 한다(민주주의 제도 안에서 책임을 지지 않기 때문이다).

민주주의를 실천하는 것은 쉽지 않다. 정책 결정에는 엄청난 양의 전문지식이 필요하다. 유권자들은 전문지식을 얻을 능력이 없는 것이 아니라 그들이 그렇게 하는 것이 큰 의미가 없다. 애덤 스미스는 자본주의의 핵심을 분업이라고 말했다.[14] 빵을 굽고 차를 수리하는 사람이 따로 있듯이 정책 결정은 전문가에게 맡기면 된다. 그러나 권력은 부패하기 마련이라 신뢰할 만한 사람을 선택해야 한다.

그러면 유권자, 선출직 대표, 임명직 공무원 중 누구에게 정책 결정 권한을 믿고 줄 것인가? 선출직이나 임명직 공무원이 유권자보다 전문지식은 많지만 항상 국민의 이익을 위한 결정을 한다고 믿을 수는 없다. 사실, 공무원을 독려하기 위해 만든 이 책임 시스템은 자칫 영합으로 이어질 경우, 역효과를 초래할 수 있다. 결과적으로 민주주의의 정책 결정권은 이슈에 따라 달라져야 한다. 헌법은 이 세 가지 주체 사이의 정책 결정권을 적절히 분배하도록 설계되어 있다.

미디어

사실과 진실 그리고 우리가 아는 것에 대해 사람들이 많은 우려를 한다. 백신, 진화론 또는 기후변화 같은 것에 대해 의심을 품는다. 우리가 믿는 대부분은 신문 기사에서 읽은 것이다. 교황이 트럼프를 지지한다든지 힐러리 클린턴이 운영하는 피자 전문점을 중심으로 소아 성매매 조직이 활동한다는 가짜 뉴스가 2016년 선거전에 널리 퍼졌다. 뉴스 웹사이트인 버즈피드의 분석에 의하면 2016년 선거 관련으로 가장 인기 있던 가짜 뉴스 20개에 정통 미디어의 뉴스 20개보다 (단 하나만 제외하고) 더 많은 페이스북 참여가 있었다.[15]

물론 이게 새로운 현상은 아니다. 2007년 라스무센 여론조사에 의하면 민주당원 35퍼센트가 조지 W. 부시 대통령이 9·11테러 관련 사전정보를 입수하고도 아무런 조치도 취하지 않았다고 믿고 있다. 더 과거로 거슬러 올라가서, 최근에 뮤지컬을 본 사람이라면 해밀턴의 정치 생명이 언론에 유출된 가짜 뉴스와 연관된 성추문 때문에 끝났음을 알 것이다.

우리가 믿는 가짜 뉴스가 전부 정치와 관련된 것은 아니다. 최근에 방영된 어떤 다큐멘터리는 지구가 평평하다고 믿는 사람들을 추적하기도 했다.[16] 내 논문 중에는 실제로 일어난 상어의 습격과 상어의 공격에 관련된 보도가 아무런 관계가 없음을 분석한 것도 있다.[17] 상어 관련 뉴스가 많이 나올수록 상어에 대한 공포도 높아지지만, 실제 상어의 습격보다는 다른 뉴스거리가 얼마나 있느냐에 따라 상어 뉴스의 빈도가 달라졌다.

그렇다면 만일 우리가 뉴스를 신뢰할 수 없다면 어떻게 해야 하는가? 내가 재직 중인 배서칼리지의 모토 중의 하나는 "근원을 찾아라Go to the source"이지만 현실적으로 모든 근원을 다 조사할 수는 없다. 그러나 조금만 살펴보면 우리가 세상에 관해 믿는 모든 것은 우리가 신뢰하는 사람에게 들은 것이라는 점을 깨닫게 된다. 신뢰하는 사람이란 교사나 기자일 수도 있고 목사나 부모일 수도 있다. 어떤 믿음은 개인적인 경험이나 직접 보고 겪은 것으로부터 나올 수도 있지만 모든 지식을 이런 식으로 얻을 수는 없는 법이다. 또한 우리의 감각이나 성찰도 항상 신뢰할 만한 것이 아니라는 것도 뒤에서 살펴볼 것이다.

| 미디어의 편향

우리가 아는 것은 대부분 뉴스미디어로부터 얻는다. 뉴스의 경제학을 다룬 초기 연구는 신문이나 다른 언론매체가 정보를 전달하는 방식을 어떻게 왜곡하는지를 다루었다.

내가 제일 자주 이용하는 사례는 영국 언론이 두 왕자비를 취급하는 태도다. 시기는 다르지만 케이트 미들턴과 메건 마클 모두 아보카도를 좋아한다고 했는데 동일한 신문이 이를 아주 다르게 다루었다.[18]

윌리엄 왕자와 케이트 미들턴 왕자비: 어떤 어린이가 윌리엄 왕자에게 리본으로 싼 아보카도를 전해주면서 자기 엄마도 임신으로 고생 중이라고 했다. "왕자님이 아보카도를 받아서 미들턴 왕자비에게 갖다 주고 먹여보겠다고 했어요. 그리고 엄마한테도 인사 전해달라고 했어요."
- 〈익스프레스〉(2017년 9월 14일 자)

마클 왕자비 : 서섹스 공작부인이자 소위 '아보카도 토스트 위스퍼러 avocado toast whisperer'로 알려진 만삭의 마클 왕자비가 물 부족, 불법 산림 파괴 등 모든 면에서 환경파괴의 주범인 아보카도를 게걸스럽게 목구멍으로 넘긴다.
- 〈익스프레스〉(2019년 1월 23일 자)

미디어의 편향을 연구하기 어려운 이유는 우리가 우리의 관점을 편견 없는 진실에 기반을 둔다고 믿기 때문이다. 우리와 같은 의견을 가진 언론사는 공평하지만 다른 모든 사람은 진실을 왜곡한다고 생각한다. 따라서 연구자의 편향을 피하기가 매우 힘들다. 그러나 그로스클로스 Groseclose와 밀리오Milyo,[19] 그리고 나중에는 겐츠코Gentzkow와 셔피로 Shapiro가 통계 모델을 이용해 텍스트 분석 기법으로 신문에서 사용하는 언어와 정치인이 사용하는 언어를 비교함으로써 이 문제를 해결했다. 목적은 각 신문과 가장 비슷한 목소리를 내는 정치인을 찾아내는 것이었다. 국회의원의 정치적 편향은 법안에 대한 투표 기록을 보면 쉽게 알 수 있다. 의회의 모든 기록이 디지털화해 다운로드 가능하므로, 기계학습 방식을 이용하여 각 신문과 가장 유사한 의원을 찾아 그 의원의 투표 기록을 조사하면 매치되는 신문의 정치적 성향을 알 수 있다. 예를 들어 겐츠코와 셔피로는 2005년도 의회 기록에서 가장 '공화당다운' 구절이 "테러와의 전쟁"과 "사망세"•였고 가장 '민주당다운' 구절이 "상속세"와 "절세"라고 주장했다. 그들은 이런 방식으로 각 신문의 미디어 편향 점수를 만들었다.

그들은 이 점수를 가지고 미디어의 편향에 대한 여러 가지 가설들, 예를 들어 언론사주의 정치적 성향(진보주의자는 이들의 성향이 보다 보수적이라고 생각한다)이나 소속 기자(보수주의자는 이들의 성향이 보다 진보적이라고 생각한다)의 성향이 신문에 반영된다든지 하는 것들을 밝혀보려 했으나 사실 입증하지는 못했다. 그러나 신문이 독자의 편향에 부합한다는 사실은 밝혔다. 신문의 정치적 성향은 그들의 본사가 소재하는 도시의 정치적 성향과 일치하는 경향이 있었다. 신문도 결국 팔리지 않으면 안 되는데, 구독자는 자신이 좋아하는 정치 성향의 신문을 구입하므로 이에 맞출 수밖에 없다.

시장에 신문이 하나밖에 없다면 중도 성향의 독자를 대상으로 삼을 것이다. 신문이 여러 개 있다면 시장을 몇으로 분할하여 각자 목표층을 달리할 것이다. 논리는 간단하다. 독자는 자신의 신념을 강화시켜주는

• death tax, 상속세 폐지를 주장하는 사람들이 상속세를 경멸적으로 불렀던 명칭.

신문을 읽는다. 따라서 독자의 요구에 부합할수록 신문은 더 잘 팔린다.

이런 행동의 원인은 우리가 우리의 믿음과 상이한 정보를 불신하는 심리적 편향 때문이다. 1979년 스탠퍼드대학에서 행한 실험에서 로드Lord, 로스Ross, 래퍼Lepper는 학생들에게 두 가지 연구 과제를 주었다. 이 연구 과제의 자료는 꾸며낸 것이지만 학생들에게 비밀로 했다.

첫 번째 연구는 사형이 범죄 예방에 효과가 있다는 내용이었고 두 번째는 그 반대 내용이었다.

연구A

크로너와 필립스는 1977년에 14개 주에서 사형제도 실시 전과 후의 1년간의 살인 범죄율을 조사했다. 11개 주에서 실시 후의 범죄율이 줄었다. 이 결과는 사형제도의 범죄 억제 효과를 입증한다.

연구B

파머와 크랜들은 1977년에 사형제도가 있는 나라와 없는 나라를 2개씩 묶어 10조로 나누어 비교했다. 이 중 8개 조에서 사형제도가 있는 나라의 범죄율이 더 높게 나왔다. 이 결과는 사형제도가 범죄 억제에 효과가 없음을 입증한다.

실험자들은 학생들에게 어느 연구가 더 맞는 것 같은지 물어보았다. 사형제도를 찬성하는 학생은 A가 더 맞는 것 같다고 대답한 반면, 반대하는 학생은 B가 더 맞는다고 대답했다. 다음에는 두 단어만 바꾸어 연구의 결론을 뒤집은 다음 다른 학생들에게 보여주었다.

연구C

크로너와 필립스는 1977년에 14개 주에서 사형제도 실시 전과 후의 1년간의 살인 범죄율을 조사했다. 11개 주에서 실시 후의 범죄율이 **줄었다**. 이 결과는 사형제도가 범죄 억제에 **효과가 없음**을 입증한다.

연구D

파머와 크랜들은 1977년에 사형제도가 있는 나라와 없는 나라를 2개씩 묶어 10조로 나누어 비교했다. 이 중 8개 조에서 사형제도가 있는 나라의 범죄율이 **더 높게** 나왔다. 이 결과는 사형제도의 범죄 억제 효과를 **입증한다**.

연구C에서 사형제도에 범죄 억제 효과가 없다고 표현한 것과 연구D에서 효과가 있다고 표현한 것을 빼면, 두 연구는 각각 연구A, 연구B와 완전히 동일하다. 그렇지만 이제 사형제도 지지자들은 연구D를 선호했고 반대자들은 연구C를 선호했다.

결국 사람들은 기존에 가지고 있는 믿음을 확신시켜주는 연구 결과를 더 믿었는데 심리학에서는 이를 **확증편향**confirmation bias이라고 한다. 이를 연구하는 경제학자들은 사람들이 이미 알고 있는 내용을 확인시켜

주는 뉴스와 뉴스 매체를 신뢰하는 것이 합리적인 행동이라고 한다. 경제학은 새로운 소비자가 어떤 뉴스를 믿을지 결정하는 모델을 개발했다. 소비자는 정확한 뉴스를 전달하는 매체를 찾는다. 사람들은 자기가 보는 세계관이 옳다고 믿기 때문에 자신의 신념을 확인시켜주는 뉴스 매체를 신뢰할 가능성이 높다. 2+2=4라고 믿는다면 2+2=5라고 보도하는 신문을 불신하게 된다. 그 결과 신문은 독자가 보고 싶은 기사를 더 많이 게재할 수밖에 없다.

때로는 동일한 상황을 성향에 따라 달리 보도한다.

스미스 씨는 여론조사에서 4% 이상 앞서간다!

vs.

스미스 씨는 여론조사에서 겨우 4% 앞서간다!

또 다른 방법은 원하는 뉴스만 취급하는 것이다. 매일 발생하는 뉴스를 다 보도할 수는 없다. 신문의 역할은 〈뉴욕타임스〉의 모토에도 적혀 있듯 "인쇄하기 적합한" 뉴스를 골라내는 일이다. 그러나 골라내면서 어떤 언론매체는 편향에 사로잡혀 시청자나 독자가 알고 싶어 하지 않는 기사를 고의로 삭제할 수 있다.[20]

나는 미디어를 연구하면서 어떤 경우에 언론매체가 직접 취재를 통해 속보를 터트리지 않고 다른 언론사가 취재한 내용을 그대로 복사하는지 조사했다.[21] 많은 학자가 언론사에서 다른 언론사의 취재를 다음

날 최소 비용으로 구입할 수 있는데도 상당한 자원을 쏟아부어 ('속보'로 연결될 수 있는) 탐사보도를 하는 이유를 찾느라 노력했다. (속보가 그렇듯) 때로는 기대와 정반대의 결과를 낳아 독자가 등을 돌리는 사태를 초래할 수 있기 때문에 다른 언론사와 같이 움직이는 쪽이 안전한 선택이다. 하지만 우리는 독자들이 빠른 뉴스를 좋아하기 때문에 자원을 들여 조사하고 속보를 터트리는 것이 신뢰를 보여주기 위한 값비싼 희생이라는 가정을 깔고 시작한다. 희생을 수반하는 입문의식처럼, 속보는 진실에 대한 약속이며 따라서 속보를 전하는 뉴스 매체는 보다 신뢰할 만하다.

이 모든 것은 엄청나게 빠른 속도로 전파되는 SNS에 의해 더욱 확대된다. SNS에는 자기 자신의 생각을 더욱 확신하게 해주는 내용이 넘쳐난다. 우리는 본능적으로 정보가 많을수록 진실에 더 가까이 다가간다고 생각하는데 우리의 모델에서는 정보가 많으면 보다 정확해질 뿐이다 (아니면 적어도 해는 끼치지 않는다).[22]

그러나 정보의 양이 많더라도 체계적으로 편향되어 있으면 아무 도움이 되지 않는다. 통계분석에서는 추정량●이 **일치하는지**●● 즉 동일한 정보 출처로부터 정보를 많이 획득할수록 진실에 수렴하는지를 따진다. **불일치** 추정량inconsistent estimator은 정보가 많을수록 편향된 값에 가까워진다. 우리가 SNS로부터 얻는 정보는 통계학적으로 볼 때 불일

● estimator, 모수(모집단의 특성을 나타내는 수치)를 추정하는 데 사용되는 표본 통계량.
●● consistent, 표본 크기가 증가할수록 추정량이 모수에 근접하는 성질.

치한다. 왜냐하면 진실을 최대로 알게 해주는 것보다는 클릭 수와 구독자를 늘리는 데 최적화하도록 정보가 필터링되기 때문이다.[23] SNS가 나오기 전에도 마케팅 전문가들은 사람들이 공유하는 정보를 분석했다. 〈뉴욕타임스〉에서 이메일로 가장 많이 전송되는 뉴스와 도시전설을 분석한 결과 우리가 공유하는 정보는 진실이라는 면에서 보면 정확하지 않으며 게다가 더욱 중요한 것은 무작위로 선정된 이 정보들이 경외감이나 불안감을 낳도록 조직적으로 편향되어 있다는 것이다.[24]

소문을 통해 다른 사람들로부터 세상을 배워나가는 방식은 수렵채집 시절의 선물경제부터 시작된 오래된 것이지만, 동시에 우리는 언론이 사실과 거짓을 구분해서 전달해주리라 기대해왔다. 우리가 선택할 언론매체가 많아짐에 따라 게임이론학자들은 전문가의 신뢰성에 생긴 변화에 주목하고 있다. 그 결과 중의 하나는 이념적 순수성이 더욱 중요해졌다는 것이다.[25]

| 정치적 올바름과 이념적 순수성

지금까지 우리는 사람들이 뉴스에 편향된 인식을 갖게 되는 데는 개인적인 이유와 제도적인 이유가 동시에 있다고 주장했다. 우리가 뉴스 출처의 신뢰성에 대해 주의를 기울이기는 하지만, 뉴스 매체에서 취향에 부합하는 뉴스로 신뢰를 얻으려 노력하기 때문에 이런 뉴스 출처는 더욱더 신뢰를 얻을 수 없게 된다.

가짜 뉴스가 전파되면서 불러일으키는 파급력은 엄청나다. 우리는 뒷부분에서 이를 살펴볼 것이다. 백신과 기후변화에 대한 잘못된 정보는 공중위생 분야에 좋지 않은 결과를 미치며 공공정책에 대한 지원을 감소시킨다. 그러나 여기서 이를 다루지는 않을 것이다. 미국과 기타 선진국에서는 정치적 성향에 따른 호불호로 인해 다른 사람에게 갖고 있던 신뢰가 훼손되고 있다.

연구 결과에 의하면 자신의 정치적 신념을 과신하면 극단적인 이념을 갖게 될 수 있다. 다른 당의 당원에게 느끼는 친근감을 0부터 100까지로 표시해달라는 퓨리서치센터의 조사 결과, 친근감은 1970년대 50에서 2016년 30 이하로 감소했다.[26]

보다 더 많은 정보를 접함으로써 느끼는 지나친 믿음 때문에 각 당에 대한 맹목적 믿음은 더 강해졌다. 과거에는 낙태에 반대하는 민주당원이나 친환경적인 공화당원 또는 총기 규제를 찬성하는 공화당원을 만나는 게 어려운 일이 아니었다(환경보호청이 닉슨 행정부 시절에 생긴 걸 생각해보라). 정치인은 폭넓은 정치적 입지를 가지고 꼭 소속 당의 노선에 동조할 필요가 없었다. 이렇게 다양한 견해가 난무하자 1993년에 정치학자 키스 크레빌Keith Krehbiel은 "도대체 당은 어디 있는가?"라고 물었다. 그가 의원들의 투표 기록을 분석해보니 당이 지시하는 대로가 아니라 자신의 특이한 정치적 입지에 따라 투표했음이 밝혀졌기 때문이다.[27]

하지만 오늘날 정당은 점점 양극화가 심해져서 민주당원이 되기 위해서는 낙태와 총기 규제를 찬성해야 하고 공화당원이 되기 위해서는 낙태와 총기 규제를 반대해야 한다.[28] 우리의 믿음과 일치하는 뉴스만 믿도록 하는 요인이 우리와 같은 믿음을 가진 사람만 믿도록 만든다.

내가 게임이론가가 되도록 만든 수학 모델은 스티븐 모리스Steven Morris가 발표한 정치적 올바름• 모델이었다. 이 모델은 우리에게는 서로 배우려고 하며, 속한 사회적 그룹 내의 다른 사람에게 도움이 되고 싶은 순수한 마음이 있다고 주장한다. 따라서 우리는 조언이 필요한 사람에게 의지할 수 있는 사람이 되고 싶어 한다. 그러나 불순한 동기에서건 가치관이 달라서건 우리에게 좋지 않은 조언을 해주는 사람도 있게 마련이다. 동시에 우리가 믿고 싶은 것을 확인시켜주는 조언도 있지만 우리의 성향과 반대되는 조언도 필요한 법이다. 조언이 믿을 만한 출처에서 나왔다면 그 조언은 도움이 되겠지만, 가치관이 다른 사람으로부터 나왔다면 무시하는 게 낫다.[29] 모리스의 모델은 우리가 도움을 주고 싶은 사람으로부터 신뢰를 받기 위해서는 정답이 아니더라도 중요도가 낮은 이슈에 대해 그들이 듣고 싶은 말을 해 우선 신뢰를 쌓은 다음에 중요한 문제에서 그들에게 진실을 이야기함으로써 원하는 조언을 할 수 있음을 보여준다.

이 모델은 SNS가 태어나기 전에 개발되었다. 아니 아직 인터넷도 걸음마 단계였을 때였다. 그러나 이 모델은 주요 변수들의 진화에 따라 정치적 올바름도 진화함을 보여주었다. 사회적 연결관계가 모든 사람이 볼 수 있도록 공개되고, 자신의 신뢰성을 손쉽게 입증할 기회가 점점 많

• political correctness, 표현이나 용어를 사용할 때, 인종, 신체적 특징, 언어, 종교, 성, 연령 등에 의한 편견이 포함되지 않도록 하자는 주장.

아지는 시대에 이 모델은 정치적 올바름이 점점 증가할 것을 예상하고 있다. 자신의 의견에 대한 믿음이 커질수록 이와 동일한 효과를 낳을 것이다. SNS는 우리의 믿음을 강화하는 내용을 반복해서 보여주고 우리의 믿음은 점점 강해진다. 내가 믿는 것에 자신이 있으면 나의 믿음과 다른 내용을 말하는 사람은 믿지 않게 된다. 이는 다시 믿음에 순응할 이유를 더욱 강화한다. 잘못된 것으로 알려진 내용을 말하면 신뢰할 수 없는 사람으로 낙인찍히므로 '올바른 것'만 말할 수밖에 없다.

한편 SNS는 점점 사람들의 편견을 강화하는 정보만 제공하지만, SNS 플랫폼 회사에는 우리가 접하는 내용을 조정하는 능력이 있다. SNS가 뉴스의 주요 공급원이 된 오늘날 이는 특히 중요하다(퓨리서치센터에 의하면 18~20세 사이의 젊은이는 주로 SNS를 통해 뉴스를 접한다).[30] 설립 초기부터 트위터와 페이스북 같은 SNS 플랫폼은 알고리즘을 이용해서 우리가 사이트에 머무르는 시간을 늘려 광고수익을 최대화하기 위해 노력했다. 그러나 최근에는 가짜 뉴스를 걸러내고 상호신뢰를 증진하는 등 다른 목적으로 알고리즘을 사용하라는 사회적 압력을 받고 있다.

페이스북 등 플랫폼 업체들은 뉴스피드에 표시되는 언론사의 신뢰등급을 독자에게 보여주는 실험을 하고 있다. 이를 통해 플랫폼기업이 뉴스 출처의 신뢰도를 결정하고 언론매체가 독자의 취향에 부합하기 위해 가짜 뉴스를 만들지 못하도록 하고 있다. 물론 이는 페이스북이 신뢰도를 측정하는 데 사용하는 알고리즘을 사람들이 신뢰해야 한다는 보다

근본적인 문제를 야기한다.[31]

연구 결과에 의하면 네트워크의 구조가 가짜 뉴스와 진짜 뉴스의 확산에 영향을 미친다.[32] MIT대학 연구원들이 피드에서 친한 친구와 친하지 않은 친구 중 누구의 소식을 더 많이 보고 싶은지 물어보았다. 이런 종류의 조사는 프라이버시와 관련되기 때문에 매우 예민하다. 왓츠앱 같은 플랫폼은 모든 내용을 암호화해서 주고받기 때문에 그들도 내용을 모른다. 따라서 페이스북이 소유한 왓츠앱은 뉴스 내용을 평가할 수도 없고 가짜 뉴스를 골라낼 수도 없다. 그러나 이 대학의 연구 결과에 의하면 네트워크의 구조, 즉 당신이 접촉하고 소통하는 사람들만 바꿔도 가짜 뉴스와 위험한 정보의 전파를 억제할 수 있다.

좋든 나쁘든 SNS는 우리가 보는 뉴스와 정보를 바꿔놓았다. 그 선택이 잘못되면 어떤 일이 발생하는지 우리는 이미 경험했다. 반복해서 편향된 뉴스에 노출되면 정치적 성향이 고착화되고 반대 성향을 가진 사람에 대한 불신이 심화된다. SNS는 어떤 생각이 전염병처럼 퍼지는 반향실 효과•를 일으킬 수 있다. 어떤 정보가 틀렸다는 판단이 들더라도 다른 사람 두세 명이 그것을 지지하는 걸 보면 자신도 그 정보를 퍼트린다. 무리에서 뒤처지지 않기 위해 자신의 생각을 억누르는 것이다.[33]

SNS는 설계자와 규제기관에 우리가 얻는 정보를 강력하게 통제할

• echo chamber, 특정한 사상이나 의견이 한정된 공간에서 반복적으로 공유되어 그 아이디어가 확대되는 현상.

권한을 주었다. 전에는 소문을 통해 세상을 배웠다면, 지금은 알고리즘을 통해 배운다. 알고리즘이 소문을 선택하는 방식은 나쁘게 활용될 수도 있지만, 잘만 사용하면 뉴스를 전파하고 뉴스에 대한 신뢰도를 높이는 시스템을 만들 기회로 활용할 수 있다.

의학에 대한 신뢰

살면서 만나는 전문가 중 가장 신뢰해야 할 사람이 의사다. 옐프 리뷰를 보고 찾아갔는데 음식이 맛이 없어도 그리 큰일은 아니다. 셜록 홈스가 말했듯이 지구가 태양을 돈다는 것을 알아도 인생과는 아무 상관이 없다. 그러므로 그 사실을 잊어먹거나 잘못 알아도 아무 문제가 되지 않는다. 가짜 정치 뉴스도 우리의 투표에 미치는 영향은 놀랄 만큼 작다.[34] 그러나 의사의 말을 믿지 않거나 오진을 받을 경우 우리는 말 그대로 죽을 수도 있다.

물론 의사를 믿지 않는 이유는 많다. 우선 (다른 학문도 마찬가지지만) 의학이 계속해서 발전한다는 점이다. 무엇을 먹어야 하고 무엇을 먹지 말아야 하는지에 대한 기사가 계속 바뀐다. 계란을 많이 먹으면 죽는다고 했다가 다시 먹어야 한다고 주장한다. 지방도 먹어야 한다 아니다 말이 많다. 커피가 몸에 유익하다고 했다가 유해하다고 한다. 존 이오아니디스John Ioannidis 연구팀은 포도주, 토마토, 차, 달걀, 커피 등 흔히 볼 수 있는 식품을 선정해서 이들이 건강에 좋지 않다는 보고서 수십여 건과 반대로 생명을 연장시켜준다는 보고서 수십여 건을 찾아낸 바 있다.[35]

이제 우리는 의학의 특징과 역사를 통해 의사와 의료계 종사자에 대한 신뢰가 저하된 원인을 알아볼 것이다. 또한 의학에서 신뢰가 중요한 이유를 경제학적 측면에서 살펴볼 것이다. 왜냐하면 의사를 신뢰하면 뛰어난 치료 효과를 낳는다는 것이 밝혀졌기 때문이다. 여기서 '관련되다be associated with'와 같은 약한 표현이 아닌 "낳는다cause"라는 표현을 쓴 데 주목해주기 바란다. 항상 그랬듯 관련성은 인과관계와 다르며 인과관계는 거꾸로 작용할 수도 있다는 점을 잊어서는 안 된다. 의사를 신뢰해서 좋은 결과를 낳는 것이 아니라 건강한 환자가 의사를 더 잘 믿는 걸지도 모른다.

그러나 경제학자들은 이 연관관계를 조심스레 연구했고, 그 결과 건강이 좋아지는 것은 신뢰가 높아졌기 때문이지 신뢰가 높아서 건강이 좋아지는 게 아니라는 주장이 나왔다. 앞부분에서 의학에 대한 신뢰가 1974년 60퍼센트에서 2018년 37퍼센트로 감소했다는 내용을 언급한 바 있다.[36] 연구 결과 양질의 의료 서비스를 제공하는 데 신뢰가 매우 중요하다는 것이 밝혀졌지만 신뢰가 왜 감소하는지 그리고 이의 개선책에 대한 답은 거의 없는 상황이다.

| 의학에 대한 신뢰가 중요한 이유

신뢰는 왜 중요한가? 부분적으로 이는 우리에게 건강과 관련된 결정을 할 때 놀랄 만한 재량권이 있기 때문이다. 의사가 약물을 처방하거나 식이요법 및 운동 프로그램을 처방해도 이를 이행할지 여부는 우리에게 달려 있다. 약을 구입해서 처방전대로 복약해야 하고, 건강에 좋은 음식을 요리해서 먹고, 힘들어도 피트니스센터에 운동하러 가야 하지만 실제 처방전대로 복용하는 비율은 보통 50퍼센트에서 70퍼센트에 불과하다고 추정된다. 환자가 의사의 지시를 제대로 따른다면 미국의 의료비를 1000억 달러에서 3000억 달러 절약할 수 있으리라 추산된다(전체 의료 비용의 3퍼센트에서 10퍼센트에 해당하는 금액이다).[37]

게다가 우리는 어느 의사의 충고가 마음에 들지 않으면 다른 의사한테 가도 된다(사실 원하는 만큼 다른 의사한테 가도 상관없다). 일반적으로는 다른 의사의 의견을 들어보는 것이 좋다. 정보가 많을수록 보다 정보의 내용이 정확해지고 제대로 된 결정을 할 수 있다. 그러나 우리가 얻는 정보나 정보를 받아들이는 방식이 구조적으로 편향되어 있다면 많은 정보가 오히려 독이 될 수 있다. 이를 의료와 관련하여 표현하자면 정확한 진단을 내리는 의사보다 우리가 듣고 싶은 말을 해주는 의사를 찾아갈 수도 있다는 뜻이다. 가장 극단적인 사례는 당신이 원하는 처방(피임약이나 발기부전 치료제 등)을 해주는 의사와 연결해주는 새로운 종류의 웹

플랫폼이다. 당신이 약을 지정하면 웹사이트가 그 약을 처방해줄 의사를 연결해준다.[38]

환자들은 이제 인터넷, 웹엠디WebMD, 페이스북 그룹대화, 트위터, 인스타그램 등이 제공하는 각종 옵션과 어드바이스를 얻을 수 있다. 우리는 통계나 데이터로부터 추출한 자료를 기반으로 한 합리적인 방식이 아니라 우리가 가장 적합하다고 생각하는 방향으로 끌리는 경향이 있다. 우리는 우리가 원하는 대답을 해주고 걱정을 덜어주는 쪽을 선택한다.

환자가 자기 요구를 잘 들어주는 의사를 찾을 수 있게 되고 의사가 그 대가를 챙길 수 있게 되자 마약성 진통제 유행opioid epidemic이 심각한 현상으로 나타났다.[39] 최근 수십 년간 약물 과다복용 사례는 두 배 이상 증가하여 50세 이하 사망 원인 중 1위를 차지할 정도다.[40] 진통제의 과다처방은 마약성 진통제 중독으로, 그리고 결국 마약중독으로 이어진다.

백신 접종에서도 신뢰는 매우 중요하다. 왜냐하면 백신이란 아직 발생하지 않은 질병에 대한 치료이기 때문이다. 질병에 걸려 자신의 건강이 위태롭다면, 환자는 최선을 다해 치료를 받을 것이다. 그러나 백신을 맞는 것은 병에 걸릴 가능성을 피하려는 것이기 때문에 조금 다른 이야기다. 또한 백신을 맞는 사람보다는 다른 사람에게 더 좋을 수 있는 점도 한 몫을 한다. 많은 사람이 백신을 접종하게 되면 소위 '집단면역'이 형성된다. 집단면역이란 너무 어린 영아나 백신을 맞기에는 이미 너무 아픈 사람처럼 백신을 맞을 수 없는 사람들이 그 질병을 옮기는 다른 사람을 만날 가능성이 낮을 만큼 충분한 면역이 형성된 상황을 의미한다. 따라서 (거의) 모든 사람이 일정에 따라 백신을 맞을 때 그 효과가 가장 크다. 그러려면 백신의 효능과 안전성에 대한 신뢰뿐 아니라 정부의 접종 목적에 대한 신뢰가 있어야 한다.

전 국민 접종은 모든 분야를 아울러 가장 성공적인 공공정책의 하나로 간주된다. 이는 매년 200만~300만 명의 생명을 구하는 것으로 추산된다.[41] 그러나 이 정책이 현장에서는 매우 자주 불신의 대상이 되기도 한다. 최초의 접종 방식은 인두법variolation인데 천연두에 걸린 사람의 고름을 뽑아내 피부에 상처를 내고 그 위에 바르는 방식이었다. 이 접종 방법은 아시아에서 처음 시작되어 18세기 영국 귀족인 메리 워틀리 몬터규가 서방 세계에 도입했다. 인두법이 널리 시행되던 터키에서 돌아온 후 그녀는 영국 국민에게 이 방법의 안전성을 설득하려 했다. 심지어 자신과 아들에게 직접 시술했지만(신뢰를 보여주는 값비싼 상징이다) 사람들은 믿으려 하지 않았다.[42]

최근에는 미국에 홍역이 재발하는 현상이 발생했다. 이 병은 치사율이 높고 전염성이 강하지만 충분히 예방 가능한 질병이다. 그런데 일부 부모가 (특히 여러 이유 중에서) 실재하지 않는 백신과 자폐증의 연관관계를 이유로 아이들의 접종을 거부했다(학자들은 백신과 자폐증이 아무런 관계도 없다고 확신하나, 1998년 의학저널인 〈란셋Lancet〉에 게재되었다 취소된 논문 하나에 이 내용이 발표되면서 되돌릴 수 없는 사태를 초래했다). 문제의 원인 중 하나는 성공적인 백신 접종이었다. 최근 몇십 년간 홍역이 거의 발병하지 않자 특히 전반적인 불신 풍조가 팽배한 시기에 부모들은 아이에게 홍역 백신을 맞힐 필요를 거의 못 느꼈다.

안타깝게도 미국에서 재발한 홍역은 의학에 대한 많은 불신 사례 중의 하나로 전염병이 더욱 확산되는 결과를 낳았다. 남아프리카공화국의 타보 음베키 대통령이 HIV 바이러스가 에이즈AIDS를 유발한다는 사실을 믿지 않아 예방 노력에 소홀했던 것은 잘 알려져 있다. 콩고민주공화국에 에볼라가 발병했을 때에도 공공의료정책 관계자들에 대한 신뢰가 부족하여 제대로 치료가 이루어지지 않았다.[43]

안타깝게도 공공의료 부문 공무원에 대한 불신 중 일부는 정당하다. 1970년대 인도에서 강제 불임 시술 정책을 실시하며 백신 접종에 대한 불신의 씨를 뿌렸고 이는 오늘날까지 지속되고 있다.[44] 보다 최근에는 미국 중앙정보부CIA에서 테러리스트이자 9·11 테러의 배후조종자인 오사마 빈 라덴을 추적하면서 백신 접종 프로그램을 이용했다. 헤파타이티스B 백신을 배포하는 보건 공무원으로 위장한 CIA 요원이 파키스탄 가정을 방문하여 주민들로부터 혈액 샘플을 추출했다. 진짜 목적은 DNA 테스트를 통해 오사마 빈 라덴의 친척을 찾아내려는 것이었다. 그 여파 때문인지 감소하던 파키스탄 내 소아마비 감염률이 2017년 이후 다시 증가하고 있다.[45]

의학 분야는 간단히 설명 하나로 해결할 수 없다. 모든 사람의 몸은 고통, 질병, 약물, 치료에 각각 다르게 반응한다. 진단은 불확실하고 치료는 보장이 없다. 다른 사람의 행동이 우리에게 미치는 영향이 불확실할 때야말로 신뢰가 필요한 상황이다.

내 옛 동료인 로버트 프랭크는 어떠한 위험인자가 없었음에도 심장마비가 와서 죽을 뻔했지만 위기를 잘 넘겨 살아났고 그 덕에 행운에 대한 책까지 썼다. 그는 심장마비로 죽을 가능성이 가장 높은 사람은 위험인자가 없는 사람이라는 것을 깨닫고 책을 쓰기 시작했다.[46] 건강한 생활습관은 생애 최초의 심장마비가 발생하지 않도록 하지만, 실제 심장마비가 오면 위험인자가 가장 적은 사람이 사망할 가능성이 높다. 이는 아마도 건강한 사람에게 심장마비가 생의 말년에 오기 때문일 것이다. 그러나 그 친구가 책을 쓴 이유는 건강을 위해 아무리 노력해도 결국 행운이 어떻게 작용하느냐에 따라 삶과 죽음이 결정된다는 것 때문이었다. 경제학적인 측면에서 보면 위험도가 높아질수록 신뢰할 필요성이 높아진다. 건강에서 신뢰가 중요한 것은 불확실성이 너무 크고 그 결과가 죽음 아니면 삶이기 때문이다.

이러한 불확실성 때문에 불신의 씨앗이 자랄 여지가 생기며 마음속에서 핑곗거리를 만들어낸다. 신뢰란 믿음이고, 우리의 건강에 **대해** 어떤 믿음을 갖느냐에 따라 건강에 엄청난 영향을 미친다는 것이 밝혀졌다. 최근의 조사에 의하면 또한 어떤 생각을 하느냐에 따라 건강에 많은 차이가 난다. 고통을 느끼는 과정이나 위약placebo에 대한 반응 등을 보면 이 말이 확실히 맞다.[47]

얼음물에 손을 넣고 최대한 버티는 실험에서 10센트 가격표가 붙은 알약보다 2.5달러짜리 가격표를 붙인 알약을 먹은 참가자가 더 오래 버텼다.[48] 사실 둘 다 설탕으로 만든 알약이었다(다른 실험에서는 단지 돈을 생각하는 것만으로도 더 오래 버틴다는 결과가 나왔다).[49] 위약은 질병 치료에 놀랄 만큼 효과가 좋다. 위약을 먹으면 증세가 호전될 뿐 아니라 몸 안에서 실제로 측정 가능한 생리학적 화학적 반응이 일어난다.[50]

최근 하버드대학의 연구에 의하면 위약인 것을 **알아도** 의사와 환자 간의 끈끈한 관계가 형성되어 있다면 효과가 있다는 놀랄 만한 결과가 나왔다. 환자가 계속 위약인 것을 알고 있더라도 과민성대장증후군처럼 고통스러운 질병에도 위약이 효과가 있음이 밝혀졌다.[51] 환자와 의사 간의 강력한 유대관계 때문에 위약이 효과가 있었다고 연구는 주장한다. 단지 의사가 말을 걸어주고 가짜 약을 처방하는 것 말고 아무것도 하지 않아도 환자가 의사를 신뢰하면 증상이 나아진다는 것이다.

| 신뢰 회복

우리 몸에 이렇게 신뢰가 중요하기 때문에 신뢰가 깨졌다면 이를 회복하는 것이 무엇보다 긴급하다. 다른 분야에도 전반적으로 불신 풍조가 만연했지만 특히 의료계에 대한 불신이 커진 데는 이유가 있으며 이는 반드시 해결해야 한다.

조사 결과에 의하면 동일한 증상에도 의사에 따라 사람을 봐가면서 상이한 치료 방법을 처방한다. 특히 악명 높았던 사례는 크라운 치료 환자 90퍼센트에게 신경 치료를 해 사기 혐의로 조사를 받은 치과의사다. 일반적으로 신경 치료는 환자의 3퍼센트에서 7퍼센트가 시술받는다.[52] 이는 극단적인 사례지만 전국적인 대규모 조사 결과 동일한 환자가 어

떤 의사를 만나느냐에 따라 매우 상이한 치료를 받는 사례가 다양하게 발견되었다.[53]

내가 많은 시간을 투자한 한 연구에서는 동일한 환자를 180명의 치과의사에게 보내는 실험을 했다. 환자가 한 사람이고 치아 상태가 비교적 양호한 점을 감안하면 비슷한 치료 방법이 처방될 것으로 예상하겠지만 28퍼센트의 의사가 환자가 원치 않는 치료 방법을 처방했으며 예약률이 저조할 때나 환자가 저소득자라고 신고했을 때 특히 과잉진료가 더 많았다[54](내 동료인 헨리 슈나이더Henry Schneider도 카센터에 관한 연구에서 비슷한 수준의 과잉 수리 비율을 확인했다[55]).

신뢰에 대한 배신이 너무 커서 그 결과가 수십 년 후에도 지속되는 경우가 있다. 의료 서비스에 대한 불신 사례로 자주 인용되는 사건은 흑인 남성에 대한 터스키기 매독 실험이다. 이 실험은 미국 정부 주관으로 1932년부터 1972년 사이에 매독에 걸린 399명의 흑인 남성 환자를 대상으로 실시되었으며 1947년에 페니실린이 매독을 치료할 수 있다는 사실을 알면서도 치료를 하지 않고 그들을 방치했다. 물론 의학의 진보를 위해 실험은 필요하지만 이 연구는 '충분한 설명 후 동의 원칙'을 위반했으며 치료법이 알려진 뒤에도 환자를 치료하지 않았다. 2016년에 실시한 한 조사에 의하면 매독 실험 내용이 알려진 1972년 이후 흑인 사이에서 의사에 대한 불신이 매우 크게 증가했다. 이로 인해 의사의 처방을 따르지 않거나 적절한 예방 조치를 취하지 않아 흑인 노인의 평균 수명이 1.4년 단축되었다.[56]

던바의 숫자가 적용되는 부족에서 시작하여 종교와 민족국가를 거치는 동안 신뢰가 진화한 결과 우리가 가진 제도는 외집단을 희생하는 대가로 내집단의 신뢰를 강화했다. 우리는 우리와 비슷한 사람을 신뢰하기 쉽다. 비슷하다는 것은 가치관을 공유하는 것이고 집단의 규범을 강제하기 위해 협박 수단으로 추방을 이용한다. 최근의 연구 조사에 의하면 흑인 환자는 흑인 의사보다 백인 의사에게 치료받을 때 결과가 더 안 좋았다. 이는 백인 의사의 치료가 미흡하기보다(실제 그렇다는 증거도 있기는 하다)[57] 신뢰하기 어려운 백인 의사가 내리는 치료법을 잘 따르지 않았기 때문이다. 그러나 이에 대한 해결책이 흑인 환자를 흑인 의사에게 배정하는 것이 되어서는 안 된다. 인종에 상관없이 신뢰를 형성하는 방법을 찾아야 한다.[58]

신뢰의 중요성을 느끼지만 신뢰가 하락하는 현실 앞에서 우리는 무엇을 할 수 있을까? 나는 작은 규모에서라도 신뢰를 회복하는 데 사과가 어떤 역할을 하는지 연구했다. 나의 논문 두 편은 의료사고로 인한 소송에서 신뢰의 효과를 다룬다. 이런 의료사고에는 어떤 악순환이 있다. 환자들과 이야기해보면 의사를 고소하는 가장 큰 이유는 분노이며, 의사로부터 사과라도 들었으면 분노가 훨씬 줄어들 텐데 단 한 번도 사과하는 말을 들어본 적이 없다고 한다. 그러나 의사 역시 사과하기 어려운 게 암묵적이든 명시적이든 일단 잘못을 인정하면 소송에 휘말릴 가능성이 높아지기 때문이다. 사과를 하지 않으니 환자의 분노는 더욱 커지고 이는 결국 소송으로 이어질 가능성을 높인다.

이 문제를 해결하기 위해 36개 주(2009년 연구 진행 당시)에서 의료사고가 발생했을 때 사과를 법정 증거로 인정하지 않는 법을 통과시켰다. 이 발상이 너무나 효과가 좋아서 두 명의 초선 상원의원인 힐러리 클린턴과 버락 오바마가 주축이 되어 연방사과법federal apology legislation을 통과시키려 하였으나 당시는 이들의 영향력이 미미해 실패했다.[59]

사과를 장려하는 것이 좋은 생각인 것 같지만 역효과를 낳기도 한다. 어떤 행동의 신뢰성은 그 대가에 비례하여 드러난다. 사과할 때 의사가 치러야 할 대가는 법적 소송의 직면 가능성이다. 사과법은 사과의 가치를 낮추어 의사가 치를 대가를 줄여주는 효과가 있다. 그러나 이 법으로 인해 환자가 사과를 받을 수는 있겠지만 의사와 환자의 관계가 개선될지에 대해서는 명확히 알 수 없다.

그러나 내 조사 결과에 의하면 사과는 분명히 의사와 환자의 관계를 개선한다. 정부가 보관 중인 의료사고 자료를 분석한 결과 나와 동료인 일레인 류Elaine Liu는 사과를 하면 분쟁 해결 속도가 19퍼센트에서 20퍼센트까지 빨라지고 수만 달러의 소송 비용이 절약된다는 것을 발견했다(정확한 금액은 상해의 정도에 따라 달라진다).

최근에는 의료계의 신뢰를 회복하는 가장 중요한 요소가 투명성이라고 주장하는 사람들이 많아졌다. 예를 들어 오바마 행정부 시절 통과된 부담적정보험법*의 선샤인법Sunshine Act 조항에 의하면 의사가 제약회사로부터 받은 혜택 금액의 공개 범위를 확대해야 한다고 규정하고 있다. 정보가 투명하지 않으면 불신이 싹튼다. 다른 연구 결과에 의하면 의료계에 사과가 중요한 것은 그 사과로 인해 의사와 환자 간의 커뮤니케이션 채널이 열리기 때문이다. 어둠 속에 홀로 남겨진 느낌을 받는 환자에게 의사의 사과는 서로를 이해하도록 대화의 물꼬를 트는 역할을 한다. 정보를 요구했는데 받아들여지지 않으면 사람들은 최악의 경우를 상상하게 마련이다.

사과가 개인의 신뢰를 회복하는 데 도움이 된다면, 의료계 전체의 신뢰를 회복하기 위해서는 무엇을 할 수 있을까? 불확실성 속에 불신이 싹트므로 더욱 많은 정보를 공개하면 상황을 개선할 수 있을지 모른다.

내가 제일 좋아하는 책 중의 하나가 동료 경제학자인 에밀리 오스터가 임신에 관해 쓴《산부인과 의사에게 속지 않는 25가지 방법》인데 이 책에서 저자는 환자와 의사 간에 다른 형태의 관계가 형성되어야 한다고 주장한다. 이 책은 임신한 여성의 입장에서 의료계 전반에 걸쳐 폭넓은 조언을 한다(그녀의 다음 책인《최강의 데이터 육아》는 육아에 관한 조언을 다룬 책이다). 예비엄마로서 그녀는 임신과 관련된 많은 격언이 반드시 지켜야 하는 규칙처럼 내려왔다는 것을 알았다. 예를 들면 커피, 술, 생선, 가공육을 섭취하면 안 된다는 것 등이다. 이 책에서 오스터는 이런 규칙의 유래를 알려주면서 임신부 스스로 섭취 여부를 결정해야 한다고 주장한다. 그녀의 접근 방법에 반대하는 사람도 많았지만 정보를 투명

● the Affordable Care Act, 민간보험에만 의존하던 의료보험을 전 국민을 대상으로 확대하는 보험제도. 일명 오바마케어라고 불린다.

하게 개방하면 반드시 좋은 점이 있다. 이런 식의 개방적이고 환자 중심의 방식을 선호하는 의사가 점점 늘고 있다. 그러나 결정권의 대부분을 환자에게 돌려주면 우리가 의사를 만날 이유가 없어진다. 의사가 우리 환자보다 더 많이 알기 때문에 만나는데 말이다. 따라서 모든 권한을 환자에게 주는 것은 해결책이 될 수 없다. 환자가 의사와 소통을 원활히 하고 유대관계를 끈끈히 함으로써 최선의 방법을 찾아야 할 것이다.

과학

잘못된 과학상식은 너무나 많다. 특정 목적에 부합하는 연구 결과를 선별적으로 이용하려는 사람들 때문에 생겨난 것도 있다. 예를 들면 유기농 식품이 건강에 좋다든지(일반 식품보다 딱히 좋은 것도 없다), 유전자 조작 식품은 위험하다든지(위험하지 않다), 기후변화를 부정한다든지(사실이다), 백신이 자폐증을 유발한다는 것(아니다) 등이다.[60]

물론 과학계가 저지른 실수도 있다. 저지방 다이어트가 몸에 좋다거나(중요한 것은 칼로리이며 지방보다는 탄수화물이 더 문제다), 콜레스테롤이

높은 음식이 혈중 콜레스테롤 수치를 높인다는 주장(그렇지 않다) 같은 것이다.[61]

우리는 또한 과학적 사실•에 대해서도 잘못 알고 있는 것이 많다. 그러므로 우리가 사실이라고 믿고 있는 것에 대해 의문을 품는 것도 좋을 것이다. 우리가 어떤 것을 믿는 것은 단지 우리가 갖고 있던 기존 관념(예를 들어 대기업은 나쁘다)과 맞기 때문이기도 하다. 예컨대 실리콘 인공 보형물은 식염수보다 더 위험하다는 주장(사실 그렇지 않다) 같은 것들이다.[62] 하루에 여덟 잔의 물을 마셔야 된다는 것처럼(그럴 필요 없다) 부모님한테 들은 잘못된 사실도 있다.[63]

과학을 불신하는 많은 이유가 있지만 이는 주로 과학이 어렵기 때문이다. 세상에는 우리가 스스로 알아낼 수 없는 것이 너무나 많다.

이 책을 읽는 독자라면 과학을 좋아할 거라고 생각한다. 하지만 당신이 믿는 것을 조사해보면 사실이 아닌 것도 많을 것이다(내가 앞에서 예로 든 것 중 놀란 것이 있었나? 내 말을 전부 믿을 필요는 없지만 놀랐다면 직접 확인해봐도 좋다. 과학적 사실과 관련된 내용이라면 그 어떤 것이라도 의문을 가질 수 있고, 가져야 한다).

거짓 과학상식이나 그럴듯한 과학적 주장을 쉽게 믿는 것은 그것들이 우리의 일상생활에 큰 영향을 주지 않기 때문이다. 게다가 세상의 많

• scientific facts, 반복적인 실험이나 관찰을 통해 여러 번 확인된 현상. 예를 들면 지구의 자전 및 공전이 있다.

은 원리 중 아직 밝혀지지 않은 것도 많다. 심지어 어떤 것은 과학자조차 밝혀내기 어려울 것이라고 하는 것도 있다.

| 과학에 대한 신뢰

최근 몇십 년간 의학이나 미디어만큼 신뢰가 감소하지는 않았지만, 설문조사 대상 미국 국민의 44퍼센트만이 과학에 '확실한 믿음'을 갖고 있다고 응답했다. 그 원인의 하나는 과학이 우리가 생각한 만큼 믿을 만하지 못하다는 걸 스스로 입증했기 때문일 수 있다. 과학 뉴스를 즐겨 보는 사람이라면 최근에 등장하기 시작한 소위 재현성 위기replication crisis에 관한 기사를 접했을 것이다. 우리는 대부분까지는 아니지만 많은 과학 연구(가장 엄격한 실험을 통해 가장 권위 있는 과학저널에 발표된 연구조차)가 재현 불가함을 최근에 알게 되었다. 저명한 리서치 그룹에서 인용이 많이 되는 특정 분야(심리학이나 경제학 또는 의학 분야)의 연구 결과를 선택해서 새로운 연구원을 동원해 동일한 결과를 도출하려 시도했다. 그러나 심리학 논문의 3분의 2, 경제학 논문의 3분의 1, 의학 분야(전 임상 암 연구pre-clinical cancer studies) 논문의 4분의 3에서 재현에 실패했다.[64]

이 프로젝트는 가장 권위 있는 학술지에 가장 자주 인용되는 결과에 한정했는데도 이런 결과가 나왔다. 학교에 있다 보니 나는 정통 학술지의 이름을 가져다 단어를 뒤섞은 생소한 학술지로부터 거의 매일 스팸 메일을 받는다. 예를 들어 경제학 분야의 가장 권위 있는 학술지를 꼽으라면 〈계간 경제학 저널Quarterly Journal of Economics〉과 〈아메리칸 이코노

믹 리뷰American Economic Review〉인데 이들 사이비 학술지는 '계간 경제 저널'이나 '아메리칸 리뷰 오브 이코노믹스' 같은 이름을 사용한다. 이런 학술지들은 돈만 내면 말 그대로 어떤 것이라도 실어준다. 내가 10여 개의 사이비 학술지에 허접한 논문(어떤 논문은 말 그대로 아무 말이나 나열한 것에 불과했다)을 시험 삼아 보냈더니 거의 대부분이 게재되었다. 듣고 싶은 주장을 뒷받침할 수 있는 연구 결과를 찾는 대중에게 이 학술지들은 어떤 주장도 뒷받침하는 믿을 만한 증거를 제공할 수 있다.

과학적인 실험 결과를 재현하지 못했다고 해서 과학 그 자체에 어떤 문제가 있는 것은 아니다. 과학은 이런 식으로 발전해왔다. 과학사는 단순하게 과학의 발전을 이야기하지만, 실은 잠시 멈췄다가 다시 시작하고, 막다른 결과에 부딪혔다가 다시 평가받고, 시행착오를 겪기도 하며, 2보 전진 후 1보 후퇴하는 등 우여곡절이 많다. 항상 그래왔다. 물론 더 잘할 수도 있었다. 그리고 재현율과 신뢰성을 제고하기 위해 혁신적이고 흥미로운 제안도 많이 있다.[65] 그러나 확실한 결과를 기대하는 욕구와 현재 파악된 것만 가지고 전진해야 하는 필요성 사이의 균형이 필요하다. 말기 환자들은 테스트 중인 약이 효과가 없다고 밝혀지더라도 지푸라기를 잡는 심정으로 기꺼이 실험에 참여하고자 할 것이다.

이 문제는 또 과학 학술지에 의해 야기된 측면도 있다. 헤드라인이 주목을 끌어야 하기 때문에 이때 불확실성이나 미묘한 차이 같은 것들은 고려 대상이 되지 않는다. 연구원들이 실험 결과에 대해 의심과 불확실성을 논문 안에서 언급했어도 대중에게 전달될 때는 이 부분이 생략된다.

재현성 위기가 아니더라도, 이런 문제의 원인은 과학을 이해하는 것이 어려운데 그렇다고 해서 꼭 많은 시간을 들여 이해해야 할 필요도 없다는 데 있다. 그네에 탄 어린이의 움직임이 정확히 어떻게 그네를 앞뒤로 움직이게 하는지 같은 기초적인 과학의 여러 원리조차 나는 아직도 헷갈린다. 돛단배가 어떻게 바람이 불어오는 쪽으로 전진할 수 있는지를 알게 된 것은 내가 성인이 된 이후다. 그렇기 때문에 우리는 세상의 작동 원리에 대해 지나치게 단순한 이야기, 즉 이해하기 쉬운 패턴, 놀랍지만 재미있는 사실, 기존에 갖고 있던 사고방식과 잘 맞는 이야기 등에 끌리게 된다.[66]

최고의 학술지에 게재된 연구 결과조차 신빙성이 없는 이유는 여러 가지가 있다. 첫째, 학술지는 놀라우면서도 그럴듯한 내용을 선호한다. 둘째, '책상서랍 효과desk drawer effect'가 있다. 출판 편향•으로 인해 두 사물 사이의 연관성(예를 들어 커피와 암)을 밝혀내지 못한 논문 다수가 게재되지 못하고 서랍에 처박힌다. 그러니까 커피가 암을 일으킨다는 연구 논문이 5편 있으면 아무 연관관계가 없다는 논문 50편이 서랍 안에 있다는 뜻이다. 셋째, 상관관계가 있다는 것이 꼭 인과관계를 의미하지 않는다. 지난 20년간 경제학의 주요 연구 과제는 상관관계와 인과관계의 차이점을 구별해내는 일이었다. 통계 자료만이 두 사물 간의 상관관계

• publication bias, 출판 편집자들이 음성(negative) 연구보다는 양성(positive) 연구를 더 선호해 양성의 논문이 출판될 가능성이 높은 현상.

를 보여줄 수 있다. 커피를 자주 마시면 암에 걸릴 확률이 높아질 수도 있다. 그러나 상관관계를 찾으려면 항상 네 가지 가능성을 고려해야 한다.

- 커피가 암을 유발할 수도 있다.
- 암에 잘 걸리는 체질이 커피를 좋아할 수도 있다.
- 거주하는 도시의 지정학적 위치 같은 제3의 요소 때문에 커피를 자주 마시고 암에 더 잘 걸릴 수도 있다.
- 상관관계가 없을 수도 있다.

넷째, 통계 자료를 내다 보면 허위 상관관계, 즉 거짓 양성false positive 결과를 얻을 수도 있다. 과학 연구에서 전통적으로 사용하는 0.05의 p값●을 적용하면 20번을 테스트했을 때 그중 한 번은 (거의) 거짓 양성 결과를 낳을 수 있는 것이다.[67] 어떤 연구 하나에도 수십여 개의 통계적 검정statistical test이 포함되므로 한 편의 논문에 여러 개의 거짓 양성 결과가 나올 수 있다. 학술지는 양성 결과만 게재하려는 경향이 있으므로 학술지에 포함되는 연구는 거짓 양성일 가능성이 높다.

마지막으로 역시 거짓 양성 문제와 관련된 것인데, 연구 비용이 너무 비싸서 (비유하자면) 몇 마리 안 되는 원숭이로 너무 많은 실험을 하는 것

● probability value, 유의확률. 가설로 세운 내용이 사실과 다르지만 우연에 의해, 혹은 다른 요인에 의해 실험 결과가 마치 가설이 사실인 것처럼 나타날 확률.

이다. 실험 관찰 수가 적으면 신뢰할 만한 결과를 얻기 힘들다. 특히 '복잡한' 환경에서는 더욱 많은 관찰 결과가 필요하다. 한번은 실험 대상이 150만 명이었던 실험을 한 적이 있었는데 이때도 데이터에서 겨우 패턴을 찾아냈다.

내 생각에는 거짓 결과를 출판하도록 만드는 원인은 구조적인 것이며 참여자의 나쁜 의도가 개입되지는 않은 것 같다. 요즘은 과학자에게 실험 비용이 지원되는 실험을 하는 동기를 물어보는 게 이상한 일이 아니다. 그러나 내가 만난 모든 과학자는 내가 아는 한 불순한 동기는 없는 것 같다.

과학자들에게 때때로 실험의 의도를 묻는다는 사실은 과학적 탐구를 방해하는 또 다른 구조적 문제다. 예를 들어 앞서 '미디어의 편향'에서 다룬 적 있는 정치적 올바름에 대한 모리스의 논문이 여기에 해당한다.[68] 모리스 모델은 정치적 올바름에 반대되는 중요한 설명을 하고 있다. 어떤 연구 결과는 나쁜 사람들에게 이익이 될 수도 있기 때문에, 만일 선한 사람들이 나쁜 사람들이 좋아할 만한 진실을 발견하면 이를 숨기고 싶은 욕망이 일어난다. 즉 미래에 더 중요한 이슈가 발생했을 때 영향력을 갖기 위해서 선한 사람으로 명성을 유지하길 원하기 때문에 숨긴다는 말이다.

이렇게 되면 사회는 누구를 신뢰할지 결정하기 위해 과학적 지식을 사용하지 않았던 세상보다 더 적은 지식을 생산하게 된다. 이는 전통적 의미에서 정치적 올바름이 아니며 사회에서 용인 가능한 것만 선별적으로 출판하는 관례에 해당하기도 한다. 기후변화가 그렇게 나쁘지 않다거나 전자담배가 그렇게 위험하지 않다는 것을 발견한 과학자는 기후변화를 부정하는 사람이나 담배업계의 앞잡이로 낙인찍히는 것이 두려워 연구 결과의 출판을 꺼릴지도 모른다.

모리스가 발견한 평판에 대한 우려는 결국 기존 질서에 보다 순응하는 결과를 낳는다. 재현성 위기에서 우리는 출판된 많은 논문이 잘못된 것임을 안다(적어도 처음에는 그렇다). 그러므로 일반적인 경로가 아닌 다양한 자원에도 무게를 실어주고 반대 의견도 더 잘 수용하기 위해서는 과학계 내에서 보다 폭넓은 의견을 듣는 것이 좋다(제1장에서 언급한 스콧 페이지의 논문을 참조하기 바란다).

과학자들이 출판할 내용을 자기 검열하는 데는 또 다른 이유가 있다. 모리스의 모델과 같은 이상적인 세계에서는 모든 과학자가 모든 발견을 논문으로 출판하면 우리 모두 더 잘 살게 될 것이다. 그러나 경제학자는 쉽게 수정하기 어려운 비효율성이 존재하는 차선의 세계에서 어떻게 해야 하는지 물어본다. 정보가 다른 의도로 사용되면 어떻게 할까? 그런 일이 발생하지 않도록 제도를 바로잡아야 하겠지만 그때까지는 우리가 출판하는 자료를 스스로 점검해야 한다. 또한 가끔은 대중의 지혜를 믿는 것도 좋겠다. 다른 모든 사람이 생각하는 것과 반대되는 결과를 얻었다면 그건 간단히 내가 틀렸다는 뜻일 수도 있다.

이상적인 세계에서는 과학자들이 모든 연구 결과를 출판하면 세상이 어떤 자료를 믿을지 스스로 결정하면 된다. 그러나 사람들이 자기가 믿을 자료를 직접 선택하는 세계에서는 출판되는 자료에 신중을 기하는 것이 더 좋다.

| 근본적 불가지론

수학사에서 가장 유명한 정리 가운데 3개는 모두 20세기 전반에 발견되었다. 이 정리들은 결국 우주가 영원히 미스터리로 남을 것이라는 걸 말하고 있다. 이 정리들이 너무 추상적이어서 실용적으로 어떤 의미가 있을지 모르겠지만, 우리가 아는 것의 한계와 이 세계에 대한 근본적인 불확실성을 일깨워주는 역할을 한다고 생각한다. 이 불확실성 때문에 우리는 신뢰가 필요한 것이다.

쿠르트 괴델Kurt Gödel은 수학의 완전성 문제를 해결하려고 노력했던 수학자다. 그는 우리의 수학 체계가 완전한지 알고 싶어 했다. 우리 모두 수학을 배웠지만, 우리가 배운 것이 맞을까? 맞다고 생각되지만 증명할 수 있을까? 괴델은 수학이 맞다는 것을 증명하려 했다. 그는 어떤 수학 체계든 근본적으로 **불완전**하다는 것, 즉 생각할 수 있는 어떤 수학 체계에도 증명할 수 없는 진리가 있다는 것을 입증했다. 게다가 어떤 수학 체계도 절대로 자체적 일관성을 증명할 수 없다. 기본적인 수학 체계마저 불완전하다면 세상의 모든 지식은 말할 것도 없고 완전한 수학 체계를 찾을 가능성은 거의 없다.[69]

이와 같은 맥락에서 컴퓨터공학의 아버지로 알려진 앨런 튜링Alan Turing은 어떤 컴퓨터로도 풀 수 없는 계산 문제가 항상 존재한다는 것을 보여주었다. 경제학에서 케네스 애로Kenneth Arrow는 민주주의가 어떤 투표제도를 발명하더라도 근본적인 결함은 계속 존재할 것임을 보여주었다.

현실적인 측면에서 본다면 이 정리들은 별로 중요하지 않다고 주장할 수도 있다. 수학 체계는 우리가 필요한 만큼 잘 작동하며 컴퓨터도 돌아가고 완벽하지는 않지만 그런대로 민주주의도 작동한다.

현대 민주주의의 결함은 애로가 씨름했던 투표 개표라는 기계적 문제와 관련이 없다. 현대 민주주의는 규범과 신뢰에 의존하기 때문에 실제 개표 자체는 이차적인 문제에 불과하다.

그럼에도 이 세상은 알 수 없으며 미래에도 계속해서 그럴 것임을 깨우쳐준다는 측면에서 이들 정리가 중요하다고 생각한다. 결코 알 수 없는 진리가 있게 마련이고 이것은 우리가 확신하는 것에 대해 겸손해야 한다고 알려주고 있다.

우리가 신뢰하는 지식에 대해 조심스러워해야 함을 이들 정리가 깨우쳐주고 있다.

기후변화

1995년 이후 국제연합UN은 매년 전 세계의 지도자들이 모여 기후변화를 토의하는 회의를 개최하고 있다. 이 회의의 명칭은 당사자총회COP, the Conference of the Parties인데, 나는 운 좋게도 코펜하겐에서 열린 제15차 총회에 민간단체 옵서버 자격 겸 코넬대학 대표단으로 참석할 수 있었다. 그런데 회의가 너무나 무질서해서 과연 여기에서 뭐가 나올지 의아했다.

120개 국가의 수반과 수천 명의 협상 실무자 외에도 수만 명의 기자, 연구원, 운동가, 학자, 관료 및 기타 정부기관의 직원 등이 참석했다. 사람이 너무 많아서 컨벤션 센터에 입장하는 데만 5시간 또는 그 이상이 소요될 정도였다. 나는 노벨상 수상자인 리마 보위Leymah Gbowee가 주최한 소규모 회의에 참석했고, 미로처럼 복잡한 미국 정부의 사무 공간 사이에서 캘리포니아 주지사인 아널드 슈워제네거 옆을 지나치기도 하고, 학술 세미나에서 내 연구 결과로 토론하기도 했으며, 데즈먼드 투투 대주교가 이끄는 집회에도 참석했고, 구글의 엔지니어들과 구글지도를 이용해서 세상을 구하는 방법에 대해 수다를 떨기도 하고, 외계인 복장을 한 운동가 바로 옆 테이블에 앉아 미국 협상 대표가 브리핑하는 것을 듣기도 했다.

가장 인상 깊었던 것은 협상 그 자체였다. 회의의 목적은 이상적이기는 하지만 전 세계 모든 국가들이 서명하는 결의문을 작성하는 것이었다. 각국의 협상 담당자들이 토론을 하는 동안 회의장 주변에는 임시 인쇄소가 설치되어 책만큼 두꺼운 결의문을 대량으로 인쇄할 예정이었다. 마지막 날 수천 명의 협상자가 본회의장에 모여 세부 내용을 최종적으로 점검하고 있었다. 나는 최대한 늦게까지 머무르다 새벽에 회의장을 빠져나와 비행기를 타려고 공항에 도착했다. 협상은 그 시각까지도 진행 중이었다.

내가 놀란 부분은 이 모든 것이 학생 때 배운 정치 협상의 수학적 게임이론과 너무 달라 보였다는 것이다. 경제학과 게임이론의 기본 전제는 비용과 이익으로 측정되는 게임의 결과만 중요시한다. 환경 문제에서 비용과 이익으로 측정되는 경제적 모델은 결국 누가 비용을 내서(조세 부담과 화석연료 저감 정책, 토지 사용과 농업 변화의 형태로) 깨끗한 환경의 혜택을 누릴 것인가에 대한 협상이다.

나는 협상이 주로 누가 온실가스 감축 비용을 부담하는 것에 관한 것이리라 생각했다. 가장 이익을 많이 보는 국가가 가장 많은 비용을 부담하는 일에 대한 토론을 기대했다. 그리고 협상에서 이 부분은 매우 중요했다. 중국이 개발도상국 연합을 앞장서서 이끌며 선진국들이 온실가스 배출로부터 가장 많은 이익을 보았으므로 더 많은 비용을 부담해야 한다고 주장했다. 부유한 국가들이 기금을 조성해서 개발도상국이 보다 친환경적 정책을 채택할 수 있도록 지원해야 한다는 주장도 있었다.

그러나 그런 논란은 협상에서 비교적 작은 부분이었다. 토론과 결의문 작성에서 더 큰 부분은 어떤 절차를 거쳐 누가 결의문을 승인하느냐 하는 문제였다. 때로는 협상 실무자들이 과정의 결과보다 과정의 적법성을 더 중요하게 생각하는 것 같았다.

같은 맥락에서 소규모의 대면 회의가 훨씬 중요하다는 것을 알고 놀랐다. 수천 명이 운집한 대회의장의 토론도 중요하지만 가장 중요한 회의는 몇몇 국가의 소수 인원 사이에서 이루어진다는 느낌을 받았다. 현재 살고 있는 사람과 앞으로 태어날 사람 등 수십억 명의 인류에게 영향을 미치는 정책을 결정하는 데 일대일의 인간관계가 지나치게 큰 역할을 하고 있었다.

| 최후의 신뢰게임

기후변화가 일으키는 영향의 폭은 매우 광범위하다. 해수면 상승으로 더욱 많은 도시가 암스테르담이나 뉴올리언스처럼 수십억 달러를 들여 방조제를 설치해 바닷물 유입을 막아야 할 것이다. 초강력태풍 샌디나 카트리나 같은 허리케인이 보다 자주 발생하여 더 많은 피해를 입힐 것이다. 기후변화가 심해질수록 홍수와 가뭄이 더 자주 생길 것이다. 식량 생산이 줄어 가격이 상승하면 난민이 증가하고 국제 분쟁이 발생하며 이에 더해 열대기후성 질병이 창궐하고 생태계가 파괴되며 멸종하는 생물이 늘어날 것이다. 윌리엄 노드하우스William Nordhaus는 최근 기후변화로 인한 비용을 계량화한 공로로 노벨경제학상을 수상했는데 그에 의하면 손실 비용은 2100년까지 전 세계 국내총생산GDP의 3퍼센트, 금

액으로는 수조 달러에 이를 것이다.[70]

기후변화는 공유지의 비극●의 대표적인 사례다. 지구의 운명이 달려 있기 때문에 잘못되면 치러야 할 대가가 엄청나고, 따라서 기대되는 신뢰의 수준 또한 매우 높다. 모든 사람이 자기가 사는 동네 주민뿐 아니라 전 인류에게 영향을 줄 수 있는 결정을 해야 한다. 사실은 그 이상이다. 우리 모두는 아직 태어나지도 않은 미래 인류의 삶에 영향을 줄 수 있는 선택을 해야 한다. 더욱 황당한 것은 우리의 선택으로 미래 인류가 태어나지 않을 수도 있다는 점이다. 공유지의 비극에는 공간적 요소와 시간적 요소가 모두 존재한다.

우리는 이 책의 도입부에서 개인적으로 믿을 수 있는 사람의 수가 한정되는(약 150명인 던바의 숫자) 원시 부족사회로부터 어떻게 신뢰가 발전해왔는지를 살펴보았다. 하지만 지금 우리는 전 세계 모든 사람뿐 아니라 미래에 태어날 수십억 명의 인류에 대한 신뢰까지 다루고 있다.

신뢰의 범위가 점점 확대되는 추세를 감안할 때 종과 세대를 초월해서 기후변화 문제를 해결하는 것이 크게 힘든 과제는 아닌 것 같다. 내집단 단결은 외집단 추방 협박으로 더욱 강화되었는데, 기후변화도 외부의 협박 역할을 할 수 있을 것이다.

물론 신뢰할 수 있는 150명이라는 적은 그룹의 인원과 기후변화처럼

● the tragedy of the commons, 개인의 이익과 공공의 이익이 충돌할 때 개인의 이기심으로 인해 자원이 고갈되는 상황.

전 세계에 걸쳐 시간 간 영향intertemporal scope을 미치는 문제 사이에는 엄청난 차이가 있다. 하지만 게임이론과 행동경제학의 이론이 그 간격을 줄이는 데 도움을 줄 수 있다.

1. 미래의 긴 그림자
2. 사회적 거리
3. 점진적 변화에 대한 무관심

게임이론에서 신뢰는 반복되는 게임 속에서 유지될 수 있으며 이러한 신뢰는 '미래의 긴 그림자'[71]에 의해 강화된다. 즉 지금 상대방을 믿는 것은 상대방이 나중에 호의를 갚을 것을 기대하기 때문이라는 것이다. 그러기 위해서는 인내가 필요하다. 내가 오늘 좋은 행동을 하면 상대방도 미래에 비슷하게 행동하리라는 희망을 가지고 나의 욕망을 눌러야 한다. 이익이 얼마 안 되면 참지 못하는 경우를 많이 볼 수 있다. 실험을 해보면 일주일 후의 100달러보다 현재의 50달러를 선택하는 경우가 많다. 디저트의 유혹을 떨치고 피트니스센터로 가기 쉽지 않다. 퇴직 후를 대비해 충분히 저축하는 사람이 별로 없다. 기후변화 문제에서 참고 기다리는 것은 더욱 어렵다. 기후변화에 대비해 현재 취한 조치의 결과를 우리가 살아생전에 보지 못하는 경우도 많을 것이다.

기후변화의 두 번째 문제는 사회적 거리다. 실험에 의하면 인간의 이타심은 사회적 거리와 관련이 있다. 즉 멀리 있는 사람보다 가까운 사람에게 이타적이다.[72] 이타심은 유전자를 공유하는 사람의 생존 가능성을 높이기 때문에 진화론적 입장에서도 이해가 된다. 그러나 인간의 유전자는 인류가 수십억 명으로 늘어났을 때에 적합하도록 진화하지 않았다. 따라서 나는 모르는 사람보다는 가까운 사람에게 우리의 이타심이 더 많이 작용한다는 데 누구도 놀라지 않을 것이라고 생각한다. 참가자에게 소액(20달러라고 하자)을 주고 다른 사람과 나누어 쓰는 실험을 했다. 그 결과 친구나 다른 학생보다는 직계 가족과 나누는 경우가 더 많았다. 다른 사람이 다른 마을 출신이거나 다른 나라 사람이라면 나눌 가능성은 더 낮아졌다. 이는 다른 지역뿐 아니라 인구통계학 전반에 적용된다. 우리는 우리와 비슷하다고 생각하는 사람과 나누길 좋아한다. 이 점은 문제를 해결할 자원을 가진 선진국으로부터 멀리 떨어진 적도 근방에 기후변화의 희생자들이 모여 있고, 가장 위험에 처한 국가가 개발도상국이기 때문에 문제가 된다.

기후변화에 대응하기 어려운 세 번째 이유는 우리가 변화에 민감하도록 진화해왔다는 점이다. 이것이 들어맞는 상황은 많다. 우리는 부의 절대 수준이 높은 것보다 이웃과 비교해 더 많이 소유하는 걸 중요하게 생각한다.[73] 우리는 소득의 절대 수준보다 임금 인상률이 높으면 더 행복해한다.[74] 전반적인 범죄율이 감소했어도 갑작스레 범죄가 증가하면 심한 공포를 느낀다. 오늘날 아이들은 그 어느 때보다 안전하지만 유괴 사건이 터지면 아이에 대한 걱정이 더 커진다. 그런데 기후는 천천히 변하는 것이며 기후가 변하면 우리는 금세 거기에 적응한다.

SNS에 관한 연구에 의하면 처음에는 사람들이 이상기후에 대해 트위터에 언급하지만, 1~2년 후에는 이를 언급할 만한 가치가 없다고 느낀다.[75] 사람들이 외부 온도 변화에 어떻게 반응하는지 조사해보니 바깥 기온이 올라가면 집 안의 실내온도를 높게 설정해 이에 적응했다. 사람들은 변화에 익숙해지면 잊어버린다. 기후가 변화하기는 하지만, 아주 천천히 변화하기 때문에 우리는 거기에 적응하고 그다음은 잊는 것이다. 개구리를 삶는 가장 좋은 방법은 찬물에 넣고 서서히 온도를 올리는 것이다.

오늘날 환경보호론자와 환경운동가는 문제를 너무나 잘 알고 있다. 기후변화에 대응하기 위해서는 인내가 필요하다는 것과 기후변화의 영향이 광범위하다는 것, 알아차리기 힘들 만큼 기후가 천천히 변화하고 있다는 사실 말이다. 이에 제대로 대응하기 위해서 기후변화 문제를 완전히 새롭게 인식하려는 노력도 있었다. 신문은 헤드라인으로 지역사회의 주민에게 기후변화가 미치는 영향을 강조하고 허리케인 같은 자연현상을 이용해 기후변화의 충격적인 결과를 강조한다. 하지만 태풍보다는 서서히 발생하는 변화가 복구에 더 많은 비용을 소요하는 법이다. 환경운동가들은 기후변화의 심각성을 새로이 부각시키려 하였으나 마케팅과 이미지 변화 추진에도 한계가 있다. 기후변화의 영향을 강조하고 과장하면 오히려 사람들이 이를 알아차리고 믿지 않을 수 있기 때문이다.

인식을 바꾸려는 환경운동가들의 노력 덕분에 규범과 태도가 바뀌기는 한다.[76] 그러나 현대에는 법에 저촉될까 두려워 신뢰할 만한 행동을 하는 경우도 많다. 다른 사람의 물건을 훔치지 않는 것은 자율적으로 행동규범을 준수하려는 동기도 있지만 가장 정확한 이유는 범죄자가 될지 모른다는 우려 때문이다. 우리에게는 국제적인 문제에 법적 구속력을 동원할 수 있는 유엔 같은 국제조직이 있는데 이를 활용하면 어떨까?

| 신뢰와 파리기후변화협정

모든 국제조약은 결국 신뢰를 실천하는 행위다. 우리는 정부가 독점적인 폭력을 이용하여 협약과 계약을 준수하도록 강요한다는 것을 알고 있다. 정부는 법 집행기관을 통제하는 권한을 이용하여 법을 준수하지 않을 경우 벌을 가하고 있다. 이는 정부에 대한 국민의 지지가 있을 때 가능하지만, 지지가 없더라도 반란군을 토벌할 때는 군대를 동원해서 법을 집행할 수 있다. 국가 간의 협약에서는 강제할 사람이 없으므로 보다 전통적인 방식에 의존하는 수밖에 없다. 즉 우리가 이 책의 맨 앞에서 다뤘던 수렵채집사회의 방식이다.

유엔의 193개 회원국을 193명의 개인으로 생각해보면, 마침 이 수는 던바의 숫자와 크게 차이가 나지 않는다. 그렇다면 모든 국가에서 국제협약을 준수하도록 하기 위해 부족사회에서 협력을 유지하는 데 사용했던 것과 같은 방식을 적용할 수 있다.

협약은 기본적으로 계약이지만, 국가 간에 협약을 맺을 경우 준수를 강제할 기관이 없다. 상대방에게 계약조건의 준수를 강제로 집행할 막강한 존재가 없는 것이다. 그러나 직접적인 권한은 없지만 중세 샹파뉴 지방의 재판관과 마찬가지로 의뢰인의 신뢰를 얻을 수 있는 국제기구가 존재한다. 이 기구는 협약을 불이행하면 금수조치禁輸措置, sanctions를 내릴 수 있으며 이 조치에는 193개의 다른 회원국도 동시에 참여해야 한다. 금수조치에 찬성하지 않는 국가가 있을 수도 있다. 해당 국가와 밀접한 교역관계가 있어 조치에 동조하면 금전적으로 많은 손해를 볼 수도 있기 때문이다. 따라서 이 시스템이 제대로 작동하려면 회원국들이 단기적으로 손실을 보더라도 국제질서 유지라는 대의명분에 적극 참여할 것을 약속하고 지켜야 한다.

그럼에도 국제협약을 준수하지 않는 국가들이 많기 때문에 이 시스템은 상당히 허약하다. 국제협약의 훌륭한 사례는 많다. 그중에서도 경제학자들은 관세를 낮게 유지하고 국가 간의 자유무역을 가능하게 하는 세계무역기구WTO의 역할을 특히 긍정적으로 생각한다. 그러나 여러 번 자유무역 원칙을 위반하고도 제재조치를 무시하는 국가가 많다. 미국의 경우 기구 설립 이후 역대 모든 정권이 WTO 협약을 위반해 제재를 받았다.

이 제도가 제대로 정착되지 못하는 데는 규정과 위반에 대한 정의가 모호하기 때문이다. 뒤에서 자세히 살펴보겠지만 컴퓨터 알고리즘을 이용해 분쟁을 예방하는 블록체인 기술을 떠올려보자. 이는 계약조건을 컴퓨터 언어로 구체적으로 세분화할 수 있을 때만 가능하다. 계약 이행의 잘잘못을 판정하기 어려운 것은 계약조항이 애매하기 때문이다. 뒤에서도 보겠지만 계약서가 약간 불명확하면 계약 당사자 간에 신뢰를 쌓을 수 있기 때문에 더 좋을 때도 있다.

계약서 내용이 불확실하면 신속하게 신뢰관계를 수립할 수도 있지만, 반대로 신뢰하기 어려운 행동이 나타나는 동기가 될 수도 있다. WTO 규정에 의하면, 국가안보에 위해가 될 때는 자유무역 원칙을 지키지 않아도 된다. 단순히 국내 산업을 보호하기 위해 국가안보를 이용한다는 비판에도 불구하고 이 예외규정으로 일본과 미국은 일본의 농부나 미국의 철강업 노동자를 보호하기 위해 관세를 인상하기도 했다.

모든 법과 규정에는 모호한 면이 있다. 판결을 주관하는 법원이 있지만, 법원도 신뢰를 기반으로 할 때만 제대로 작동한다. 자유무역의 경우 WTO에서 감독하는 시스템이 작동 중이며 관세가 비교적 낮게 유지된다. 물론 전 세계는 제2차 세계대전 후 WTO의 전신인 관세 및 무역에 관한 일반협정GATT; General Agreement on Tariffs and Trade에 서명한 후 자유무역협정을 추진해왔다.

1990년대에 시작한 국제기후협약도 비슷한 역사를 가지고 있다. 최초의 국제적 기후협약은 1997년의 교토의정서Kyoto Protocol다. 많은 희망과 축하 속에 채택되었지만 이 의정서는 참가국의 기대만큼 성공을 거두지 못했다. 이 협정서는 최종적으로 160개국에서 서명했으나 40여 개 국가에만 온실가스 배출한도를 적용했다. 중국이나 인도 같은 배기가스 다량 배출 국가가 제외되었으며 의정서 출범에 산파 역할을 한 미국은 이를 비준하지 않았다. 미국 상원은 95대0으로 교토의정서를 부결했다.[77] 캐나다, 일본, 뉴질랜드, 러시아, 호주 등은 탈퇴하거나 온실가스 감축 목표를 맞추지 못했다. 감축 목표를 달성한 국가들의 상당수는 공산주의 붕괴 이후 산업 생산이 대폭으로 감소하면서 온실가스 배출이 감소했기 때문에 자동으로 목표를 달성했다.[78]

2015년에 다시 파리에서 기후 관련 회의가 열렸다. 교토나 코펜하겐 때와 마찬가지로 전 세계의 지도자들이 모여 지구의 미래를 위한 협약에 서명했다.

파리기후변화협정Paris Climate Agreement의 위대한 점은 이 협정이 전적으로 신뢰를 기반으로 한다는 점이다. 모든 협정은 기본적으로 신뢰를 바탕으로 하나, 파리협정의 신뢰는 협정이 대부분 암묵적이기 때문에 더욱 명백하다. 파리기후변화협정은 참가국에 온실가스 감축 목표를 강제하지 않는 대신 다음의 세 가지 항목을 명시했다.[79]

1. 온실가스 배출의 감축을 통해 지구의 평균 기온 상승을 섭씨 2도(이상적으로는 섭씨 1.5도)로 제한하는 데 동의한다.
2. 각국은 '의욕적인' 온실가스 감축을 추진하기로 약속한다.
3. 각국이 모여 감축 진행 상황을 공유하는 '글로벌 이행 점검'을 통해 이행 여부를 점검한다. 서명국에서 반드시 준수해야 하는 부분은 전문가들에게 이행 점검을 맡겨야 한다는 것뿐이다.

성의 없어 보이는 이런 이행 방식은 이빨 빠진 호랑이와 같다고 엄청난 조롱을 받았다. 사실상 그 누구에게 어떤 것도 요구하고 있지 않기 때문이다.

파리협정은 마찬가지로 조롱의 대상이었던 낙제생방지정책NCLB; No Child Left Behind을 연상시킨다. 테드 케네디 상원의원이 발의한 이 안은 2002년 당시 조지 부시 대통령과 민주당 의원들 간의 초당적 협의에 의해 탄생한 교육정책이다. 이 개혁 정책은 각 주가 주관하는 시험에서 학생의 학업성취도가 일정 수준에 도달해야 하며, 학교가 학생의 학업성취 개선을 달성해야 하고, 인종 간의 성취도 격차를 줄여야 한다고 규정하고 있다. NCLB 정책에서 문제가 되었던 부분은 각 주가 원하는 방식으로 시험을 실시할 수 있다는 조항이었다. 각 국가에서 원하는 대로 온실가스 배출 표준을 정할 수 있는 파리협정과 마찬가지로 각 주에서 학생의 학업성취도 기준을 마음대로 정할 수 있었다.

비판론자들은 각 주에서 시험을 쉽게 출제해 성적 부진 시 해야 할 이행사항을 피해 갈 것이라고 주장했다.[80] 늘 최악의 상황을 가정하는 경제학자들은 시험 내용이나 통과 기준을 설정하지 않고 시험만 치도록 한 NCLB를 조롱했다. 그런 시험은 시간낭비라는 거였다.

NCLB가 구체적으로 학생들이 무엇을 배워야 하는지 규정하는 대신 정책결정자와 학부모가 교육에 관해 갖고 있는 생각을 바꿨다는 점을 소위 전문가라는 사람들은 이해하지 못했다. NCLB는 각 학교에서 시험 점수를 공개하도록 함으로써 우리가 교육을 바라보는 관점을 바꿨다. 즉 유권자와 학부모가 학교에 책임을 물을 수 있는 권한을 가지고 있다는 것을 스스로 깨닫게 만들었다. 이는 오직 학업성취와 진도를 측정할 수 있을 때만이 가능하다.

물론 시험을 정말 쉽게 출제해서 마음만 먹으면 얼마든지 장난칠 수 있다. 그런데 국민의 신뢰와 자신의 명성을 중요시하는 의원들은 그런 조작이 알려질까 우려해 시험 수준을 높이길 원할 것이다. 게다가 연방정부는 각 주의 어린이가 배워야 할 내용을 구체적으로 명시할 수 없다. 미국은 너무나 다양해서 50개 주에 공통으로 적용되는 표준 학습 기준을 만들 수 없다. 하지만 NCLB는 각 주의 정책입안자에 대한 신뢰를 바탕으로 유권자가 가장 만족할 만한 시스템을 만들어낼 수 있다. 이 정책의 핵심은 학교의 학업성취도를 공개하는 것이다.

파리기후변화협정도 마찬가지 수단을 사용하고 있다. 기후 관련 협약은 각 국가별로 우선순위가 다르기 때문에 1990년대 최초 탄생 때부터 논쟁이 끊이지 않았다. 가난한 국가들은 부유한 국가들이 해결 수단이 많고 옛날부터 공해물질을 배출해왔기 때문에 이들이 더 많은 역할을 해야 한다고 주장한다. 반면에 선진국은 많은 공해물질을 배출했던 제조업을 다른 곳으로 넘겼기 때문에 자신들의 탄소 배출은 정점을 찍었다고 생각하며, 앞으로는 공해물질이 개발도상국에서 계속 배출될 것이기 때문에 이들이 더 많은 부담을 해야 한다고 생각한다.

게다가 지구온난화로 기온이 올라가면 캐나다나 러시아처럼 추운 지방에 있는 국가들은 오히려 좋기 때문에 기후변화에 크게 신경을 쓰지 않는다. 해수면보다 낮은 곳에 위치한 국가나 적도 부근의 국가는 기후변화로 인한 영향을 가장 많이 받지만 이에 대처할 자원은 거의 없는 상황이다.

모든 이해관계의 충돌을 만족시키지 못하므로 진퇴양난에 빠져 시간이 갈수록 문제를 해결하기 어려워졌지만 파리협정은 협상조건을 변경함으로써 곤경에서 탈출할 수 있었다.

파리협정은 준수해야 할 규정이나 온실가스 감축 목표를 구체적으로 지정하지 않고 대신 각국이 자국의 온실가스를 직접 측정하도록 했다. 이렇게 함으로써 측정 방식을 표준화하고 다른 나라가 이를 검증하도록 시스템을 만들었다. 사람들은 이를 효력도 없고 의미도 없는 협약이라고 비판했다. 하지만 비판자들은 협정에 구체적으로 명시되지 않았지만 성공에 가장 중요한 요소인 신뢰를 감안하지 않았다. 온실가스 배출량을 발표함으로써 이 방식은 책임지는 시스템, 즉 각국의 정책입안자가 국민에게, 그리고 한 국가가 다른 국가에 책임지는 시스템을 만들 것이다. 법적인 효력은 없지만 파리협정은 회원국의 죄의식과 좋은 명성을 유지하고 싶은 욕망을 이용한다. 이 시스템은 또한 사회적 정치적 압력을 통해 각국이 배출량을 줄이는 정책을 수립하도록 유도한다.

그렇지만 아직 이 전략은 도박과 같다. 사회적 압력이 전 세계적인 에너지 사용 시스템을 바꿀 수 있을지는 두고 보아야 한다. 어쩌면 너무 일찍 포기한 것인지도 모른다. WTO의 사례를 보면 어느 정도 법적 구속력이 있는 국제협정을 탄생시킬 수도 있었을지도 모르는데 말이다. 하지만 나는 여전히 기후 문제를 해결하기 위해 전적으로 신뢰에 의존하는 방법을 고안해낸 그 대담함에 찬사를 보내고 싶다.

•••

이 책은 전근대적 부족사회의 소수 구성원 사이에서 발생한 신뢰가 어떻게 발전하여 공유자원 관리 같은 사회적 문제까지 해결하게 되었는지 살펴본다. 시간이 지나면서 이 비공식적 규칙과 사회적 메커니즘은 처음에는 종교, 그 뒤에는 법으로 대체되었다. 하지만 우리는 선조들의 협력으로부터 교훈을 얻을 수도 있을 것이다. 위대한 규칙은 인류가 엄청난 사회적 진보를 이루어 복잡하고도 거대한 사회로 나아갈 수 있도록 했지만, 인류 문명을 탄생시킨 과거의 기본적인 인간관계로 돌아가보는 것도 의의가 있을 것이다. 어쩌면 그 단순한 규칙이 오늘날 인류에게 닥친 가장 큰 문제를 풀 수 있는 지혜를 줄지도 모른다.

chapter 3

서로 신뢰하기

이 책에서 우리는 다양한 각도에서 신뢰의 경제학을 살펴본다. 먼저 신호, 암묵적 사회계약, 평판이 동시에 작용해서 불확실성과 배신행위를 극복하고 협력하는 과정을 알아보았다. 또한 각종 제도로 인해 신뢰의 범위가 150명을 넘어 종교를 믿는 사람 전체로, 민족국가로, 전 세계로 퍼지는 것도 알았다. 우리의 신뢰는 개인적으로 아는 사람에 대한 신뢰에서 출발해서 가치관을 공유하는 사람에 대한 신뢰로 이동하고 있으며, 아마도 궁극적인 목표는 전 인류를 신뢰하는 법을 배우는 것일 것이다.

물론 그 과정에 장애물도 있다. 제2장에서 제도에 대한 신뢰가 감소하면 어떤 일이 발생하는지 보았다. 오늘날 더 많은 정보에 접근하게 되면서 우리는 전문가보다 우리의 본능과 소속 집단에 더욱 의존하게 되었다.

이제 신뢰의 이론과 역사가 주는 교훈이 우리 개인의 삶에 어떤 영향을 주는지 알아볼 것이다. 또한 여기서 배운 교훈으로부터 보다 연결된 미래connected future로 이어지는 방법을 살펴볼 것이다.

어디서 새로운 신뢰가 시작되는지, 낯선 사람을 만났을 때 우리의 기초적인 신뢰가 시작되는 곳을 살펴볼 것이다. 그런 다음 신뢰의 법칙이 우리 자신을 신뢰하는 데는 어떻게 적용될 수 있는지 알아볼 것이다. 신뢰를 쌓는 데는 많은 노력이 필요하며 이는 미래에 투자하는 것이다. 그 투자를 기꺼이 하기 위해서는 자기 자신을 신뢰해야 한다. 다음 단계로 무너진 신뢰관계를 회복하기 위해 인류가 만든 제도인 사과를 다룰 것이다. 사과의 경제학은 내가 쓴 경제학 논문의 중요한 부분을 차지한다. 끝으로 신뢰하는 사람의 범위를 확장하는 것이 왜 중요한지를 알아보고 경제학에서 인간 존엄성의 역할에 대해 언급하면서 이 장을 마치겠다.

낯선 사람에 대한 신뢰

시사주간지 〈타임〉의 레브 그로스먼은《왓치맨》의 작가인 앨런 무어를 다음과 같이 표현했다. "가장 뛰어난 영화감독이 누구냐고 10명의 영화광에게 물으면 10개의 각각 다른 답변이 돌아올 것이다. 만화책 애호가 10명에게 가장 뛰어난 작가가 누구냐고 물으면 9명은 앨런 무어라고 답할 것이다."[1] 그의 가장 유명한 작품은 의심할 여지없이 《왓치맨》인데 만화책에 혁명을 가져온 프랭크 밀러의 《다크 나이트 리턴즈》와 같은 해인 1986년에 출간되었다. 이 두 작품 모두 슈퍼히어로물의 위상을 높이는 데 큰 기여를 했다.

왓치맨의 특이한 점은 나쁜 놈들을 쳐부숴 지구를 구한 것이 아니라 뉴욕시를 공격해 수백만 명의 시민을 죽인 다음 할리우드 특수효과 팀을 동원해 마치 외계인이 침공한 것처럼 위장했다는 데 있다. 그렇게 한 목적은 외계인이 출현하면 모든 국가와 전 세계의 시민들이 싸움을 멈추고 협력할 것이라고 믿었기 때문이다.

이 책은 특별한 관계에서 시작해 국가와 전 세계로 신뢰가 진화하는 과정 전체를 다룬다. 그러나 종교에 관한 부분에서 다뤘듯이 신뢰를 형성하는 가장 효과적인 방법은 다른 존재를 창조하는 것이다. 우리와 같은 사람은 신뢰하고 다른 사람은 배척하는 것이 인간의 본능이기 때문이다.

그러나 시간이 가면서 법에 의한 지배와 시장자본주의가 전 세계로 퍼져나감에 따라 '우리와 같은 사람'의 범위가 확대되었다. 이마누엘 칸트는 민주주의 국가 사이에는 전쟁 가능성이 낮기 때문에 자유민주주의가 전 세계로 보급되면 평화가 지속될 것이라는 '민주평화론'을 주장했다. 이와 비슷한 개념이 '맥도날드 평화론'이다. 맥도날드가 진출한 국가들끼리는 이미 많은 자본주의 원칙을 공유하고 글로벌 무역관계로 연결되어 있기 때문에 전쟁이 일어날 수 없다는 이론이다.[2] 정치학자인 프랜시스 후쿠야마Francis Fukuyama는 우리가 서로 밀접하게 연관된 자유민주주의 세계질서 안에 있어 분규나 전쟁으로 결코 와해시킬 수 없으므로 '역사의 종말' 단계에 와 있다고 주장했다.

그러나 비관적인 학자들도 있다. 새뮤얼 헌팅턴Samuel Huntington은 인류의 기본적인 가치관이 너무나 상이하기 때문에 '문명의 충돌'을 피할 수 없을 것이라고 주장한다. 그에 의하면 문화적 그룹(예를 들어 서구권, 이슬람권, 한자문화권, 힌두권 및 아프리카권 등)의 가치관이 서로 너무나 다르기 때문에 분쟁은 일어날 수밖에 없다. 최근 민족주의 지도자들이 부상하면서 헌팅턴의 주장과 달리 우리에게는 다른 점보다는 같은 점이 더 많다는 것을 알게 되었고, 우리가 후쿠야마의 주장과 달리 외부보다는 내부 그룹을 더 신뢰한다는 것도 알게 되었다.

신뢰의 대상을 확대하려면 모르는 사람에게 모험을 해야 한다. 우선 낯선 사람을 만날 때 적용하는 기초적인 수준의 신뢰부터 살펴보자.

| 신뢰와 불신

우리는 게임이론이라는 도구를 이용해 관계 내에서 신뢰가 어떻게 진화해왔는지 이해할 수 있다. 이런 방식은 (예를 들면) 사회학적 접근방법과 상이하다.[3] 사회학에서는 일반적으로 대부분의 사람을 믿을 만하다고 생각하는지, 아니면 대부분의 사람을 조심해야 하는지 물어보고 이에 대한 응답을 분석하는 방식을 택한다.

반면에 경제학에서는 사람들이 피신뢰자를 믿는 모험을 할 경우 주어지는 보상에 어떻게 반응하는지에 더 관심이 있다. 일반적으로 신뢰게임에서 보상은 두 사람 사이의 특별한 관계에서 발생하지만 우리가 실험할 때는 서로 모르는 사람을 대상으로 한다. 제1장에서 진 엔스밍어와 조지프 헨릭은 부족사회를 대상으로 한 실험에서 부족민들이 일상생활에서는 신뢰와 상호협조에 깊이 의존하지만 실험 상태에서는 신뢰의 대상을 확대하지 않았다는 것을 밝혀냈다.

여기서 일반화된 신뢰와 관련하여 흥미 있는 질문이 생기는데, 낯선 사람과 짝을 이루었을 때 우리가 신뢰게임의 초기 단계에서 얼마나 투자하느냐는 것이다. 엔스밍어와 헨릭은 우리가 시장경제로 이행할수록 낯선 사람에 대한 신뢰가 증가한다고 주장한다. 하지만 다른 연구 결과도 주목할 만하다. 다른 연구에서는 '사회적 거리'야말로 신뢰게임의 핵심이라고 주장한다. 우리는 멀리 있다고 생각하는 사람들보다는 낯설지만 (나이, 수입, 지리적인 면에서) 비슷하다고 생각하는 사람들을 더 신뢰하는 경향이 있는 것 같다.

이런 결과는 경제학 실험실에서 얻었지만 오늘날 신문의 헤드라인을 장식하는 제목에서도 찾아볼 수 있다. 소속 집단에 대한 신뢰와 인류에 대한 신뢰 간의 갈등관계는 오늘날 우리의 정치에 지역적으로 그리고 지정학적으로 반영되어 있다. 2016년에 실시된 미국 대통령 선거는 미국 정치에 만연한 심각한 분열을 드러내 많은 사람을 놀라게 했다. 같은 해에 영국의 유럽연합EU 탈퇴를 결정한 브렉시트 투표 역시 유사한 갈등을 보여주었다. 몇 년 후 2019년 유럽의회 선거에서는 EU를 반대하는 정당의 약진이 두드러졌다. 많은 사람이 이런 트렌드를 후퇴로 간주했다. 즉 세계시민주의적 글로벌리즘cosmopolitan globalism이 쇠퇴하고 이에 반대되는 개념인 민족주의가 다시 부흥했다는 것이다. 사람들은 이런 분열을 이해하기 힘들었고 상대방에게 어떤 악의가 있다고 생각했다.

심리학자 조너선 하이트Jonathan Haidt는 분열 상태를 이해하기 쉽도록 설명해주는 모델을 만들었다. 그의 도덕성 기반 이론moral foundation theory은 윤리적 딜레마에 대한 설문조사를 통해 인간의 도덕성을 구성하는 요소를 이해하고자 했다. 그는 사람들에게 얼마를 주면 다음에 나열한 일을 하겠느냐고 물어보았다.[4]

- 자신의 손바닥에 핀 꽂기
- 모르는 어린이의 손바닥에 핀 꽂기(가해)
- 컴퓨터 오작동으로 인해 친구가 무상으로 얻은 와이드스크린 텔레비전 받기
- 도둑이 부잣집에서 훔쳐 친구한테 준 와이드스크린 텔레비전 받기 (공정)
- 국내 라디오 토크쇼에 나가 (그렇게 생각하지 않지만) 자기 나라 욕하기
- 외국의 라디오 토크쇼에 나가 (그렇게 생각하지 않지만) 자기 나라 욕하기
- 코미디 단막극의 일부로서 상대방의 허락을 얻은 다음 친구 뺨 때리기

- 코미디 단막극의 일부로서 상대방의 허락을 얻은 다음 자신이 다니는 교회 목사 뺨 때리기(권위)
- 행위예술에 참여해서 간단한 문제에도 쩔쩔매거나 무대에서 떨어지는 등 바보처럼 행동하기
- 행위예술에 참여해서 무대에서 벌거벗고 기어 다니거나 소변을 보는 등 동물처럼 행동하기(순수)

하이트는 통계 기법으로 이 질문에 대한 답을 분석해 도덕적 직관moral intuition을 5개의 도덕적 기반moral foundation으로 분류했다. 이 다섯 분야(여섯일 수도 있다)는 다시 공동체 가치관과 보편적 가치관으로 나눌 수 있다. 공동체 가치관, 즉 **집단주의** 기반은 충성심Loyalty, 권위Authority, 신성Sanctity이며 보편적 가치관, 즉 **개인주의** 기반은 배려Caring와 공정Fairness이다.

다양한 도덕적 기반 사이에는 갈등이 존재한다. 예를 들어 서로 모순되는 도덕적 딜레마에 빠졌을 때 어느 것을 우선시할 것인가 같은 문제다. 보다 구체적으로 하이트는 미국의 경우 진보주의자는 보편적 가치관을 우선시하지만, 보수주의자는 다섯 가지를 모두 골고루 중요시한다고 주장한다.[5] 우리는 모두 자신이 속한 공동체에 대한 충성심과 권위에 대한 복종이 중요하다는 데 이의가 없다. 문제는 공동체에 대한 충성심과 다른 사람에 대한 배려 간의 균형 문제다. 예를 들어 국제적인 난민 문제가 발생했을 때 자국민의 필요와 타국민의 필요 간에 균형을 맞추

기 위해 국가가 어떻게 행동해야 하는지와 같은 문제다.

신뢰경제는 이 분야를 이해하는 데에도 유용한 안목을 제공한다. 우리가 신뢰를 유지하기 위해 이용하는 메커니즘의 부작용은 믿는 사람과 믿지 않는 사람을 철저히 구별한다는 것이다. 이는 부분적으로는 신뢰할 만한 사람에 대한 정보를 얻는 데 비용이 들어가기 때문이기도 하고, 같은 가치관을 가진 사람을 믿어야 하기 때문이기도 하다.

신뢰할 만한 행동은 잘못된 행동을 하면 집단에서 제외될 수 있다는 위협(파문, 추방, 따돌리기 및 기타 여러 형태의 사회적 차단 등)을 통해 유지되기도 한다. 우리는 종교나 문화 같은 지름길을 통해 믿을 만한 사람을 쉽게 골라낸다. 이 방법은 믿을 만한 사람과 믿어서는 안 될 사람을 제대로 구분해내는 방법을 제공할 때만 효과가 있다. 모든 사람을 믿는다면 (내집단과 외집단으로) 구별할 필요가 없다. 모든 사람을 믿는 세상은 무어가 말했듯이 우주 저편에서 다른 존재가 나타나지 않는 한 불가능하다.

신뢰는 공동체의 도덕적 기반을 중심으로 형성된다. 권위에 대한 충성심이나 존경심은 신뢰성과 관련이 있다. 문제는 공동체의 필요와 일반적 가치관이 충돌할 때, 특히 다른 사람에 대한 불신을 공유하는 데서 신뢰가 형성될 때 발생한다.

| 불신의 원인

우리는 앞부분에서 신뢰가 확장되는 거대한 트렌드를 살펴보았다. 그리고 낯선 사람에 대한 신뢰 확장과 공동체 밖의 인원에 대한 불신 유지 사이에 근본적인 갈등관계가 있음을 알게 되었다. 여기서는 이 갈등관계를 더욱 악화시키는 (제2장에서 언급한 바 있는) 세 가지 경향을 살펴보겠다.

1. 공동체 내의 다양성과 불평등이 점점 증가하면서 무리를 지으려는 성향이 더욱 심해진다. 신뢰와 관련된 제도는 다른 사람에 대한 불신에 기반을 두기 때문이다.
2. 온라인으로 접촉할 수 있는 사람에 대한 선택권이 늘어남에 따라 이전보다 온라인에서 만나는 사람이 균일화한다.
3. 보다 많은 정보에 접근할 권한을 갖게 됨에 따라 기존의 믿음을 과신하게 된다.

첫 번째 경향은 새로운 인원의 유입에서 기인한다. 전 세계적인 이민의 증가로 여러 나라에 이주민이 물밀 듯이 들어오고 있다. 미국의 경우 캘리포니아주는 어떤 인종이나 민족도 과반수를 넘지 못한다(비히스패닉계 백인도 50퍼센트가 안 된다). 미국 전체를 놓고 보면 2014년 이후 초등학생 비율이 그렇다.[6] 동시에, 세계화와 자동화가 늘어나면서 전 세계 거의 모든 국가에서 불평등이 폭넓게 증가했다. 선진국에서는 글로벌화하고 자동화한 경제에서 자본과 기술력을 가진 사람과 그렇지 못한 사람의 불평등이 심해졌다. 개발도상국도 유사한 경향을 보여, 세계화와 빠르게 발전하는 기술 변화를 이용해서 엄청난 부를 축적한 사람과 그렇지 못한 사람으로 나뉜다.

흥미로운 사실은 세계 전체를 놓고 보면 불평등이 감소했다. 이는 개발도상국(특히 전 세계 인구의 5분의 1이 사는 중국, 인도 및 아프리카 국가들)에서 최근 경제 성장 속도가 매우 완만해진 선진국을 상당 수준 추격했기 때문이다. 그러나 우리는 우리 자신을 지구 반대편의 국가와는 잘 비교하지 않는다. 지난 수십 년을 놓고 보면 개발도상국에서나 선진국에서나 불평등은 모두 심화되었다.

이민과 불평등의 증가는 우리의 일상생활이 우리와 다른 사람에게 노출될 가능성이 높다는 것을 의미한다. 나와 조나 버거Jonah Berger와 칩 히스Chip Heath의 공동연구에서 조나 버거는 우리가 하는 행동 중에 얼마나 많은 행동이 우리와 다른 사람을 구별하기 위한 것인지를 알기 위한 수학 모델을 만들었다. 실험에서 대학원생이 캠퍼스에서 패스트푸드를 많이 먹는다는 기사를 본 대학생은 선택권이 주어졌을 때 보다 건강한 식품을 선택할 가능성이 높다는 걸 보여주었다. 다른 실험에서는 대학생에게 리브스트롱 팔찌*를 팔았는데, 다른 기숙사에 살고 있던 소위 샌님으로 알려진 학생이 이 팔찌를 사자 맨 처음 샀던 학생들은 더 이상 그 팔찌를 차지 않았다.

나와 다른 사람을 구별할 때 보통 옷 입는 걸로 구분하는 경우가 많지만 사실은 말하는 것, 읽는 것, 믿는 것, 신뢰하는 것 등도 마찬가지다. 우

---

* livestrong wristband, 암 환자를 지원하기 위한 자선 팔찌.

리는 이 모델을 이용하여 SNS에서도 실험을 해서 인플루언서의 역할과 지위를 설명했고, 패션 트렌드가 얼마나 역동적으로 전파되는지, 비과시적 소비inconspicuous consumption가 트렌드를 이끌어가는 데 얼마나 중요한지도 밝혔다.

과시적 소비라는 용어는 20세기 초 경제학자 소스타인 베블런Thorstein Veblen이 만들었는데 자신의 만족이 아니라 다른 사람이 우리를 보는 인식을 바꾸기 위한 소비를 지칭한다. 최고급 럭셔리카, 최신기술이 접목된 시계, 고가의 핸드백 등을 생각해보면 될 것이다. 오늘날에는 사람들의 소득이 증가하고 저가의 모조 제품이 많이 나옴에 따라 부자만 갖던 시계나 핸드백과 유사한 모조품을 누구나 살 수 있게 되었다. 그래서 우리는 그 대신 언어나 문화를 통해 다름을 증명한다. 사람들은 이국적인 곳에서 보내는 휴가, 정치 성향, 전문용어 같은 것으로 다르다는 걸 과시한다. 다만 눈에 띄지 않게 드러내야 한다(그래서 **비과시적 소비**라고 한다). 왜냐하면 다르다는 걸 꼭 과시하고 싶지는 않기 때문이다(물론 과시하고 싶을 때도 있기는 하다).

조나 버거의 실험 중 이를 가장 잘 보여주는 사례가 600달러짜리 청바지다. 이 바지는 월마트에서 파는 20달러짜리 청바지와 똑같이 생겼지만 아는 사람만 알아볼 수 있는 그런 청바지다. 중요한 것은 청바지의 가격이 아니라, 차이를 알아볼 수 있으려면 가져야 하는 특별한 문화적 지식이다. 이 모델이 시사하는 것은 사람들이 별로 관련되고 싶지 않은 다른 그룹의 사람들과 엮이게 될수록 점점 더 자신만의 정체성을 나타낼 수 있는 물건을 구입하고 그런 경향을 보여주는 결정을 한다는 것이다.[7] 이런 선택을 하면 그룹 정체성에 대한 우리의 인식이 높아지고, 제도의 발전과 함께 수천 년간 진화해온 본능이 정체성을 보고 누구를 믿을지 결정한다.[8]

이와 관련해서 전반적인 불신은 경제적 빈곤과 관계가 있다. 이런 경향은 국가 간에도 적용되고(빈곤한 국가는 부유한 국가보다 낮은 수준의 신뢰도를 보여준다) 한 국가 내에서도 적용된다(빈곤층이 부유층보다 다른 사람을 덜 믿는 경향이 있다). 이는 가난한 사람이 살면서 더 많은 고난을 겪을 뿐 아니라 자신에게 불리한 사회 시스템을 경험하기 때문이지 않을까 하고 학자들은 추측한다.[9] 조직적인 차별이나 무관심을 겪은 사람이 다른 사람을 매우 불신하는 성향을 보이는 것은 크게 놀랄 일이 아니다.

당연한 일이지만 낮은 수준의 신뢰를 보여주는 국가는 낮은 수준의 협조적인(신뢰할 만한) 행동을 보이는 경향이 있다.[10] 그 이유는 비협조적인 태도에 전염성이 있기 때문이다. 아무도 하지 않는데 왜 나만 협조해야 하느냐고 반문할 수 있다. 내가 신웨 저우와 공동으로 진행한 연구에서는 신뢰하기 어려운 행동을 겪는 것이 신뢰할 만한 행동을 경험하는 것보다 더 강력하게 행동을 변화시킨다는 결과가 나왔다.[11] 학생들에게 모르는 사람과 실험실에서 컴퓨터를 통해 게임을 하도록 했다. 비교적 협조적이고 신뢰할 만한 그룹이 이기적이고 신뢰하기 어려운 그룹과 짝을 이루면 이 두 그룹의 행동은 보다 이기적인 방향으로 수렴한다. 실험은 한 번에 10회씩 여러 번 진행되었다. 이기적 그룹과 게임을 하면 1회만 해도 이기적 성향이 펴졌지만 협조적 그룹과 게임을 하면 3회는 지나야 협조적 성향이 펴졌다.

그러나 우리의 물리적 공동사회는 다양해졌을지 모르지만 인터넷과 SNS로 인해 가상의 공동사회는 보다 균질적으로 변했다. 제5장에서 우리는 경제 내에서 신뢰가 작용하는 방식을 변화시킨 최근의 기술혁명, 특히 공유경제를 가능케 한 블록체인과 플랫폼을 살펴볼 것이다. 많이 다루지 않았지만 가장 큰 빅테크기업 중의 하나는 페이스북이다. 이 회사는 인간 사이의 연결 방식과 상호작용 방식을 획기적으로 바꾸어놓았고, 신뢰의 대상과 방법에 커다란 영향을 미쳤다.

얼마 전까지만 해도 사회적 상호작용은 공동체 내에 사는 사람들 사이에서만 발생했고 뉴스는 다 같이 보는 신문이나 몇 안 되는 국영 텔레비전 방송을 통해 들었다. 그러나 오늘날 우리가 접하는 뉴스는 필터링되어 우리 입맛에 맞는 것만 보인다. 조사에 의하면 언론매체도 결국 판매를 해야 하기 때문에 독자의 성향에 맞는 뉴스만 보도를 한다. 페이스북이나 기타 SNS 플랫폼은 친구들과 연결시켜줄 뿐 아니라 듣고 싶은 뉴스만 걸러내는 역할도 하고 있다.[12]

처음엔 이메일로 시작했지만 오늘날 페이스북, 스냅챗, 인스타그램, 트위터, 텀블러, 링크드인, 슬랙, 유튜브, 틱톡 등을 포함한 인터넷 통신기술의 출현은 우리를 연결시키는 데 뛰어난 능력을 보이고 있다. 신뢰를 퍼트린 최초의 제도인 소문처럼 간단한 것으로부터 시작해서 이 사이트들은 신뢰의 범위를 전 세계적 수준으로 확장시킬 수 있다. 그러나 이들은 전 세계의 사람들을 연결하는 역할도 했지만 '우리 부족'으로만 관심을 집중하도록 유도했고 다른 부족 사람과의 사회적 상호작용을 제한했다.

페이스북에 대한 초기 연구 중의 하나는 던바의 숫자로 유명한 인류학자 로빈 던바가 했던 실험이다. 당시 그는 페이스북에서 고정적으로 교류하는 사람의 수가 150여 명이라는 것을 밝혀냄으로써 수렵채집사회에서 관계를 맺었던 사람의 수와 페이스북에서 사귀는 사람의 수가 비슷하다는 주장을 폈다.[13] 차이점이라면 오늘날은 그 150명 안에 누구를 포함시키고 차단할지 선택 범위가 훨씬 넓다는 점이다.

로버트 퍼트넘Robert Putnam은 인종의 다양성으로 인해 낯선 사람에 대한 신뢰도가 감소했지만, 인종이 아닌 정치 이념에 따른 새로운 아이덴티티를 창조함으로써 신뢰를 회복할 수 있다고 주장했다. 그러나 (다른 곳도 마찬가지지만) 미국에서는 정치 이념과 우리 자신을 더욱 확실하게 동일시하는 경향이 생겨났다. 각 정당의 구성원은 동일한 성향을 가진 그룹으로 분리되어 더욱 똘똘 뭉쳤다. 동시에 정치 성향이 다른 사람들에 대한 불신은 더욱 커져갔다.

우려되는 부분은 SNS의 반향실 효과로 인해 충성심에 변화가 생겼지만 그 어느 때보다 미국이 분열되고 있다는 점이다. 나와 같이 공부했던 동창과 그의 동료의 공동연구에 의하면 이렇게 정치적 성향에 대한 충성도가 증가하고 반대파에 대한 불신이 커지는 이유는 자신이 옳다는 과도한 자신감에서 기인한다.[14] 이념적으로 치우진 성향의 뉴스만 보고 생각이 비슷한 친구들과만 이야기를 하니 자신의 견해에 대해 지나친 자신감이 생긴다. 하지만 SNS가 정말로 사람들의 정치 성향을 바꾸는지에 대한 연구 결과는 다소 모호하게 나왔다. 반면에 온라인에서 읽는 내용보다 향후 경제에 대한 전망이 우리의 정치 성향을 결정한다는 결과는 많다.[15] 그러나 오늘날 우리가 정보를 소비하고 다른 사람들과 교류하는 방식에 변화가 있는 것은 확실하다.

스탠퍼드대학에서 최근 실시한 연구에 의하면 돈을 주고 페이스북을 중지시키면 사람들이 보다 행복해지고 정치적으로 덜 극단적이 된다.[16] 연구에서는 실험 대상을 무작위로 대조군과 실험군으로 나눈 뒤 대조군의 대상자들에게 돈을 주고 한 달 동안 페이스북 계정을 정지하도록 했다. 페이스북 사용을 줄이면 친구들과 교류가 늘어나고 시사 문제에 관심이 줄어들며 행복감이 증가하고 실험이 끝난 뒤에도 페이스북 사용빈도가 줄었다.

SNS의 영향력을 제대로 파악하고 잘못된 정보의 확산을 최소화하려는 연구가 여기저기서 진행되고 있다. 잘못된 정보는 극단적 양극화를 낳고 심지어 지구상의 다른 지역에서 전쟁을 유발하기도 한다. 어쨌든 어떤 연구도 SNS가 투표 결과에 중요한 영향을 미친다는 증거는 별로 찾지 못했다. 이는 우리가 매일 소비하는 SNS가 우리의 정치적 결정을 거의 바꾸지 못한다는 연구 결과와 일치한다. 결국 SNS가 현실에서 우리가 보는 정치적 양극화의 결과는 맞지만 그 원인이 되지는 못한다는 뜻이다.[17] 그러나 이 서비스가 우리 사회를 바꾸고 있다는 것을 잊어서는 안 된다.

신뢰할 만한 행동에는 전염성이 있다. 내가 신뢰할 만한 행동을 하는 이유는 신뢰할 만한 사람들이 살고 있는 사회에 살고 싶기 때문이다. SNS는 대면 상호작용face-to-face interaction에 익숙하도록 진화한 인류가 초고속 온라인 세상으로 갑자기 넘어갔을 때 신뢰에 어떤 일이 생기는지 질문을 던진다.

자신에 대한 신뢰

내가 제일 좋아하는 TED 강연 중 하나는 행동경제학자인 키스 첸Keith Chen의 강연이다. 그는 사용하는 언어에 따라 세계를 보는 눈이 달라진다고 주장한다. 그가 예로 든 것은 어릴 때 항상 나도 헷갈렸던 것이다. 중국어에는 '친척 아주머니'와 '친척 아저씨'를 부르는 호칭이 10여 개가 넘는다. 현대영어에는 직계는 아니지만 나보다 나이가 많은 친척 여성을 일컫는 호칭이 하나(aunt)밖에 없지만, 중국어에는 어머니의 여자형제인지 아버지의 여자형제인지에 따라 다르고 어머니의 남자형제의 부인인지 아버지의 남자형제의 부인인지에 따라 다르고, 모계 쪽인지 부계 쪽인지에 따라 다르고, 어머니나 아버지보다 나이가 많고 적음에 따라 또 달라지며 연장자인지 연소자인지에 따라 달라지는 등 구별이 끝이 없다. 이 호칭은 모두 다르며 발음도 완전히 다르다. 그래서 친척 아주머니한테 인사할 때마다 가계도를 다시 기억해내서 적절한 호칭을 찾아내야 한다. 언어에 따라 사고방식이 바뀌는지에 대해서는 아직도 논란이 있지만(이를 **사피어-워프 가설**•이라고 한다) 언어가 다르면 관심의 대상이 달라진다는 것은 의심의 여지가 없다.

첸은 언어의 또 다른 특징인 동사 변화에 대해서도 언급했다. 영어에서는 'go'가 went, goes, going, gone으로 변화한다. 영어를 모국어로 쓰는 사람이 프랑스어나 독일어를 공부하다 보면 동사 하나가 얼마나 많은 형태로 바뀌는지 알고 좌절하는 경우가 많다. 중국 사람도 마찬가지다. 중국어에는 'aunt'에 해당하는 10여 개의 단어가 있지만 시제가 바뀌어도 동사는 변화하지 않는다. 현재나 과거나 미래 모두 동일한 형태의 동사를 사용한다.

첸은 현재와 미래의 동사가 다르면 자신에 대한 이야기를 하고 있더라도 미래의 나는 현재의 내가 아닌 다른 사람처럼 멀리 느껴진다고 주장한다. 그 결과 오늘의 나는 미래의 나에게 별로 다정하지 않다는 것이다.

• Sapir-Whorf hypothesis, 세상을 이해하는 방법과 행동은 그 사람이 사용하는 언어의 문법적 체계와 관련이 있다는 언어학적 가설.

다소 이상하게 들릴 수 있지만 행동경제학에서는 꽤 오랫동안 이런 방식으로 미래를 생각했다.

예를 들어 많은 텔레비전 방송 패널들은 미국인들이 은퇴를 대비해 저축을 거의 하지 않는다고 주장한다. 잘 생각해보면 은퇴 후를 대비한 저축에는 많은 희생이 필요하다. 저축한다는 것은 현재 필요한 것, 하고 싶은 것에 사용할 수 있는 돈을 떼어내 오늘의 나와 다를 수도 있는 미래의 나에게 준다는 뜻이다. 잘 느끼지 못하겠지만, 심리학자 대니얼 길버트Daniel Gilbert는 불과 10년 사이에도 우리가 살면서 바라는 것이 바뀌는데, 미래를 위해 저축하는 것은 미래의 자신이 그 돈을 바람직한 방향으로 사용하리라 믿기 때문이라고 주장한다.[18] 같은 이유로 미래의 우리는 현재의 우리가 자신의 복지를 위해 저축했으리라 믿는다.

지연 행동procrastination에 대한 우리의 편견은 행동경제학자와 심리학자가 최근에 연구해낸 많은 편견 중 하나다. 이 편견에 사로잡혀 있으면 조금만 생각해보면 피할 수 있는 실수를 저지르게 된다. 미래를 위한 저축도 하지 못할 뿐 아니라 어떤 것이 우리를 행복하게 하는가에 대한 판단도 제대로 못하고, 새로 얻은 지식에 의거해 신념을 바꾸지도 못하고 다른 사람의 행동을 잘못 이해하는 등 수많은 실수를 저지른다.[19]

이 책에서 다루는 많은 주제의 놀랄 만한 특징은 그것들이 당사자 간의 신뢰뿐 아니라 우리가 가진 편견을 이해하는 데에도 이용될 수 있다는 점이다. 다시 말해, 우리가 언제 우리 자신을 신뢰해야 하고 언제 신뢰해서는 안 되는지를 잘 알 수 있도록 해준다는 뜻이다. 우리 안에 내재한 신뢰에 대한 이해를 떠나서 신뢰를 구축하는 것은 우리가 내리는 정의에 의하면 미래에 대한 투자라 할 수 있다. 우리는 미래에 수확을 가져다줄 관계를 수립하기 위해 현재에 위험을 무릅쓰고 값비싼 희생을 한다. 우리 자신을 이해하고 미래에 덜 투자하는 성향을 극복하는 것은 사회의 신뢰를 늘리는 데 필수적이다.

| 미래에 대한 신뢰와 과거에 대한 신뢰

내 개인적 삶에 가장 큰 변화를 준 수학적 모델은 테드 오도너휴Ted O'Donoghue와 매슈 라빈Matthew Rabin의 지연 행동 모델model of procrastination이다.[20] 내가 미루기를 그만두게 하지는 않았지만 언제 그리고 왜 미루는지를 알게 해주었기 때문이다. 이로 인해 나는 미루는 행위에 죄의식을 느끼지 않게 되었고 심지어 보다 효과적으로 미룰 수 있게 되었다.

이 모델은 현재에 얻는 것 하나는 미래에 얻게 되는 것 두 개만큼의 가치가 있다고 느낀다는 실험 결과에 근거를 두고 있다. 오늘 햄버거 하나를 먹는 것과 다음 주에 햄버거 두 개를 먹는 것 중 하나를 선택해야 한다면 오늘 햄버거 한 개를 선택한다는 것이다. 이와 마찬가지로 오늘 발생하는 고통은 미래에 닥칠 고통보다 두 배 더 고통스럽다. 예를 들어 오늘 설거지 한 번 하는 것은 다음 주에 두 번 하는 것과 마찬가지라는 이야기다.

물론 미래에는 과거에 내린 결정을 후회할 수도 있다. 다음 주에 내가 아주 배가 고파진다면 햄버거 두 개를 먹을 수 있도록 기다릴걸 그랬다고 후회할 수 있다. 마찬가지로 지난주에 설거지를 했다면 이번 주에 두 번하지 않아도 될 텐데 하며 후회할 수 있다.

현재보다 미래의 가치를 낮게 평가하는 것은 보다 장기적 형태의 행동에 대해서 특히 더 좋지 않은 결과를 유발한다. 예를 들어 금연을 하고 싶다고 해보자. 오늘 당장 담배를 끊는다면 그 고통은 엄청날 것이다. 그런데 (흡연을 계속한 결과인) 폐암의 고통은 금연의 고통보다 두 배 이상 힘들 것이다. 68퍼센트의 흡연 인구가 담배를 끊으려는 이유가 바로 이것 때문이다.[21] 그런데 왜 끊지 못할까?

그 이유를 지연 행동 모델로 설명해보자. 폐암의 대가는 엄청나지만 담배를 다음 주에 끊으나 오늘 끊으나 내 건강에는 별 차이가 없다. 하지만 오늘 당장 금연을 하게 되면 다음 주에 하는 것보다 두 배 이상 고통스럽게 느껴진다. 그러므로 사람들은 오늘 끊지 않고 다음 주에 끊기로 결심한다. 오늘 말고 다음 주에 끊는다고 폐암에 걸릴 확률이 눈에 띄게 증가하는 것도 아닌데 한 주 더 피우고 끊어도 된다고 생각한다. 물론 일주일 후, 한때의 미래가 현재가 되면 딱 한 주만 더 연장하고 싶은 마음도 들 것이다. 그러다 보면 다음 주는 영원히 오지 않는다. 안타깝게도 모든 선택은 현재에 해야 한다.

이런 논리는 은퇴를 대비한 예금이나 다이어트 같은 다른 분야에도 응용 가능하다. 오늘 케이크를 맛있게 먹고 다이어트는 다음 주부터 시작해도 된다. 오늘 아닌 다음 주부터 은퇴 대비 예금을 적립하는 것이 합리적으로 보인다. 문제는 '다음 주'는 결코 오지 않는다는 것이다. 때로 우리는 순진하게도 오늘 세운 계획을 미래의 내가 끝까지 잘 마무리하리라 생각하지만 미래의 나는 알고 보면 믿을 만하지 못하다.

한 가지 방법은 (행동경제학으로 노벨상을 수상한) 리처드 세일러Richard Thaler가 개발하고 그와 캐스 선스타인Cass Sunstein이 쓴 《넛지》를 통해 알려진 방법인데, 위험을 감소시키기 위해 사용하는 규칙과 유사한 방식으로 우리의 미래 행동을 통제하는 방법이다. 예를 들어 세일러는 지금 당장이 아닌 다음 달부터 시작하는 퇴직저축에 가입하도록 하자는 말한다. 지금 당장 저축을 시작하는 것은 어렵지만 다음 달부터 가입하면 비교적 쉽기 때문이다. 그는 또 지금 말고 다음 달부터 금연하는 방식을 제안한다. 그는 담배를 구입할 수 있는 허가권을 도입하자고 했다. 이 허가권은 무료이며 흡연이 가능한 법정 연령이 되는 모든 사람에게 주어진다. 누구라도 원하는 때에 구입권을 정지할 수 있다. 단, 다음 달부터 정지가 유효하다. 한번 정지되면 그 사람이 구입권을 되찾는 데 한 달이 걸린다. 이런 식으로 미래의 나를 강제로 금연하게 할 수 있다.

미래의 행동에 규칙을 부과하는 대신 사용할 수 있는 방법은 우리 자신을 미래의 행동에 책임지는 충실한 집사로 만드는 것이다. 미래시제가 없는 언어에 대한 키스 첸의 주장과 연관해보면 지연 행동 문제는 미래에 잘 사는 것보다 현재가 더 중요하기 때문에 발생한다. 즉각적인 만족을 선호하는 성향을 제거할 수 있다면 지연 행동으로 발생하는 문제를 없앨 수 있다. 세일러는 미래의 자신에 대한 통제를 강화해야 한다고 주장했지만, 첸은 미래와 현재의 자신을 하나로 볼 수 있다면 **자신의** 미래를 더 잘 책임질 수 있다고 역설했다.

첸은 전 세계 수십만 명의 데이터와 그들이 사용하는 언어를 들여다보았다.[22] 중국어처럼 동사 변화가 없는 언어를 사용하는 사람이 영어처럼 동사가 변화하는 언어를 사용하는 사람보다 참을성이 더 많았다고 한다. 문화와 거주 지역을 감안해도 같은 결과를 낳았다. 그의 연구는 퇴직연금저축과 교육 분야에도 적용된다. 동사 변화가 없는 언어를 사용하는 사람들은 퇴직 후를 대비해 더 많이 저축하고 자신의 미래에 투자한다. 결론은 미래와 현재를 동일하게 취급하는 사람이 미래의 자신을 더 잘 대우한다는 것이다.

오도너휴와 라빈이 이용한 연기와 관련된 수리이론은 게리 베커Gary Becker 등이 발표한 이타심에 관한 수학이론과 놀라울 정도로 비슷하다. 두 연구 모두 우리가 우리 자신을 돌보는 양의 일정 비율을 다른 사람을 돌보는 데 할애한다고 주장한다.[23] 이 책을 쓴 동기 중의 하나는 우리의 직계가족과 부족민에 대한 신뢰로부터 보다 큰 공동체, 즉 국가, 종교집단, 나아가 전 인류까지 신뢰가 확대되는 과정을 보여주려는 것이었다. 첸의 연구 결과는 같은 원칙을 우리의 미래로 확장시켜 오늘날 자신과 자신이 속한 사회를 사랑하는 것만큼 미래의 자신과 미래의 인류를 사랑할 것을 제안하고 있다.

| 마음의 사회

오도너휴와 라빈에 의하면 현재의 우리는 미래나 과거의 우리와 다른 사람일 수 있다고 생각하는 것만으로도 많은 것을 설명할 수 있다. 이 이론은 1970년대 컴퓨터공학자인 마빈 민스키Marvin Minsky의 '마음의 사회society of mind' 이론까지 확장할 수 있다.[24] 민스키는 사람의 인식이 두뇌 안의 수많은 여러 에이전트의 상호작용이 표출되는 결과라고 생각했다. 그의 생각은 사람들이 합리적인 행동을 한다는 신고전주의 경제학의 기본 개념과 대치된다. 경제학자에게 '합리성'은 유도적 단어•로서 그저 사람들에게는 목적이 있고 그 목적을 달성하기 위한 행동을 한다는 뜻일 뿐이다. 민스키는 우리의 마음이 각기 모순되는 목적을 가진 에이전트들이 모인 사회라고 생각했다.

우리는 이제 사람들에게 타고난 목적 같은 것은 없다는 걸 알고 있다. 대신 목표(경제학자들은 **선호**라고 부른다)는 그때그때 바뀐다. 실험에 의하면 인간의 목적은 자의적 일관성arbitrary coherence(또는 일관적인 자의성coherent arbitrariness)[25]을 취한다. 따라서 표면적으로는 일관성 있는 목표를 향해 움직이는 것 같지만, 연구자들은 사회보장번호를 요구하는 것처럼 아무 의미 없는 간섭 행위만으로도 실험 대상자의 목표를 조작할 수 있었다.

이를 해석하는 한 가지 방법은 우리의 행동이 우리 자신을 완전히 이해하지 못하는 충동에 좌우된다는 것이다. 물론 우리의 행동은 장기적으로 우리의 목표를 달성하기 위해 함께 작동하지만 실험자의 개입에 의해 단기적으로 조작될 수 있다. 게임이론가들은 이 결과를 이용해서

● loaded word, 듣는 사람에게 어떤 감정을 유도시키는 강력한 단어.

사람들이 자기 자신과 하는 게임 모델을 만들었다(마음속의 한 부분과 다른 부분이 하는 게임을 뜻한다). 내가 제일 좋아하는 모델은 롤랑 베나부Roland Bénabou와 장 티롤이 만든 모델인데 이 모델에서 우리는 자신의 도덕성을 확신하지 못한다. 윤리적 시험 앞에 놓였을 때 우리 안의 결정을 하는 부분은 이에 어떻게 반응하면 좋을지 확신하지 못한다. 우리는 모두 자신이 착한 사람이라고 생각하고 싶지만 아닐지도 모른다는 두려움을 갖고 있다. 이 단순한 내용(그리고 그 수리적 모델)을 이용해서 심리학적 발견을 다룬 논문이 많이 나와 있다.[26]

예를 들어 조직 내 신뢰를 유지하기 위해 신뢰하기 어려운 사람을 추방하는 내용을 이 책에서 다루었지만 **너무** 사람이 좋거나 **너무** 신뢰할 만해도 추방당했다는 증거가 있다. 도덕적 불확실성 모델에서는 이를 사람들이 자신의 부도덕한 행위를 들키고 싶어 하지 않기 때문이라고 주장한다. 도덕군자들 사이에 섞여 있으면 어리석은 짓을 할 수가 없다. 이는 또한 어떤 주제, 예를 들어 장기매매나 매표 행위나 매음 행위 같은 주제가 아예 토론 대상에서 제외되는 이유다. 우리가 도덕적으로 얼마나 약한지 깨닫고 싶지 않기 때문에 토론의 금기대상을 만드는 것이다.

인간 행동에 대해 많은 것을 설명할 수 있는 이 모델의 요점은 우리가 다른 사람의 신뢰성에 확신이 없듯 우리 자신의 신뢰성에도 자신이 없다는 것이다. 그렇기 때문에 우리 자신의 이미지를 보호하기 위한 행동을 하고 그 행동이 다른 사람과의 관계에도 영향을 미친다. 우리는 신뢰하기 어려운 사람을 피하지만 도덕적으로 너무 고결한 사람도 피한다.

더 나아가 자기인식이 위협받는다고 느끼면 남들에게 자신의 정체성을 증명하려 노력한다.

사과와 비난

대학원 다닐 때 내 룸메이트에게는 매주 일요일 아침에 테니스를 같이 치는 친구가 있었다. 문제는 그 친구가 항상 늦게 온다는 것이었다. 그때마다 깊이 사과했지만 다음 주가 되면 역시 늦게 나타나서 또 사과를 하곤 했다. 마침내 내 룸메이트는 그 친구한테 진절머리가 나서 그냥 공허한 말뿐인데 사과는 왜 하는지 모르겠다고 푸념했다.[27]

나는 그 친구가 던진 간단한 질문, 즉 우리가 사과를 받아들이는 이유에 답하기 위해 신뢰를 연구하기 시작했다. 어차피 지키지 않을 약속인데 사과가 무슨 의미가 있는가? 우리가 이 질문에 신경 써야 하는 이유는 사과에는 무너진 신뢰를 복구하는 기능이 있고, 이 책 전체에서 말하듯 신뢰는 경제의 기초이기 때문이다.

물론 신뢰는 경제활동뿐 아니라 일상생활에서도 중요하다. 상거래에 적용되는 신뢰의 원칙을 들여다보면 인간관계를 좀 더 알 수 있다. 예를 들어 결혼도 (법적이면서 동시에 암묵적인) 일종의 계약으로 볼 수 있다. 결혼(그리고 이혼)을 지배하는 광범위한 법적인 틀은 없어도, 우리에게는 모든 관계에 적용되는 사회적 규칙과 기대 사항이 있다.

여기서는 값비싼 희생을 요하는 사과라는 제도를 살펴볼 것이다. 신뢰를 재건하려면 비싼 희생이 필요하기 때문이다.

| 우리는 왜 사과하는가?

우리가 사과를 하는 이유는 간단히 말하면 효과가 있으며 많은 돈을 절약하게 해주기 때문이다. 내가 처음에 이 문제를 해결하려고 시도한 것은 스탠퍼드대학 실험에서였다. 컴퓨터 인터페이스 프로그램을 만들어 학생들에게 신뢰게임을 반복해서 실시하도록 했다. 한 명은 투자자, 상대방은 기업가 역할을 맡았다. 투자자는 게임마다 10달러씩 받아 안전하게 보관할 수도 있고 기업가에게 투자할 수도 있었다. 기업가는 이익금을 혼자 다 차지할 수도 있고 투자자와 나눠 가질 수도 있었다.

그런데 게임이 반복될수록 기업가가 투자에 성공한다는 보장이 없었다. 그가 열심히 해서 이익금을 투자자와 공유하고 싶어도 사업이 잘 안 될 수도 있는 것이다. 하지만 투자자는 투자의 결과만 알 수 있지, 기업가의 노력 여부는 알 수 없다. 그러므로 투자자가 이익을 전혀 얻지 못했다면 그 원인은 기업가의 배신 아니면 재수가 없었던 것 중 하나일 것이다. 게임 중간중간에 나는 기업가로 하여금 좋지 않은 결과에 대해 투자자에게 사과하도록 했고 그 뒤에 시간을 두고 신뢰에 어떤 변화가 생겼는지 관찰했다.

결론부터 말하면 사과는 효과가 있었다. 투자자는 기업가의 사과를 받은 뒤에 사람에 대한 신뢰가 높아졌다. 사과가 효과가 있는 이유는 (게임 전체에 걸쳐 얼마나 이익을 공유하는지로 평가했을 때) 신뢰할 만한 사람일수록 사과할 가능성이 높기 때문이다. 결국 위험이 높을수록(즉 신뢰할 필요성이 높아질수록) 더욱 많은 사과를 한다는 것을 알 수 있다. 그리고 이 실험에서는 거래하는 상대방을 잘 모르는 관계 초기 단계에서 사과가 많이 발생했다.

물론 이는 실험실의 조건하에 행한 실험일 뿐이다. 실생활에서 사과가 효과가 있는지 알 수 있다면 매우 유용할 것이라고 생각해 나는 동료 경제학자인 일레인 류와 협동해 연구에 착수했다. 사과가 가장 필요한 분야는 의료 과실이 발생했을 때이다. 우리는 미국의 몇몇 주에서 의료사고 발생 시 합의 소요시간과 합의금을 줄일 수 있도록 사과를 장려하는 법안이 통과되었음을 알았다.[28] 그리고 어떤 유형의 의료사고에서 소송이 가장 많이 줄었는지 살펴보면서 사과가 통할 때와 통하지 않을 때(그리고 그 이유)를 파악할 수 있었다.

예를 들면 경미한 의료사고에서 소송이 가장 많이 줄었다. 특히 산부인과와 마취과 관련 사고에 효과가 컸다. 환자의 유형으로 보면 소아과 환자에게 사과가 가장 효과가 좋았고, 사고 유형으로 보면 의사의 부적절한 치료와 오진에 효과가 컸다.

실험에서 힘을 얻어, 나는 다음 단계의 실험에서 어떤 유형의 사과가 효과가 있는지 그리고 사람들이 왜 사과를 못하는지 이유를 밝히는 데 주력했다.

| 우리는 왜 때로는 사과하지 않는가?

의료사고는 사과하기가 왜 힘든지 알려준다. 비싼 대가를 치러야 하기 때문이다. 이 경우 대가란 의료 소송 가능성이다. 내가 앞에서 했던 말을 기억하는가? 어차피 지키지 않을 약속인데 사과가 무슨 의미가 있는가? 그렇다. 말뿐인 사과는 아무 의미가 없다. 사과의 대가가 비쌀 때만 그 사람을 다시 믿을 수 있다는 표시가 된다.

연구 결과 '미안합니다.I'm sorry'라는 말이 치르는 대가를 기준으로 사과를 다섯 가지로 분류했다.

- **"할머니가 편찮으시다니 유감입니다.** I'm sorry your grandmother is sick"
  : 이는 단지 다른 사람이 겪는 고통을 인지한다는 의미다. 그 고통에 대한 책임 없이 단지 알고 있다는 뜻으로 **부분적 사과**partial apology라고도 불린다. 하지만 "기분 상했다면 죄송합니다.I'm sorry if you were offended"와 같이 책임을 져야 할 때 이 표현을 사용하면 문제가 될 수도 있다.
- **"미안합니다만 내 잘못이 아닙니다.** I'm sorry. It wasn't my fault"
  : 이 사과는 실패에 대한 **변명**excuse이다. 진정성이 있다면 적은 대

가로 부담 없이 할 수 있는 사과지만 때론 문제가 되기도 한다.

- **"미안해요. 이 꽃 받고 화 풀어요.** I'm sorry. Here are some flowers"

 : 이 사과에는 **상당한 대가**tangible cost가 따른다. 꽃이 엄청 비쌀 수도 있기 때문이다. 프로 농구선수 코비 브라이언트가 바람을 피웠다가 아내에게 수백만 달러짜리 반지를 주며 사과한 것을 다들 기억할 것이다.

- **"죄송해요. 다시는 안 그럴게요.** I'm sorry. I'll never do it again"

 : 이는 미래에 더 잘 하겠다는 **약속**promise이다. 그 대가는 지금 용서를 받는 대신 앞으로 제대로 처신해야 한다는 것이다. 만일 또다시 실수하면 애당초 사과한 걸 후회하는 상황이 닥칠 수도 있다.

- **"미안해요. 내가 어리석었어요.** I'm sorry. I'm an idiot"

 : 이는 사과하는 사람이 스스로 **비하**abase하는 것이다. 이렇게 되면 신뢰를 회복할 능력이 없는 것으로 비칠 수 있다.

사과가 효과가 있는 것은 잘못되면 역효과가 날 수 있기 때문이다. 그렇기 때문에 쉽게 사과하지 않는 것이다. 사과를 하기 어려울수록 사과의 효과가 크기 때문에 이것이 꼭 나쁘다고는 할 수 없다. 하지만 잘못하면 이로 인한 여파가 커진다.

사과가 진실하려면 대가가 필요하다는 걸 수학적으로 증명한 뒤 나는 동료들(바실 헬퍼린Basil Halperin, 이안 무어Ian Muir, 존 리스트John List)과 함께 우버의 사과를 연구했다.

우버는 택시나 대중교통을 대신하는 승차 서비스를 제공한다. 문제는 한번 목적지에 늦게 도착하면(즉 95퍼센트의 다른 승차자보다 늦으면) 다음번에는 다른 교통수단을 이용하기 때문에 우버를 사용할 가능성이 5~10퍼센트 줄어든다는 데 있었다. 우버 직원들과 함께 우리는 언제 그리고 어떤 방식의 사과가 효과가 있는지 실험했다.

고객을 성가시게 하고 싶지 않았으므로 부분적 사과나 핑계 대는 사과는 생략하고 늦게 도착한 고객에게 이메일로 각각 다른 세 종류의 사과를 보냈다.

1. 금전적 사과: 다음번 이용 시 사용할 수 있는 5달러 상당의 쿠폰 지급
2. 약속을 담은 사과: 다음번에는 더 잘 하겠다는 약속
3. 자기비하를 담은 사과: 늦게 도착한 것에 대한 잘못을 인정

우리는 늦은 경험이 있는 150만 명의 고객에게 이메일을 보내고 이후 84일 동안 이들 고객의 우버 사용 실적을 관찰했다. 그 결과 이런 형태의 사과가 전반적으로 효과가 있음이 판명되었다. 5달러짜리 쿠폰은 그 이상의 매출을 가져다주었다. 하지만 부작용도 있었다. 즉 사과가 반복되면 차라리 하지 않으니만 못했다. 이는 특히 약속을 담은 사과를 받은 고객에게 해당되었다. 자기비하를 담은 사과를 받은 고객에게는 효과가 있었는지 명확치 않다. 그러나 큰 도움은 되지 않았던 것 같다. 이런 사과 방식은 내 동료의 연구 논문에서 아이디어를 얻었다.

라리사 티덴스Larissa Tiedens는 클린턴 행정부 말기에 모니카 르윈스키 관련 탄핵청문회가 열린 직후에 한 가지 실험을 했다.[29] 클린턴 대통령의 증인신문 비디오를 확보해서 두 개로 편집했는데 하나는 클린턴이 사과하는 분위기였고 다른 하나는 사과하지 않고 오히려 화를 내는 내용이었다. 티덴스는 이 두 개의 비디오를 각각 다른 그룹의 학생들에게 보여주었다. 사과하는 비디오를 본 학생들은 클린턴을 정말 좋아하게 되었고 그가 좋은 사람이라는 느낌을 가졌다. 그러나 화내는 대통령을 본 학생들은 그에 대한 호감은 줄어들었지만 능력 있는 대통령이라고 생각하게 되었다. 중요한 점은 화내는 대통령을 본 학생들은 다음번 투표에 그를 뽑으려고 했다는 점이다. 클린턴에게 사과는 효과가 있었지만 그 대신 재선 가능성과 유능하다고 인식되는 것을 대가로 치러야 했다.

| 신뢰와 화해 그리고 쉬운 화해가 불가능한 이유

이 책의 다른 주제와 마찬가지로, 내가 다루는 사과는 주로 개인 또는 조직 간의 쌍방 관계에서 중요하지만, 정부와 국민의 관계, 개인 간의 관계에서도 역시 중요하다. 이는 노예제도나 부당한 전쟁, 집단학살 등과 관련하여 사회 전체가 정부나 국민에게 사과를 요구하는 사례에서도 알 수 있다. 최근 조사에 의하면 시에라리온 내전 이후 창설된 진실화해위원회 덕분에 사회의 신뢰도가 상승했다.[30]

시에라리온처럼 효과적인 프로그램도 있었지만 피해를 본 사람들은 대부분의 집단적 사과에 크게 만족하지 않는다. 그 이유는 하기 힘든 사과를 진정한 사과라고 느끼기 때문이다. 이는 대규모 사과건 일상생활의 사소한 사과건 마찬가지다.

거의 20년 동안 사과를 연구하다 보니 어떻게 사과해야 효과가 있느냐는 질문을 많이 받지만 정답은 없다.

사과는 신뢰성을 보여주는 행동이다. 앞에서 다뤘지만 치르는 대가가 클수록 사과의 효과는 커진다. 따라서 내가 어떤 충고를 해서 관계를 개선하는 데 사과가 효과를 볼 수 있다면 그 충고로 인해 사과가 수월해지므로 효과는 감소한다.

오랫동안 연구를 한 결과 느낀 점은 사과에는 지름길이 없다는 것이다.[31] 용서에는 시간이 걸린다. 독일은 수십 년에 걸쳐 유태인 학살을 사과했다. 미국 공영라디오 내셔널퍼블릭라디오NPR의 팟캐스트 방송 〈로스트 인 트랜슬레이션Lost in translation〉은 일본 정부가 제2차 세계대전 중 강제노역에 동원된 미군 포로들에게 사과하는 노력의 일환으로 제작되었다.[32] 이들은 항상 단 한 번도 제대로 된 사과를 받아본 적이 없다고 느꼈다. 일본 정부는 수차례에 걸쳐 공식적인 사과를 했다. 하지만 이 공식적인 사과에 어떤 목적이 있는 것처럼 느껴졌으므로 포로들은 사과에 따르는 값비싼 대가를 느끼지 못했다.

NPR의 다른 팟캐스트 프로그램인 〈디스 아메리칸 라이프This American Life〉는 마음에 와닿는 공개적인 사과를 다루고 있다.[33] 이 방송에서 (텔레비전 시리즈 〈릭과 모티Rick and Morty〉와 〈커뮤니티Community〉의 제작자인) 댄 하먼이 퇴직한 직원에게 했던 성희롱을 사과한 내용을 다루었다. 그가 녹음한 7분 30초짜리 팟캐스트 사과문은 정말로 마음을 울리는 사과다. 주석에서 원문을 찾아 꼭 한번 읽어보기를 권한다. 그 프로그램에서는 사과가 '성공적'이었다고 했지만 중요한 것은 성희롱 피해자가 댄 하먼을 공개적으로 용서했다는 사실이다. 7분 30초짜리 사과문에 무슨 대단한 내용이 있어서 용서를 받은 것이 아니다. 팟캐스트에 올린 사과는 수년간 개인적으로, 무대에서, 트위터에서, 이메일로 지속되었던 사과의 일부일 뿐이었다. 진정한 사과에는 시간이 필요하다. 마지막 사과는 유죄를 인정함으로써 자신을 형사고발당할 위치에 놓았다. 즉 값비싼 대가를 치른 것이다. 이게 바로 진정한 사과다.

사회학자인 니컬러스 타부치스Nicholas Tavuchis는 **사과의 역설**을 주장한 바 있다. 그에 의하면 우리는 다른 사람들이 사과하기를 바라면서도 막상 사과를 받으면 사과한 사람을 벌주거나 추방하기를 원하는 반응부터 보인다. 일정 기간 동안 추방되어 죄의 대가를 치른 후에야 다시 조직원으로 받아주겠다는 것이다.[34]

신뢰이론에는 사과에 도움이 될 만한 실용적인 팁이 몇 개 있다. 그중 하나는 무엇 때문에 사과하는지를 아는 것이다. 사과에서 중요한 것은 신뢰를 구축하는 일이고, 신뢰에서 중요한 것은 상호거래에서 이익을 볼 수 있다는 기대감이다. 그러므로 기대했던 결과보다는 기대하지 않았던 결과에 대해 사과하는 것이 쉽다. 실험 결과에 의하면 기대했던 결과에 대한 사과는 대개 불성실한 것으로 간주되고 여파가 있게 마련이지만 뜻밖의 결과에 대한 사과는 잘 넘어간다.[35] 효과적인 사과에는 항상 대가가 따르기 때문에 (특히 사과가 불성실하다고 느껴지면 심한 사회적 제재가 가해지므로) **언제** 사과할지 아는 것도 중요하다. 신뢰가 가장 필요할 때 사과하면 효과가 크다. 신뢰는 사람들이 불확실성에 대처하는 방법에 관한 것이다. 내 실험에 따르면 사과는 관계 초기, 당신에 대한 상대의 확신이 부족할 때 효과가 크다.

정체성, 존엄성, 프라이버시

금융시장에서는 이자율이야말로 신뢰를 계량화할 수 있는 가장 순수한 척도다. 주택담보대출에 적용되는 이자율은 당신이 대출을 상환할 수 있는 능력에 대한 시장의 신뢰도이다. 은행은 당신에게 가급적 낮은 이자율을 적용하려 하나 적어도 이자율이 자신들의 비용을 감당할 수준은 되어야 한다. 은행이 가장 걱정하는 위험은 채무미상환이다. 즉 당신이 신뢰를 저버리고 대출금을 상환하지 않는 상황을 가장 두려워한다. 당신의 이자율은 신뢰성을 측정하는 수단인 신용점수에 의해 결정된다.

미국에서는 개인의 신용점수를 다섯 가지 요소로 결정한다. 상환 이력, 신용거래 이용액, 신용거래 기간, 새로운 신용거래, 신용거래 포트폴리오 등이다. 우리는 이를 당연한 것으로 여기지만 조금만 생각해보면 크게 두 가지 의문점이 떠오른다.

1. 왜 이 다섯 가지 항목으로만 결정하는가?
2. 왜 신용점수만으로 이자율을 결정하는가?

이 질문에 대한 답을 구하다 보면 신뢰의 결정에서 존엄성과 프라이버시의 역할을 보여주기 때문에 시사하는 바가 크다.

중국에서 "개인과 기업 간의 신뢰를 구축하기 위해" 사회신용점수제도를 도입하면서 우리는 이 질문을 다시 생각하게 되었다.[36] 중국 당국은 단지 신용기록뿐 아니라 무단횡단부터 과태료 체납, 게임 이용시간 등을 포함한 모든 행동을 기반으로 사회신용점수를 산출한다. 일반적인 신용점수는 대출을 받는 데 이용되지만 사회신용점수는 기차나 비행기 탑승 가능 여부, 자녀의 특정 학교 입학 가능 여부, 인터넷 다운로드 속도, 특정 직업 종사 가능 여부, 온라인 데이트사이트에서 만나는 이성까지 결정한다.[37] 이 점수는 앱을 통해 공개되기 때문에 다른 사람들, 아마도 커피숍 옆자리에 앉은 사람도 이 점수에 따라 당신을 달리 대접할 수 있다.

공공 및 민간 부문의 신용점수를 합산해서 산출하는 이 제도는 미국과 서유럽 민주주의 국가들의 충격과 우려를 낳았지만 막상 중국에서는 꽤 인기가 좋다고 한다. 중국이 급격하게 자본주의를 받아들이는 과정에서 신뢰를 측정하는 다른 제도가 자리 잡을 시간이 없었기 때문일 것이다. 중국 소비자는 자신들이 사용하는 제품에 대해 당연하게 의구심을 가지고 있다. 가짜 아이폰을 판매하는 가짜 애플스토어부터 사람을 죽이는 가짜 분유까지 위조가 거의 일상화되어 있기 때문이다. 따라서 중국인은 추락한 신뢰를 회복하기 위해서 사회신용점수제도가 필요하다고 생각한다.

비교적 상품에 대한 신뢰도가 높은 서구에 이 제도를 도입한다면 얻는 이익보다는 프라이버시 침해로 인한 폐해가 훨씬 더 클 것이다. 서구 사회에서 이 제도를 가까운 시일 내에 도입할 가능성은 거의 없지만 구글이나 페이스북 같은 기업이 개인정보를 수집해서 이용하는 걸 보면 관계가 전혀 없다고 볼 수는 없다.

모든 인간이 평등하게 대우받아야 한다는 개념인 존엄성은 신뢰의 범위가 점점 커지면서 궁극적으로 지향해야 하는 가치이기도 하다.

| 신뢰의 바탕은 무엇인가?

2000년에 아마존은 고객에 대한 정보를 바탕으로 동일 제품에 상이한 가격을 책정하는 실험을 실시했다. 이런 형태의 가격차별은 산업별로 공통적으로 있는 현상이며 특히 항공업계는 우리가 이해하기 어렵고 매우 변화무쌍한 공식을 사용하여 동일한 좌석에 천차만별의 가격을 매긴다. 그러나 시간에 따라 가격을 달리하는 **가변적 가격 책정**dynamic pricing과 구매자에 따라 가격을 달리하는 **맞춤형 가격 책정**personalized pricing은 다르다. 소비자들은 맞춤형 가격이 넘어서는 안 될 선을 넘은 것처럼 느꼈고 아마존은 재빠르게 이 정책을 취소했다(개인의 재산 정도에 따라 수업료를 달리하는 대학 교육정책이 그나마 분노를 크게 일으키지 않고 넘어가는 몇 안 되는 분야다).

과거의 행동이나 신분에 따라 사람이 차별대우를 받을 수 있다는 생각은 서구사회에서 받아들이기 힘들다. 개인의 프라이버시를 보호하고 신분에 따른 차별을 철폐하기 위해 도입된 법률에서 이런 정신을 확인할 수 있다. 누구를 믿어야 하는지 결정할 때 고려해야 할 요소를 정부가 규정한 방식을 통해 살펴보면 도움이 될 것이다.

미국은 1974년에 인종, 피부색, 종교, 국적, 성별, 혼인 여부, 연령 등을 이유로 신용거래상의 차별을 금지하는 신용기회평등법Equal Opportunity Credit Act을 제도화했다. 이것은 기본적으로 마음 놓고 돈을 빌려줄 사람을 결정할 때 어떤 정보를 이용해야 하는지를 규정한 법이다. 통계에 의하면 여성이 대출금을 보다 잘 상환한다. 무함마드 유누스Muhammad Yunus는 그라민은행Grameen Bank를 설립한 공로로 노벨평화상을 수상했다. 그는 여성이 보다 신뢰할 만하다고 여겨 개발도상국의 여성만을 대상으로 대출을 해주었다. 시리나 알렉사 같은 인공지능 스피커의 목소리가 보통 여성인 것은 여성이 보다 신뢰할 만하다는 사회적 통념이 반영된 것이다.[38] 여성을 대상으로 한 대출의 위험도가 낮으니 은행은 여성에게 낮은 이자율을 적용해야 한다. 그러나 은행은 성별이 아닌 급여 수준이나 과거 신용 이력으로 이자율을 결정한다. 이는 남성보다 임금이 낮은 편인 여성이 신뢰성이 더 높은데도 오히려 더 높은 이자율을 부담하는 모순된 결과를 초래한다.[39]

우리는 왜 금융기관이 연령, 인종, 성별 또는 기타 주요 요인 때문에 소비자를 달리 취급해서는 안 되는지 잘 알고 있다. 또한 과거 행적이 우리에 대한 신용평가에 영향을 미치는 것을 원하지 않는다. 은행이 대출 여부를 심사할 때 카드대금 연체 이력을 참조하는 것은 상관없지만 무단횡단 기록이나 온라인 데이트사이트에 올린 내 프로필 또는 인터넷 쇼핑몰 구매 이력을 참조한다면 뭔가 이상하다고 느낄 것이다.

다시 말해 우리는 사생활 보호를 요구할 권리가 있다고 생각한다. 사생활 보호에서 중요한 것은 무언가를 숨기는 게 아니라 어떤 정보를 누가 어떻게 이용하느냐다. 예를 들면 데이트사이트의 프로필은 비밀이 아니다. 집에 사람을 초대할 때 온라인이나 다른 곳에서 구입한 물품을 숨겨놓지 않는다. 데이트 상대를 구할 때나 집을 장식할 때의 취향 같은 것은 특정 상황에서 다른 사람에게 제공된다. 사생활 보호 권리는 누가 어떤 목적으로 사용하느냐에 따라 달라진다.

사생활 보호는 비교적 최근에 대두된 문제이기 때문에 개인정보의 공유 및 이용에 대해서 아직도(윤리적인 면 및 법적인 면에서) 많은 논란이 있다. 유럽연합은 최근에 일반 개인정보 보호법GDPR; General Data Protection Regulation을 통과시켜 웹사이트의 개인정보 수집 및 이용을 제한하고 '잊힐 권리'를 명시해서 개인이 남기고 싶지 않은 정보를 구글 같은 검색엔진에서 삭제하도록 규정했다. 예를 들어 자신의 의사에 반해 이전 애인이 낯 뜨거운 사진들(소위 리벤지 포르노)을 인터넷에 게재했을 경우 검색엔진이나 기타 사이트에 사진의 삭제를 요구할 수 있는 권리다. 이와 마찬가지로 범죄를 지었지만 이미 형기를 마친 전과자도 구글 같은 사이트에서 자신의 범죄 내용을 삭제해 더 이상 검색되지 않도록 법원의 명령을 받아낼 수 있다.

잊힐 권리는 우리가 과거에 한 일 때문에 따돌림받거나 불신당해서는 안 된다는 생각에 뿌리를 두고 있다. 물론 이에 대한 반론도 만만치 않다. 그러나 당사자 허락 없이 올린 벌거벗은 사진 같은 리벤지 포르노를 인터넷에서 삭제해야 한다는 주장에는 많은 사람이 동의한다. 성범죄자도 마찬가지로 인터넷에서 기록을 삭제해야 한다는 주장에는 찬반양론이 갈린다. 신용점수와 마찬가지로 사생활 보호에 관해서도 많은 논란이 있다.

어느 경우든 사생활 보호와 신뢰는 양립할 수 없다. 신뢰는 정보의 투명함이 생명이기 때문이다. 신뢰는 당신이 교류하는 사람에 대한 믿음이고 정보가 많을수록 믿음이 정확해진다. 그러나 보다 많은 정보를 제공할수록 사생활은 보호받지 못한다. 사생활과 신뢰의 갈등은 사람을 신분에 따라 달리 대접해서는 안 된다는 사상에 기반을 둔 인간의 존엄성으로부터 발생한다. 우리는 인간의 기본적인 존엄성을 보호하기 위해 사생활 보호권을 소중하게 키워왔다. 그러나 이 권리가 신뢰할 사람을 결정할 때는 방해가 된다.

| 존엄성

> 인간은 실천이성의 주체인 인격체로 간주되므로 그 어떤 존재보다 존중받아야 하며 (중략) 인간은 존엄성(절대내재가치absolute inner worth)을 보유하고 있으므로 세상의 모든 이성적 존재로부터 존중받아야 한다. 인간은 자신을 다른 모든 인류와 동일하게 평가하고 평등하게 취급해야 한다.
>
> -칸트, 《도덕형이상학》

칸트는 모든 사람은 그가 누구든, 어떤 일을 했든, 심지어 범죄나 비윤리적인 일을 저질렀다고 하더라도 이에 따라 차별받아서는 안 된다고 생각했다.[40] 칸트가 생각하는 인간의 존엄성은 경제학에 꽤나 새로운 개념이다. 여기에 표현했듯이 칸트는 존엄성을 그가 한 일 때문이 아니라 그가 사람이기 때문에 존중받아야 하는 권리라고 간주했다. 그가 한 일에 좌우되지 않는다는 것은 정체성(나이, 인종, 성별)뿐 아니라 과거의 행위에 좌우되지 않는다는 뜻이다. 물론 실생활에서 이 의미를 제대로 파악하는 것은 쉽지 않다. 다 같은 존엄성을 가지고 있다는 것은 누구도 그들이 저지른 행동 때문에 다른 대우를 받으면 안 된다는 뜻이 아니다. 또 다른 문제는 누군가를 존중한다는 것이 무엇을 의미하는가 하는 점이다. 이 장을 쓴 목적은 신용점수가 신용거래와 은행 대출에 미치는 영향을 알아보기 위함이다. 중국은 이 제도를 확장해 학교 입학이나 기차 탑승까지 결정한다. 모든 분야에서 동일한 취급을 해야 하는가 아니면 일부에 국한시켜야 하는가? 최근에 사생활 보호를 둘러싼 논의를 살펴보면 이런 문제를 좀 더 잘 이해할 수 있다.

경제학자들은 효율성에 대해 가지고 있는 선입견이 있다. 신뢰 확대를 지원하는 제도에서 가장 중요한 것은 같이 생활하고 일하는 사람들의 신뢰성에 대한 정확한 정보를 확보해서 신뢰성 있게 행동하도록 하는 것이다. 일반적으로 경제학자들은 정보가 많으면 정확한 판단을 내릴 수 있기 때문에 정보는 많을수록 좋다고 생각한다.

대중이 중국의 사회신용점수제도에 분노하고 구글이나 페이스북 같은 기업이 우리의 개인정보를 모두 알고 있는 빅데이터 세상을 우려하는 이유는 개인의 모든 정보가 세상에 알려지는 것을 바라지 않기 때문이다. 비록 이로 인해 결정이 방해받고 경제 전반의 효율성이 저해되는 한이 있더라도 말이다. 우리가 우려하는 이유 중의 하나는 수집된 정보가 부정확하거나 불완전할 수 있기 때문이다. 기업이 수집한 정보는 불완전할 수밖에 없으므로 우리는 그 잘못된 정보로 우리의 신뢰성을 판단해서는 안 된다고 생각한다. 평생을 제대로 살아왔어도 단 한 번의 판단 실수로 인생을 망칠 가능성이 있다(우리 모두 그럴 가능성이 있다는 것을 너무나 잘 알고 있다). 유튜브와 SNS가 지배하는 세상에서 그런 실수는 평생 우리를 따라다닐 수 있다.

사람들은 개인정보가 어떻게 수집되는지 잘 모르기 때문에 불안해한다. 누군가 수집한 정보가 잘못되어도 아직까지 이를 제대로 수정할 수단이 없다. 온라인의 데이터가 부정확할지 모른다는 우려는 경제학의 측면에서 보면 쉽게 이해할 수 있다. 경제학자들은 정보가 많을수록 정확한 판단을 내리지만 잘못된 정보는 잘못된 판단을 내리도록 이끈다고 믿는다. 그러므로 잘못된 정보는 당연히 규제되고 폐지되어야 한다.

그러나 우리가 개인정보 보호에 신경 쓰는 이유는 단지 정보의 부정확성 때문만이 아니다. 잊힐 권리에 대해 많은 요청이 쇄도하는 사실은 누구를 기피해야 하는지에 대한 문제와 관련이 있다. 신뢰와 종교 부분에서 다루었듯이 신뢰의 역사는 신뢰와 기피라는 상반되는 요소를 적절히 균형을 맞추는 것이었다. 따돌림으로 신뢰하지 못할 사람을 징벌했고 내집단 구성원(우리가 신뢰하는 사람)과 외집단 구성원(우리가 신뢰하지 않는 사람)을 구별했다. 인류에게는 외집단 사람을 따돌리려는 강한 생물학적 문화적 본능이 있다. 이런 본능을 억제하고 인간의 기본적인 존엄성을 보존하기 위한 노력의 일환으로 사람들은 법률을 만들었다.

사생활 보호는 칸트의 또 다른 사상, 즉 인간이 인격적 자율성을 갖고 태어났다는 사상과 일맥상통한다. 따돌리기는 사회를 통제하는 수단으로 사용된다. 종교는 규율과 신도들의 신뢰성을 강요하기 위해 이를 이용한다. 중세 샹파뉴 지역의 상인들은 계약을 확실하게 하기 위한 수단으로 이용했다. 그러나 기술의 발전으로 우리의 사생활이 대중에게 노출됨에 따라 과거의 행동 때문에 따돌림 대상이 될 수 있다는 두려움은 우리의 행동을 더욱 억제하고 자율성을 저해하고 있다.

| 경제학과 존엄성

이 책을 처음 쓸 때는 경제학 논문에 나오는 중요한 사실 위주로 구성하려 했으나, 존엄성과 사생활 보호에 관한 부분에 내 생각이 많이 가미된 것이 사실이다. 물론 경제학 분야에 존엄성과 사생활 보호와 관련된 문헌이 없는 것은 아니나 양이 매우 적고 범위가 좁다. 사생활과 관련된 경제서는 주로 사생활 보호를 위해 우리가 치러야 할 대가를 다루고 있다. 즉 사생활 보호를 위해 우리가 요구하는 것을 마치 우리가 소비하는 물품처럼 생각한다.[41] 그러나 기본적으로 사생활을 왜 중요하게 생각하는가에 대해서는 별로 언급하지 않는다. (여기 힌트가 있다. 내가 보기에는 존엄성 때문이다.)

존엄성에 관한 문헌은 두 가지로 나뉜다. 하나는 노벨상 수상자이자 철학자인 아마르티아 센Amartya Sen이 주도하는 부류로, 그는 존엄성이 사회 전체의 목적이라고 주장하면서 경제학자들을 설득해 건강한 사회의 정의를 GDP에서 더 확대하여 다른 기준도 도입하자고 했다. 내 생각에 경제학자들은 GDP 말고도 보다 다양한 기준을 적용하는 걸 좋아했을 것 같다. 물론 그 새로운 목표를 달성했을 때 사회에 어떤 효용이 있느냐는 별개의 문제이지만. 그러나 센은 한 걸음 더 나아가 인간의 역량을 최대화해서 자유와 자율성이라는 잠재된 목표를 달성하는 데 활용해야 한다고 주장했다(이 사상은 철학자 마사 누스바움Martha Nussbaum이 주창한 것으로, 인간 역량 접근법의 목적이 근본적으로 존엄성에서 유래한다고 주장했다).

존엄성에 대한 경제학 문헌의 또 다른 부류는 보다 최근에 갑자기 나왔다. 앤 케이스Anne Case와 노벨상 수상자인 앵거스 디턴Angus Deaton은 GDP로는 부족하다는 센의 주장을 그대로 받아들였다. 나아가 이들은 추가적으로 보다 구체적인 기준이 필요하다고 생각했다. 이들은 2015년부터 2017년 사이에 미국인의 평균 수명이 지난 수십 년 만에 처음으로 감소한 사실에 주목했다. 특히 45세부터 54세 육체노동자의 수명 감소가 도드라졌다. 데이터를 정밀하게 분석한 결과 자살과 약물과용이 가장 큰 원인으로 밝혀졌다. 물론 이런 원인에는 많은 요소가 복잡하게 얽혀 있지만, 케이스와 디턴은 이 두 가지 원인을 엮어 '절망의 죽음'이라고 불렀다. 절망의 원인이 무엇인지 명확히 알려져 있지 않지만 전문가들은 존엄성의 상실 때문이라고 말한다.[42]

내 개인적으로는 존엄성, 자율성, 사생활이 서로 정체성 경제이론•으로 연결된다고 생각한다. 우리가 다른 사람들에게 어떻게 보이는가에 대한 우리의 관심에 관해 놀랄 정도로 엄청나고 풍부한 양의 경제학 논문이 있다. 또한 현대경제학의 아버지인 애덤 스미스도 그를 유명하게 만든《국부론》을 쓰기 전인 1759년에《도덕감정론》을 저술했지만 모르는 사람이 많다.

• the economics of identity, 개인의 정체성에 따라 경제적 판단과 결정이 달라진다는 이론.

> 무엇을 위해 이렇게 고생하면서 바삐 움직이는가? 이 모든 탐욕, 야망, 부의 추구, 권력 그리고 출세의 끝은 어디인가? 생존에 필요한 물품을 구입하기 위해서인가? 아무리 가난한 노동자도 그 정도는 구할 수 있다. 음식과 의복, 안락한 집을 가지고 있으며 가족을 부양하기에 충분하다. 그의 경제 사정을 자세히 조사하면 수입의 많은 부분을 사치품 구입에 사용하는 것을 알 수 있을 것이다. (중략)
> 그렇다면 모든 계급의 사람 간에 벌어지는 경쟁의 이유는 무엇이며 소위 생활수준 개선을 하는 이유는 무엇인가? 그것은 다른 사람들의 주목을 받고 관심을 끌어 공감과 만족감을 유도하고 인정받기 위함이다. 우리를 움직이게 하는 것은 편의성이나 즐거움이 아니고 허영심이다.

스미스에 의하면 우리가 열심히 돈을 버는 것은 보다 많은 재화를 얻기 위해서가 아니다. 18세기에도 가장 빈곤한 노동자조차 생필품을 살 정도의 수입은 있었다. 식료품이나 집 같은 기본 욕구를 충족하고도 남을 정도의 수입이 생기면 보다 비싼 옷과 보다 좋은 집에 돈을 쓰기 시작한다. 왜냐하면 옷과 집이 달라지면 사람들의 대우가 달라지기 때문이다. 다른 사람이 자신을 어떻게 대우하는가를 신경 쓰기 때문에 보다 비싼 옷과 보다 좋은 물건에 관심이 있는 것이다.

한 세기 후에 소스타인 베블런은 그의 저서 《유한계급론》에서 **과시적 소비**라는 개념을 소개했다. 그는 우리가 잔디를 푸르고 윤이 나게 관리하고 비싼 차를 몰고 다니는 이유가 남들에게 부자처럼 보이기 위해서라고 말한다. 이 개념은 점차 발전해서 수많은 연구 결과를 낳았다. 예를 들어 하이브리드 차량인 토요다의 프리우스Prius의 주된 성공 요인이 과시적 소비에 있다거나[43] 회사의 고위직이 의외로 급여가 적고 낮은 직급자의 급여가 많은 이유는 낮은 지위를 보상하기 위함이라는 등의 연구 결과가 발표되었다.[44]

우리가 물건을 사는 이유가 '허영심' 때문이며 '공감을 얻고 인정받기' 위함이라는 생각은 예부터 논란의 여지가 없지만, 나는 동료 학자들과 공동연구를 통해 그 생각을 단지 무엇을 구입하는 것뿐 아니라 우리가 하는 모든 행위를 결정하는 수준까지로 확장했다. 인간 행동 모델을 경제학자들의 의사 결정 모델로 확대한 것이다. 우리는 사람들이 (프리우스를 구입하거나 대출을 받는 것 같은) 어떤 행동을 하는 동기를 **내적**intrinsic(즉 **중요한**instrumental) 효용과 **외적**extrinsic(즉 **표출적**expressive) 효용으로 구분했다. 내적 효용은 그 행동으로부터 얻는 직접적인 효용, 예를 들면 차량 소유로부터 얻는 즐거움이나 출퇴근이 가능한 기능에서 얻는 효용이다. 외적 효용은 그 행동으로 인해 다른 사람으로부터 받는 처우가 달라지는 효용이다.[45]

이런 방식으로 우리는 어떤 선택의 동기를 외적인 것과 내적인 것으로 나눌 수 있었다. 어떤 사람은 외적인 동기로 행동하는 경우가 많았고 어떤 사람은 내적인 동기로 행동하는 경우가 많았다. 대중문화에서는 순수성을 더 중요하게 생각하는 경향이 있다. 순수하게 내적인 동기로 곡을 결정하는 음악가는 '순수'하다고 평가받는 반면 음악이 자신의 이

미지에 미치는 영향과 사람들의 대우를 예상하여 곡을 선택하는 음악가는 '사이비' 취급을 받는다.

최근에 철학가들은 개인의 자율성을 사회의 중요한 목적으로 간주한다. 그들은 개인의 자율성을 "도덕적 성향과 관계없이 스스로 결정해서 일관된 행동 노선을 따라가는 역량"이라고 정의했다.[46] 대중문화에서 순수성을 중요하게 생각하는 경향과 철학에서 자율성을 중시하는 경향에서 보다시피 외적인 제약에서 벗어나는 데 개인의 프라이버시가 도움이 된다는 것을 알 수 있다. 우리가 무엇을 하는지 아무도 보지 않는다면 보다 진실하고 내적인 자아에 충실한 삶을 살 수 있고 그렇게 행동할 수 있다.

그러나 자율성과 프라이버시는 사회가 신뢰를 구축하기 위해 이용하는 도구의 이용을 저해한다. 구체적으로는 인간의 존엄성을 보다 중요시하면 신뢰를 구축하는 데 방해되는 두 가지 제약사항을 발생시킨다.

1. 신뢰성(즉 누구를 신뢰할지 결정할 때)이 우리가 상호교류하는 사람의 신분에 좌우되어서는 안 된다.
2. 신뢰성이 우리가 상호교류하는 사람의 과거 행동에 좌우되어서는 안 된다.

우리는 앞에서 이런 접근법이 신용시장에서 응용되는 방식을 보았다. 우리에게는 나이, 인종, 성별 또는 과거 행적 때문에 신용평가 시 불이익을 받아서는 안 된다고 규정된 법이 있다. 또한 신용점수는 채무 상환 이력이나 신용 이용률로 결정되지만 직업이나 거주지는 영향을 주지 못한다. 이는 의학 분야를 다룰 때 이미 언급한 바 있다. 즉 환자와 의사를 같은 인종끼리 연결시키면 신뢰도를 높일 수는 있겠지만 그렇게 해서는 안 된다고 말이다.

카를 마르크스는 점점 더 인간의 경험이 시장의 영역으로 흡수되는 상품화를 우려했다. 예를 들면 그는 한때 모든 사람이 공동으로 소유했던 자연 상태 그대로의 토지를 분할하고 가격을 매겨 '부동산'으로 상품화되는 상황을 지적했다. 경제학자들은 전반적으로 상품화를 찬성한다. 영국은 공유지 분할로 인해 산업혁명이 촉발되었고 근대사회로 진입했다는 의견도 있다. 경제학자들은 공해, 자원 남획, 문화 및 혁신 분야의 자금 부족 등 현대사회의 많은 문제가 이들 요소가 상품화되지 않아 재산권과 가격 형성 등 시장 시스템이 도입되지 않았기 때문이라고 주장한다.

현대사회가 디지털경제로 진입하면서 개인의 데이터와 사생활이 상품화되고 있다. 한때는 비밀이었던 정보, 즉 개인의 쇼핑 습관, 여가시간에 하는 일, 누구를 방문했는지 등이 공개되고 거래 가능하게 되었다. 아마존 같은 회사는 우리가 사는 제품을 추적하고, 이동통신회사는 우리가 어디에 가는지를 추적해서 공유한다. 방송국은 우리가 어떤 방송을 보는지 추적하며 SNS는 우리가 누구와 친한지 알고 있다.

경제학은 기본적으로 이 모든 상황이 우리 생활을 더 좋게 만들 것이라고 주장한다. 전에는 상품화하지 않아 어떤 가치도 창조하지 못했던 정보가 시장에 나와 우리가 전에 누리지 못했던 서비스를 즐기는 대가로 지불된다. 경제학 용어로 **비대칭정보**asymmetric information라고 불리는 은밀한 정보가 공개되어 사람들에게 누구한테 광고를 해야 하는지 알려줄 뿐만 아니라 누구를 신뢰해야 할지도 알려준다.

이들은 경제의 효율성 제고의 측면에서는 긍정적이지만 인간의 존엄성과 자율성에 나쁜 영향을 미친다. 대중과 정책입안자 모두 새로운 기술이 전에 경험하지 못한 놀라운 방식으로 우리의 사생활을 침해하고 자율성과 존엄성을 훼손하지 않을까 우려한다. 사람들은 데이터를 공유하는 아마존과 페이스북을 즐겨 이용하면서도 조속한 대책을 요구해 왔다. 하지만 대중이 정말로 무엇이 위태로운지 이해하지 못하기 때문에 여기까지 왔다고 주장하는 사람도 있다. 내 생각에 대중은 자율성이 침해당했다고 느낄 때만 사생활 침해를 염려하는 것 같다. 대부분의 사람에게 당분간은 정보 공개로 누리는 혜택이 위험보다 크다. 사생활 정보가 얼마나, 왜, 언제 중요한지를 사람들이 보다 잘 알게 되면 철저한 규제가 만들어질 것이고 소비자는 자신과 자신의 사생활을 보호할 방법을 강구할 수 있을 것이다.

chapter 4

신뢰의 경제학

우리가 대체로 서로를 믿게 된 게 얼마나 대단한 일인지 그리고 어떤 과정을 거쳐 서로 믿게 되었는지 한 번이라도 생각해본 적이 있는가? 얼마 전까지만 해도 인간의 삶은 1690년대에 철학자 토머스 홉스가 말했듯, "끔찍하고, 짐승 같으며, 짧았다." 그리고 "만인의 만인에 대한 투쟁"이었다. 그러나 오늘날에는 별 위험 없이 거리를 걷다가 낯선 사람에게 물건을 살 수 있다. 당신이 지금 읽고 있는 이 책을 산 것처럼.

내가 쓴 신뢰에 관한 이 책을 받기까지 각 단계별로 어떤 신뢰가 작동했는지 돌이켜보자. 당신이 돈을 낼 때는 책방 주인이 돈만 챙겨 도망가지 않고 책을 내줄 거라는 신뢰가 있었다. 인터넷으로 구매했다면, 은행에서 당신의 잔고를 정확히 알고 있거나 비자 또는 마스터카드사에서 당신의 신용도를 정확히 파악하고 있어서 책방 주인의 계좌로 합당한 금액을 송금하리라는 믿음이 있었다. 온라인 서점에서 당신의 계좌정보를 도용하지 않을 거라는 믿음도 있어야 했다. 이런 것까지는 생각해

보지 않았겠지만, 화폐를 발행하는 중앙은행에서 당신이 지불하는 데 사용한 돈의 가치를 하락시키지 않으리라는 믿음도 깔려 있었다.

늘 이것을 의식하며 사는 건 아니지만, 복잡하고 상호의존적인 이 사회에서 우리가 하는 모든 일, 예를 들어 책을 구입하고, 차로 출근하고, 아이들을 학교에 데려다주고, 장을 보는 행위 등은 그것이 가능하도록 수많은 사람이 일치된 협력을 하지 않으면 불가능하다. 더 이상 신뢰를 갖지 않게 되면 위험해질 수 있다. 사람을 믿을 수 없게 되고, 믿을수록 위험해진다.

그러면 우리 사회(특히 지구촌 사회)는 어떻게 해서 이처럼 복잡해지고 서로 의존하게 되었을까? 경제사가는 그 원인으로 무역의 증가, 기술의 발전, 특화의 이익,• 혁신을 가속화하는 자본 투자의 역할 등에 관한 길고도 흥미로운 이야기를 해줄 수 있겠지만 그들의 설명도 결국에는 보다 근본적인 이야기에 뿌리를 두고 있다. 그것은 무역, 특화, 투자 및 혁신을 가능케 하는 '그 무엇'••에 관한 이야기다. 이 이야기는 인류 문명이 최초로 시작되었을 때부터 그리고 사람 간의 상호관계가 맨 처음 형성될 때부터 시작한다. 그리고 위험하지만 어떻게 서로 의존하게 되었는지를 알려준다.

• benefit of specialization, 국제무역에서 절대적으로 우위에 있는 경우에도 비교 우위에 있는 제품을 특화하여 교역하는 것이 이익이라는 이론.

•• it factor, 사람이나 사물을 특별히 매력 있게 보이게 하지만 딱히 무어라 정의 내리기 어려운 특징으로 'X factor'라고도 한다.

그것은 바로 **신뢰**에 대한 이야기(역사)다.

내가 알기로 인류 문명의 역사는 인류가 서로를 믿게 되는 과정에 대한 역사다. 최초에 인류는 작은 무리를 이루어 살았다. 그러다 혼자보다는 여럿이 뭉치면 더 큰 일을 할 수 있다는 사실을 알게 되었다. 인원이 많으면 보다 큰 동물을 사냥할 수 있고 포식자 방어에도 유리했다. 하지만 다른 사람과 협동하려면 신뢰가 있어야 하는데, 사람이 많을수록 신뢰하기가 힘들었다. 문명이 발전하고 복잡해지자, 사람들은 도시로 나가 길드를 조직하고 도시국가와 민족국가로 커나갔다. 보다 많은 사람이 어울려 살려면 새로운 방식의 신뢰가 필요하기에 종교, 시장, 법률 같은 제도가 발전했다. 이를 통해 점점 더 다양한 사회의 성장과 더욱 많은 사람 간의 협력이 가능하게 되었다. 비록 전근대적 부족본능•이 여전히 현대인의 삶에 지속적인 영향을 미치고 있긴 하지만, 21세기의 경제와 사회는 이런 과정을 통해 이루어졌다.

이 책은 신뢰가 종교와 직장의 형성에 미친 영향을 살펴보고, 사과는 어떻게 해야 하는지, 우리가 웃는 이유가 무엇인지를 신뢰라는 창을 통해 알아본다. 우리가 구입하는 제품의 브랜드도 민주정부를 이끄는 지도자도 우리의 신뢰를 얻기 위해 노력한다. 우리는 불확실성 속에서도 다른 사람과 상호교류할 때마다 신뢰라는 행위를 가동한다.

• tribal instincts, 집단에 소속되어 외부인을 배제하고 편을 가르려는 본능. 예를 들면, 좌우의 대립, 젠더 갈등, 백인우월주의가 있다.

경제학자들이 신뢰를 중요하게 생각한다는 걸 알고 놀랄지도 모르겠지만, 나는 **놀랍지 않다.** 당신은 신뢰가 심리학, 인류학, 사회학, 심지어 철학 같은 다른 사회과학의 범주에 속한다고 생각할지 모른다. 어쩌면 그 생각이 맞을 수도 있다. 그래서 이 책을 쓴 목적에는 경제학이 다른 학문으로부터 무엇을 배울 수 있는지를 알아보는 것도 포함되어 있다. 여하튼 경제학에서 신뢰는 다른 학문에서 그렇듯 매우 중요하다. 게다가 영어단어 '신뢰trust'는 경제와 밀접하게 연관되어 있다. 이 단어에는 신탁은행이라는 뜻도 있고 아이들을 위해 예금하는 신탁기금이라는 뜻도 있다. 회사는 파산하면 피신탁자에게 회사의 운영을 맡긴다.

나를 포함한 경제학 교수들이 개론 과정에서는 대개 경제의 주체를 정체불명의 비인격적인 존재로 묘사하지만 이는 (물리학 교수가 마찰 없는 표면을 가정해 설명하듯) 단지 교육적인 목적이며, 경제학의 주요 개념과 법칙을 점차 배우게 되면 이 가정은 결국 해제된다. 경제학에서는 '합리적 바보'●를 제외하면 현대인이 경제활동에서 관계의 중요성을 잘 알고 있다고 본다.[1] 신뢰는 직장 내의 관계 형성, 브랜드 선택, 투자 결정에 필수적이다. 더 나아가 법정화폐 및 그 화폐의 가치를 보장하는 기관과의 관계에도 필수적이다. SNS 접속부터 공유경제를 실천하는 우버나 에어비앤비 같은 플랫폼기업까지 최근에 생겨난 빅테크기업에서도 가

● rational fools, 항상 자신의 이익을 최대화하는 데만 몰두하기 때문에 때로 바보 같은 선택을 하는 경제적 인간의 유형.

장 중요한 것은 신뢰다. 블록체인은 신뢰를 디지털화한 기술이다.

신뢰에 대한 경제학 서적을 읽는 이유

인간의 경험에서 신뢰는 매우 중요하기 때문에 철학자, 사회학자, 심리학자, 인류학자가 많은 노력을 투자해 이를 연구해왔다. 그런데 왜 경제학자가 하는 말까지 관심을 가져야 할까? 경제가 제대로 돌아가기 위해서 신뢰가 매우 중요하다는 이유만으로 경제학자가 이를 가장 잘 설명할 거라는 보장도 없는데 말이다. 경제학에서 가장 중요한 것은 거래, 대금, 숫자, 액수, 비율 같은 것이니 어쩌면 신뢰를 이해하는 데 경제학이 가장 부적합하다고 생각할 수도 있다. 오로지 돈만 생각하는 사람을 별로 믿지 않는 것은 당연한 본능일 것이다.

그러나 경제학자에게 경제학은 단지 돈을 버는 것만이 전부인 학문이 아니다. 경제학은 선택에 관한 학문이다. 경제학이 **한정된 자원**을 다룬다는 이야기를 듣거나 본 적이 있을 것이다. 경제학자들은 이 용어를 이용해서 우리가 하는 모든 선택에는 반드시 얻는 것과 잃는 것이 있음을 알려준다(적어도 중요한 선택은 전부 그렇다). 모든 욕구가 충족되는 에덴 동산에 산다면 원하는 모든 것을 가질 수 있을 것이다. 그러나 현실에서는 모든 자원이 한정되어 있기 때문에 선택하지 않을 수 없다. 설사 돈이 무한정 많다 해도 시간은 유한하니 무언가는 포기해야 한다. 제대로 된 선택을 하기 위해서는 각 선택의 장단점을 이해해야 한다. 그러기 위해서는 선택에 따르는 비용과 편익을 고려해서 위험과 보상 간의 균형을 유지해야 한다.

신뢰의 가장 큰 목적은 선택을 하기 위해서다. **내가 이 사람을 정말로 믿고 있는가, 아닌가?** 누구를 신뢰한다는 건 그 사람을 믿기 때문에 위험한 상황에 기꺼이 뛰어들 의사가 있다는 뜻이다. 무언가를 혼자 할 때보다 여럿이 같이 하는 편이 더 나을 때 신뢰가 필요하다. 그런데 다른 사람과 같이 일하는 건 위험을 내포한다. 이 사람이 제 역할을 못하면 어떻게 할까? 알고 보니 믿을 만한 사람이 아니면 어떻게 할까? 누구를 믿어야 할지 선택이 어렵거나, 믿으면 위험해질 가능성이 높을 때, 신뢰는 더욱 중요해진다.

경제학자들은 불확실성 속에서 장단점을 고려하고 비용과 편익을 감안해서, 사람들이 어떤 선택을 하는지 오랜 시간 동안 연구해왔다. 주식시장에서 투자 위험성을 평가할 때 사용하는 것과 동일한 기법을 다른 사람을 신뢰할지 여부를 결정할 때도 사용할 수 있다.

경제학의 목적은 또한 삶이라는 복잡하고 다양한 태피스트리를 낱개의 실로 분리하는 것과 같다. 그 과정은 때로 수학을 이용해서 보다 정밀하게 우리가 알고 싶은 사물의 상호작용 및 원리를 파악할 수 있도록 해준다. 지난 20년간 경제학자들은 **파악**identification이라는 문제 해결에 집착해왔다. 즉 우리가 보는 현상이 구체적으로 어떤 원인 때문에 발생하는지를 어떻게 파악할 수 있을까?

경제학자들이 이에 집착하는 이유는 정책입안자에게 어느 실을 당기면 이 세상을 더 좋은 곳으로 만들 수 있는지 알려주고 싶기 때문이다. 이는 다른 모든 학문에도 공통적으로 해당되지만 경제학은 어떤 사회과학보다 다양하고 복잡하게 상호영향을 미치는 메커니즘을 정확히 알아내기 위해 노력한다.[2] 경제학에서 중요한 것은 매우 복잡하고 자잘한 내용 없이도 인간 사회를 이해하는 큰 그림을 알아내는 것이다.

어떤 것을 잘 알기 위해서는 여러 다양한 관점에서 바라보는 것이 중요하다고 생각한다.[3] 따라서 신뢰의 개념을 정확히 알기 위해서는 폭넓은 독서를 통해 여러 학문에 접근해보는 것이 좋으므로 이 장의 주석에 언급된 책들을 읽어보기를 권한다. 다만 나는 경제학자이므로, 다른 학문으로부터 인용하는 부분도 있겠지만 이 책의 기본 이론과 데이터는 경제학에 바탕을 두고 있다.

내가 신뢰에 대한 경제학 책을 쓴 이유

나는 오랫동안 신뢰에 대해 생각해왔다. 내 박사학위 논문의 주제는 사과의 경제학economics of apology이었다. 우리는 관계를 회복하거나 신뢰를 되찾고 싶을 때 사과를 한다. 미시경제학자는 거래 당사자끼리 어떻게 상호작용하는지 중점적으로 연구한다. 그러나 둘 사이의 관계를 연결하는 신뢰에 대한 연구는 부족하다. 또한 신뢰가 깨졌을 때 어떻게 관계를 회복하는지에 대해서도 연구된 것이 거의 없다. 결론부터 말하자면 사과를 통해서 회복한다.

경제학은 크게 미시경제학과 거시경제학으로 나뉜다. 간단히 보자면 미시경제학은 차량을 구입하거나 직원을 고용하거나 기업과 공급자 간에 계약을 체결하는 것과 같이 두 당사자 간의 개별 거래와 관련이 있다. 반면에 거시경제학은 총량을 다룬다. 예를 들어 국가 전체의 국내총생산GDP, 실업률, 두 국가 간의 무역량 등이다. 물론 겹치는 부분도 있지만, 잘 모르는 사람은 양자의 차이가 너무 큰 데 놀라는 경우가 많다.

거시적 관점에서 보는 신뢰는 경제 내 전체 신뢰의 총합이다. 학자들은 이를 **사회적 자본**social capital이라고 하는데, 다소 모호하기는 하지만 길거리에서 낯선 사람을 얼마나 신뢰하는가, 몇 명의 친구가 있는가, 얼마나 자주 혼자 볼링을 치러 가는가 같은 것으로 정의할 수 있다. 마지막

현상은 하버드대학 사회학 교수 로버트 퍼트넘이 자신이 쓴《나 홀로 볼링》에서 자세히 다루고 있다. 스탠퍼드대학의 정치학 교수인 프랜시스 후쿠야마도 사회적 자본을 이용한 연구에서 한 국가의 번영에 신뢰가 중요하다고 주장했다.

그러나 나의 접근 방식은 누가 뭐라 해도 미시적이므로, 이 책은 주로 미시적 기반에서 신뢰를 다룬다. 따라서 한 집단의 신뢰의 총량보다는 두 개인 간의 상호작용의 본질에 더 관심을 둔다. 첫 번째 개인을 **신뢰자**trustor라고 하고 그가 믿는 다른 개인을 **피신뢰자**trustee라고 하자. 미시경제학자는 당사자들의 신념 체계와 저변에 깔린 선택의 동기를 알고 싶어 한다. 거시경제학에서는 각 행동 패턴의 총합이 중요하지만 미시경제학에서는 각 개인의 선택을 결정하는 규칙과 메커니즘이 더 중요하다.

나는 운 좋게도 행동경제학이 막 태동하는 시기에 대학원에 입학했다. 경제학을 전공하면서도 학부에서는 행동경제학이라는 용어조차 들어본 적이 없었다. 대학원 과정을 거의 중간 정도 마쳤을 때 비로소 내가 궁금해하는 분야가 행동경제학에 속한다는 사실을 깨달았을 정도였다.

현대 행동경제학은 대니얼 카너먼Daniel Kahneman과 아모스 트버스키Amos Tversky가 창시하였고 그들의 영향력은 오늘날까지도 막강하다. 카너먼은 2002년에 노벨경제학상을 수상하였으나 트버스키는 수상이 거의 확정적이었는데 안타깝게도 그 전에 사망했다. 1980년대 이 두 심리학 교수는 리처드 세일러(역시 2017년에 노벨상을 수상했다)와 공동으로 심리학의 개념과 연구방법을 경제학에 도입하여 행동경제학을 탄생시켰다.

심리학자는 인간의 인지작용cognition을 주로 연구한다. 이들은 통제된 실험실 환경에서 개인들이 어떤 결정을 내리는지를 중점적으로 연구한다. 따라서 그 결과로 행동경제학에서는 개인에게 물어봐야 하는 질문과 개인에 관한 질문이 주를 이룬다. 예를 들어 해야 할 일을 연기하는 이유, 위험을 인지하는 방법 그리고 우리를 둘러싼 세계에 대해 잘못된 믿음을 형성하고 유지하는 과정에 관한 질문 등이다. 행동경제학에 관한 그 어느 책도 이 세 가지 주제에서 크게 벗어나지 않는다. 이 분야에서 행동경제학이 이룬 업적은 상당해서 퇴직연금, 건강보험, 소비자금융 규제법 같은 여러 광범위한 분야의 실질적인 정책 변경을 이끌어냈다.

그러나 내 관심사는 다른 행동경제학자와 다소 다르다. 경제학이 심리학으로부터 배울 수 있는 것에 집중하면 정체성과 관계에 대한 연구가 훨씬 앞서 있는 사회학 같은 다른 사회과학에는 상대적으로 덜 집중하게 된다. 심리학에서는 개인의 신념과 동기를 보다 중요시하는 반면, 다른 사람에 대한 개인의 신념과 동기는 덜 중요하게 생각한다. 그런데 신뢰 연구에서는 공동체 내 다른 사람과 얼마나 공감하는지를 중요하게 생각한다.

신뢰에 대한 경제학자의 생각

현대경제학은 초기부터 신뢰의 중요성을 인식하기 시작했다. 현대경제학 설립자 중의 한 명인 케네스 애로는 지금부터 약 50년 전에 다음과 같이 말했다.

> 마지막으로 나는 눈에 잘 안 띄는 형태의 사회적 행동, 즉 윤리 및 도덕규범을 포함하는 사회적 행동규범에 주의를 기울여야 한다고 생각한다. 나는 이 규범이 시장 실패•를 보상하기 위한 사회의 반작용이라고 해석하고 싶다. 개인으로서는 다른 사람의 세계에 신뢰를 갖는 것이 편리하다. 만일 신뢰를 갖지 못한다면 이를 대신할 제재 조치 및 보장 제도를 만드는 데 많은 비용이 소요될 것이며, 상호이익을 볼 수 있는 협조 기회도 사라질 것이다.[4]

애로에게는 도덕규범과 시장에서의 신뢰의 중요성에 대한 선견지명이 있었다. 경제학에서 신뢰에 대한 연구가 등장한 1990년대가 되어서야 다른 학문에서는 신뢰의 중요성을 깨닫기 시작했다. 하지만 이런 이

• market failure, 시장경제하에서 자원의 최적 배분 및 소득의 균등 분배를 실현하지 못하는 상황.

유로 경제학이 신뢰의 개념을 설명하려고 노력해야 할 필요는 없다. 그런 설명은 다른 학문이 할 수도 있지 않은가? 경제학이 특별히 덧붙일 내용도 없는데 말이다.

후에 애로는 저서《조직의 한계》에서 이렇게 말했다. "신뢰는 사회 시스템에서 중요한 윤활유 역할을 한다. 다른 사람의 말을 믿는 데 필요한 수고를 덜어주기 때문에 매우 효율적이다. 안타까운 점은 신뢰는 쉽게 살 수 있는 상품이 아니라는 것이다. 돈을 주고 사야 한다는 건 이미 의심이 있다는 뜻이다."[5]

애로가 말하고자 하는 요지는 경제학을 공부하는 사람은 신뢰를 알아야 한다는 것이다. 또한 신뢰를 공부하는 사람은 경제학자들이 사용하는 기법을 배우고 이용할 수 있다는 뜻이기도 하다. 경제학자의 기법은 다른 사회과학의 기법을 이용했을 때와 또 다른 관점을 제공해준다. 이 장의 앞부분에서도 언급했지만 신뢰는 사회과학 전반에 걸쳐 연구된, 인간이 가진 기본적인 관념이다. 그렇다면 무엇이 경제학의 접근 방법을 독특하게 만드는가?

경제학의 접근법이 특이한 것은 인간의 모든 행동을 수학적 형식주의mathematical formalism로 해석하는 데 있다. 다른 사회과학은 자신만의 방식으로 가끔씩만 수학적(논리적) 형식주의를 이용하기 때문에 경제학만큼 광범위하게 의존하지 않는다. 연구 대상을 결정하는 데 수학적 엄격을 특권처럼 이용함으로써, 경제학자들은 연구의 대상을 기호로 간결하게 답을 낼 수 있는 대상으로 한정시킨다. 경제학자에게는 또한 수학을 이용해서 사상과 정보를 표현할 수 있는 이점이 있다. 즉 모델을 도출하는 기본 전제와 구조가 명확하며 다른 경제학자와의 협력과 의사소통이 용이하다.

그러나 경제학자들이 수학적 형식주의에 집중한다고 해서 경제학의 문제가 저절로 해결되지는 않는다. 보다 중요한 것은 단순한 연계관계가 아니라 인과관계를 찾아내는 데 전력을 기울이는 것이다. 우리의 최종 목표는 정책 조언이기 때문이다.

우리는 두 단계에 걸쳐 신뢰를 탐구할 것이다. 우선 경제학에서 내리는 신뢰의 정의와 다른 학문에서 내리는 신뢰의 정의를 비교할 것이다. 그렇게 함으로써 경제학자들이 소중하게 생각하고 계량화하려는 것이 무엇인지 더 잘 이해할 수 있게 될 것이다. 둘째로 여러 이론, 실험, 경험적 연구방법 등을 혼합한 행동경제학자들의 기법을 활용해서 정밀하고 심오한 결과를 도출하려 노력할 것이다. 물론 이 과정에서 일반적이며 보편적인 결론은 기대하기 어려울 것이다. 이 책에서는 경제학적 기법을 통해 단순한 연계관계가 아닌 인과관계를 찾아내는 방법을 보여줄 것이다.

| 신뢰에 대한 정의

나는 멜버른의 커피숍에 앉아 있다. 지구를 반 바퀴 돌아 사회학 교수인 내 친구를 만나 직장 내 신뢰 작용에 대한 실험을 어떻게 할 것인가 이야기하고 있다. 문제는 신뢰의 정의가 각자 다르다는 것이다.

사회학자들은 몇 시간이고 신뢰에 대해 다양한 정의를 내릴 수 있다(실제로 우리는 매일 커피숍에서 이렇게 시간을 보냈다). 뉴욕대학 사회학과 교수인 블레인 로빈스Blaine Robbins는 "여러 학문 간의 수십 년간의 연구에도 불구하고 신뢰의 기원에 대한 연구 결과는 의견일치를 찾아보기 힘들다"라고 말했다.[6] 또한 신뢰가 협조를 촉진한다는 사실은 인정하지만 "신뢰에 대한 개념은 학문 간에 매우 큰 차이를 보인다. 각 학문에서 신뢰를 개념화하는 데에 각각 다른 심리학적 또는 사회학적 요소를 사용하기 때문에 결과가 불확실할 때 신뢰관계가 형성된다는 점 외에는 공유하는 요소가 전혀 없다"라고 주장한다.

한편 인류학, 생물학, 철학, 심리학, 사회학도 신뢰에 대해 정의를 내리려 고민했지만, 일치된 의견을 내지 못하고 있다.

다음의 정의는《스탠퍼드 철학 백과사전》의 '신뢰' 항목에 캐럴린 매클라우드Carolyn McLeod 박사가 정의한 내용으로, 그나마 경제학자가 생각하는 신뢰의 정의와 가장 가깝다. 그러나 그 정의는 10여 쪽에 걸쳐 수식어와 부가설명으로 가득 차 있다.

> 신뢰는 우리가 바라기에 신뢰할 만한trustworthy 사람에 대해 가지는 태도다. 그런데 신뢰성trustworthiness은 태도가 아니라 자질이다. 따라서 신뢰와 신뢰성은 완전히 다르다. 물론 우리가 신뢰하는 사람은 신뢰할 만한 사람이고, 신뢰할 만한 사람은 신뢰를 받는 것이 이상적이기는 하지만 말이다. 관계에서 신뢰가 보장되려면(즉 가능하려면) 당

사자 간에 상대방을 신뢰하는 태도가 있어야 한다. 게다가 신뢰가 보장되려면 당사자 모두 신뢰할 만해야 한다.

신뢰를 한다는 것은 1) 다른 사람으로부터 상처를 입을 수도 있고(특히 다른 사람의 배신으로부터), 2) 적어도 어떤 분야에서는 다른 사람을 좋게 평가해야 하며, 3) 어떤 면에서는 그들이 능력 있다고 생각하거나 아니면 적어도 미래에는 능력을 가질 것이라고 긍정적으로 생각해야 함을 말한다. 신뢰에 대한 이 세 가지 조건은 비교적 논란의 여지가 없다. 또 다른 조건에 대해서는 논란이 있는데, 그 논란이란 신뢰하는 사람이 신뢰를 받는 사람의 어떤 행동에 모종의 동기가 있을 것이라고 믿는다는 것이다. 이 마지막 조건이 논란이 되는 건 신뢰받는 사람이 어떤 동기를 가지고 있는지 명확하지 않기 때문이다.

마찬가지로, 신뢰할 만한 사람이 가져야 할 동기가 무엇인지도 명확하지 않다. 신뢰성을 가지기 위한 명확한 조건은 신뢰할 만한 사람이 유능하고, 사람들이 믿고 맡기는 일에 전력을 기울여야 한다는 것이다. 그러나 이 사람 역시 어떤 방식이나 다른 이유 때문에 열심히 할 수도 있다(예를 들어 자신을 믿어주는 사람을 좋아한다든지 하는 이유).[7]

반면에 경제학자는 단순하고 구체적인 정의를 선호하며, 사용하는 신뢰 모델도 단순하다. 대부분의 경제학자는 1995년 조이스 버그Joyce Berg, 존 디코트John Dickhaut, 케빈 매케이브Kevin McCabe가 고안한 '신뢰 게임trust game'에서 나타나는 행동 유형이 신뢰와 관련된 모든 것이라고 생각한다. 이 실험은 '투자자'와 '기업가'가 벌이는 게임 형식으로 되어 있다. 투자자는 보통 10달러 정도의 투자금으로 시작하며, 상대편인 기업가는 투자금을 불리는 능력이 있는 사람이다. 투자자는 안전한 곳에 투자해서 원금을 지킬 수도 있고, 아니면 기업가에게 투자금을 맡겨 투자자본수익률return on investment을 창출한다(보통 3배의 이익을 창출하니 10달러를 투자한다면 30달러를 버는 셈이다). 기업가는 투자자와 이익금을 나눠 신뢰성을 보일 수도 있고 이익금을 가지고 도주해서 신뢰성이 없음을 보일 수도 있다.

이 신뢰게임은 일반적인 인간관계에서 신뢰의 역할을 이해하는 데 필수적이라고 생각되는 주요 특징을 보여준다. 이 게임은 두 당사자 간의 관계를 이해하는 데 유용하다. 두 당사자는 관계를 맺음으로써 물질적 이익을 얻을 수도 있지만 일정 수준의 위험도 내포한다. 투자자(신뢰자)는 두 사람 사이의 관계가 위태로워질 수 있는 리스크를 무릅쓰고 기업가(피신뢰자)에게 돈을 맡겨 물질적인 손해를 볼 수도 있다. 투자자는 피신뢰자의 평판에 근거하여 결정을 한다. 그의 평판은 피신뢰자가 신뢰자와 가치관이 같으며 상호이익이 되는 모험에 동참할 수 있는 믿을 만한 사람임을 알리는 역할을 한다.

신뢰게임의 단순함은 경제학의 강점이기도 하지만 동시에 약점이기도 하다. 모두가 동의하는 구체적인 무엇으로 정의를 내린다는 것은 다른 학문에서는 치열하게 토론하는 복잡한 문제를 생략한다는 의미이다.[8] 모두가 동의한다는 건 다른 학문 분야에서 찾으려고 노력하는 미묘한 차이를 무시하고 특정 상황에서 신뢰가 어떻게 작용하는지 보다 깊이 들여다본다는 뜻이다.

물론 금전적인 거래에서만 신뢰가 중요한 건 아니다. 다른 사람에게 의지해야 할 위기 상황에는 반드시 신뢰가 연관된다. 우리는 나를 도와주면 이익을 볼 거라고 생각할 것 같은 사람들을 신뢰한다.

예를 들어 '트러스트 폴trust fall'을 생각해보자. 트러스트 폴은 팀 빌딩 활동 중의 하나로, (보통 눈을 가린) 한 사람이 높은 곳에 올라가서 뒤로 넘어지면 팀 동료들이 잡아주는 게임인데 사실은 매우 위험하다. 주로 새로운 팀이 조직되어 오리엔테이션 행사를 할 때 많이 한다. 새로운 팀원들이 무슨 생각을 하는지도 잘 모르고, 떨어질 때 팀원들이 잠깐 다른 생각을 할 수도 있다. 그러나 대부분의 사람은 자기가 바닥에 떨어지지 않도록 팀원들이 붙잡을 것이라는 믿음이 있기 때문에 마음 놓고 뒤로 넘어진다.

내 둘째 아들이 두 살 때 이 트러스트 폴 놀이에 빠진 적이 있다. 침대나 소파, 운동장의 사다리 등 높은 곳에 올라 자기 엄마나 내가 자기를 잡아줄 것을 믿고 계속 킥킥대며 주저 없이 뒤로 자빠지곤 했다. 네 살 먹은 첫째 아들은 그게 재미있어 보였는지 따라 하면서도 의심을 갖는 것이 보였다. (어른과 마찬가지로) 계속 뒤를 돌아보면서 자기 팔을 뒤로 젖혀 혹시나 못 잡아줄 경우를 대비했다. 나이를 먹어 부모가 자기를 보호해줄 거라고 절대적으로 믿던 시기가 지난 것이다.

트러스트 폴은 그저 다른 형태의 신뢰게임에 지나지 않는다. 떨어지는 사람은 다른 사람(기업가)이 자기를 지켜줄 것을 믿고 위험스러운 상황에 몸을 던지는 투자자와 같다. 신뢰게임의 단순성을 이용하면 수학의 엄격과 정밀을 활용해 신뢰의 상호작용을 수학적으로 나타낼 수 있다.

물론 세상은 경제학에서 사용하는 수학적 모델보다 훨씬 더 복잡하다. 그러나 경제학은 복잡한 것보다 단순한 정의를 좋아한다. 경제학자가 좋아하는 정의와 모델은 숫자로 계량화 가능하고, 실험 조건이 재현 가능하며, 확보한 데이터로 검증이 바로 가능한 것이다.

이해하는 데 도움이 될 만한 유명한 이야기가 있다. 밤새 술을 먹고 취한 사람이 주차장에 서 있는데 그곳에는 가로등이 하나밖에 없어 일부만 비추고 있었다. 이 사람은 두 손과 무릎으로 기면서 잃어버린 차키를 찾고 있었다. 경찰관이 지나다 그를 발견하고는 그를 도와 주차장 전체를 구석구석 찾기 시작했다. 그런데 경찰관이 보니 이 사람은 계속 가로등 밑에서만 열쇠를 찾고 있었다. 궁금해진 경찰관이 그에게 왜 다른 곳은 찾아보지 않느냐고 물어보자 그가 "여기밖에 빛이 없잖아요"라고 대답했다는 이야기다.

이 이야기는 얼핏 술 취한 사람이 바보처럼 보이지만, 경제학자들은 꼭 그렇게 생각하지 않는다. 경제학이 빛이 보이는 곳만 집중하는 반면에 사회학 같은 다른 학문이 주차장 전체를 뒤진다고 생각하면 된다. 빛이 비치지 않는 다른 곳에 진실이 있을 수도 있지만, 경제학은 실험, 계량경제학, 수학적 게임이론 등의 경제 도구라는 빛을 이용해 답을 낼 수 있는 방법을 선호한다. 경제학과 다른 사회과학과의 관계에 대한 선언문인《경제제국주의Economic Imperialism》를 쓴 에드워드 러지어Edward Lazear는 나에게 이렇게 말하곤 했다. "사회학자는 질문을 잘하고, 경제학자는 답을 잘 찾는다."[9]

경제학자가 답을 찾는 데 집중하는 밝은 구역에는 다음과 같은 세 가지 특징이 있다.

- 통계와 실험 같은 경험적 기법을 사용하여 경제 문제에 대한 질문과 답을 연구한다.
- 수학적 모델을 이용하여 유형화할 수 있다.
- 인과추론•을 중시한다.

이 세 가지 특징은 서로 연관되어 있다. 한때는 경제학의 주류가 두 번째 특징, 즉 이론화였으나, 오늘날은 경험적 방법이 주가 되고 있다.[10] 경제학은 주로 입수 가능한 데이터에 기반한 질문을 던진다. 그러나 경험적 관계에 의미를 부여하는 것은 이론이기 때문에 이론을 무시할 수는 없다. 크건 작건 데이터는 두 패턴이 연관되어 있다는 것 이상은 보여주지 못한다. 어떤 현상이 왜 발생했는지 설명할 수도 없고 개선하려면 어떻게 해야 하는지 제시하지 못한다. 통계는 두 현상이 연결되어 있다는 것은 보여주지만 인과관계의 방향(그것이 존재한다면)을 알기 위해서는

• inferring causality, 어떤 현상을 발생시킨 원인으로 생각되는 것과 그 현상과의 논리적 연결 여부를 따져보는 행위.

역시 이론이 필요하다.[11] 다른 말로 하면 이론은 실험 결과에서 의미를 추출하고, 실험 결과를 이용해서 한 현상과 다른 현상 간의 관계를 설명할 수 있게 해준다.

예를 들어, 사람 간의 신뢰도가 높은 국가는 부유하다는 통계적 모델은 거의 정설처럼 인정받고 있지만 여기에 의미를 부여하고 이에 근거한 정책을 제시하기 위해서는 이론이 필요하다. 시민 간의 신뢰가 높아지면 국가가 부유해지는가, 아니면 국가가 부유해지면 시민이 서로 신뢰하기 시작하는가, 아니면 파악되지 않은 제3의 요소가 있어 신뢰와 부를 동시에 증진시키는가? 기존 이론에서는 신뢰와 부를 연결시키는 메커니즘이 있다고 주장할 수 있다. 그러면 데이터를 중요시하는 학자들은 또 다른 새로운 통계적 실험을 추진할 수 있다.

이렇게 경제학의 분야를 비교적 적은 수의 수학적이고 통계학적 일반 기법에 한정시키면 경제학자 간의 협동작업을 용이하게 한다는 또 다른 장점이 있다. 단순한 정의는 접점으로 작용해서 공유하는 용어로 연구와 조사를 할 수 있도록 한다. 이론은 실험 가능한 함의를 낳고 이는 새로운 이론을 제시하는 새로운 경험적 연구로 이어진다. 이런 식으로 '정상과학'•의 사이클은 반복된다.[12]

이 책은 전반에 걸쳐 이론과 실험 데이터의 상호작용을 다룬다. 시간이

• normal science, 현 시대의 사람과 이론의 체계 속에서 현재의 패러다임을 지지하기 위해 일궈나가는 과학의 결과물.

지나면 실험 과정에서 경제학이 사용하는 기법의 범위가 확장되어 가로등을 더욱 밝게 하고 조명 범위도 넓히게 될 것이다.

경제학적 신뢰이론

성장기에 내가 제일 좋아했던 책은 아이작 아시모프의 '파운데이션' 시리즈였다. 그 책에 보면 한 수학자가 사람들 사이의 상호작용을 지배하는 방정식을 푸는 이야기가 나온다. 그는 자신의 발견을 "사이코히스토리psychohistory"라고 불렀다. 나중에 대학에 가서 보니 경제학에서도 이런 방정식을 풀려고 노력한다는 것을 알고 놀랐던 기억이 있다. 경제학은 단지 주식과 채권, 이자율이 전부인 학문이 아니며, 취사선택을 해야 할 때 우리가 어떤 선택을 하는지에 대한 연구를 하는 학문이다. 한마디로 경제학자들은 거의 모든 인간 행동의 원인을 파악하고 인간 사회의 미래가 어떻게 펼쳐질지를 예측하려 한다.

내가 경제학을 공부하게 된 동기는 파운데이션 시리즈에서 주인공인 해리 셀던이 했던 것처럼 인간의 모든 행동을 모델화하고 싶어서였다.

내 연구 기법은 당시의 학문적 추세에 따라 경험을 중시하는 방향으로 확장되긴 했지만 아직도 나는 이론 기반 모델화theoretical modelling가 가진 심미적 아름다움에 끌린다.

우리는 일상생활에서 항상 신뢰와 함께한다. 교사가 당신의 아이들을 잘 보살펴주고, 친구가 약속 시간에 맞춰 제때 나타나고, 휴가 가면서 집 열쇠를 이웃에게 믿고 맡기며, 택시기사가 원하는 곳에 제대로 데려다주고, 아마존에 주문한 물건이 제대로 도착하고, 회사에서 월급이 제때 나오리라는 신뢰가 있다. 그러나 이렇게 신뢰를 가능하게 해주는 기본 원리에 대해서는 별로 생각하지 않는다. 경제이론가의 목표는 수학을 이용하여 우리 일상의 상호작용을 구성하는 관계를 규명하는 것이다.

이 장에서는 경제학이론 중에서 신뢰를 이해하는 데 도움이 될 만한 3가지 요점을 설명한다.

- **신뢰게임**을 기반으로 쌍무관계bilateral relationship를 모델화한다. 이 게임은 본인-대리인 시나리오의 한 형태로 신뢰관계의 모든 경제학적 요소, 즉 **위험성, 공유 가치관, 희생, 평판**이 게임이 반복되는 중에 계속 나타난다.
- 신뢰는 장기간에 걸쳐 **상호작용이 지속적으로 발생하는** 협조관계에서 발생한다. 우리가 오늘 어떻게 행동하는가는 그 행동이 미래의 협조관계에 어떤 영향을 미치는지에 달려 있다. 동시에 과거의 협조적인 행동에 따라 오늘 우리가 어떻게 행동하는지가 달라진다.

- 우리는 다른 사람이 무엇을 중요하게 생각하는지 잘 모른다. 그러므로 **비싼 희생이 따르는 행동**을 한다는 것은 단지 말로만 떠드는 것보다 우리 자신을 더 잘 나타낸다.

| 신뢰게임

앞부분에서 언급했듯이, 경제학자는 신뢰게임 실험에 나타나는 행위와 비슷한 모든 행위를 신뢰라고 폭넓게 규정한다. 넓은 의미에서 당사자끼리 협력하면 더 나아질 수 있는 상황에서 하는 모든 게임을 신뢰게임이라고 할 수 있다. 신뢰가 필요한 상황에는 항상 위험이 내재되어 있다. 신뢰자는 자신을 위험한 상황에 놓음으로써 협조 가능성을 열어 놓는다. 반면에 피신뢰자는 신뢰자에게 협조할 수도 신뢰자를 배신할 수도 있다. 협조하면 둘 다 이익을 보지만, 배신하면 신뢰자는 손해를 보고 피신뢰자만 이익을 본다. 신뢰자는 이런 상황이 발생할 수 있다는 것을 알기 때문에 먼저 거래를 시작하지 않는다. 신뢰가 없으면 자신을 위험한 상황에 빠트리지 않는다.

투자자는 투자 여부를 결정하고 기업가는 이익을 돌려줄지 결정하는 신뢰게임 실험은 넓은 의미에서 '본인-대리인게임principal-agent game'으로 불리는 게임류의 한 예이다. 이 게임에서 본인principal(이 사례에서는 투자자)이 대리인agent(이 사례에서는 기업가)을 신뢰해야 실험이 진행된다. 여기서 중요한 것은 본인(우리가 신뢰자로 불러온 사람)이 대리인(우리가 피신뢰자로 불러온 사람)을 믿기 때문에 발생하는 위험이다. 우리는 통상적으로 뭔가를 혼자 할 때보다 다른 사람과 같이 할 때 더 많은 것을 이룰 수 있다. 그러므로 이런 게임은 다른 사람을 믿기 때문에 발생하는 위험을 줄이기 위해 사용하는 시스템에 대해 많은 것을 알려준다.

이 상호작용을 다음 게임트리로 그려보았다(**그림 4.1**). 처음에 신뢰자는 신뢰와 불신 둘 중 하나를 선택한다. 불신을 선택하면 신뢰자는 원금 10달러를 지키고 피신뢰자는 아무것도 얻지 못한다. 신뢰자가 신뢰를 선택하면 이제 피신뢰자가 선택을 할 차례다. 투자의 대가로 얻은 30달러를 분배해야 한다. 피신뢰자는 협조를 택해 신뢰자와 피신뢰자가 각각 15달러씩 갖게 할 수도 있고, 배신을 택해 혼자 전부 다 가질 수도 있다(즉 신뢰자는 0달러, 피신뢰자는 30달러를 가진다).

신뢰게임에서 사람들의 행동을 분석하기 위해 다시 게임이론으로 돌아가보자. 게임이론에서는 모든 참가자가 자신의 행동에 대응해서 다른 사람들이 어떻게 행동할지 다 안다고 가정한다. 그러므로 게임에서 벌어

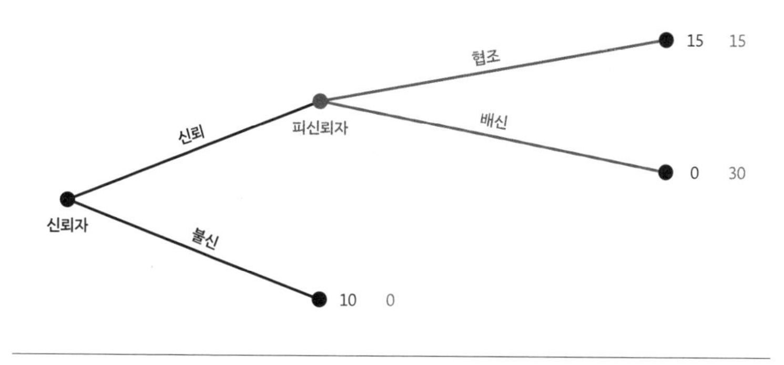

그림 4.1 버그 연구팀의 신뢰게임 게임트리

지는 일을 제대로 분석하기 위해 맨 마지막 단계인 피신뢰자의 선택부터 시작하면 상황이 간단해져서 쉽게 맨 처음으로 돌아갈 수 있다.

피신뢰자는 결정할 때 단순하게 협조에서 얻는 대가(15달러)와 배신에서 얻는 대가(30달러)를 비교해서 30달러가 더 많으므로 배신을 택한다.

게임의 맨 처음으로 돌아가 피신뢰자가 배신할 것을 알고 있는 신뢰자에게 어떤 결정을 할 것인지 물어보자. 그는 신뢰를 택하면 아무 이득이 없지만 불신을 택하면 10달러는 지킬 수 있다는 것을 안다. 당연히 불신을 택한다.

전통경제학에서는 신뢰게임에서 불신을 예상한다. 불신을 택하면 10달러를 보존할 수 있는데 신뢰를 택해 돈을 날리는 선택을 할 이유가 없다고 본다. 서로 신뢰해서 각각 15달러씩 나눠 가지면 이익을 볼 수 있지만 신뢰자 입장에서는 투자금을 날리는 상황을 피하는 것이 합리적이다. 그러나 실험이나 실제 상황에서는 **신뢰를 선택하는 일이 다반사다.** 대체 어찌된 일인가?

이 현상을 설명하려고 행동경제학자들은 수십 년간 집중적인 연구를 해왔다. 여러 실험에서 피신뢰자의 윤리관, 예를 들어 호혜 정신, 이타심, 죄의식 같은 가치관을 감안해야 인간 행동을 더 정확히 예측할 수 있다는 결과가 나오기도 했다.

경제학에서는 신뢰게임에서 인간의 행동을 다음 4가지 변수로 설명한다.

1. **신뢰(평판).** 이 게임에서 피신뢰자에 대한 평판은 신뢰자가 피신뢰자에게 가지고 있는 신뢰성을 알려준다. 피신뢰자는 자신의 가치관을 잘 알고 있으며 자신이 믿을 만한지 잘 알고 있다. 그러나 신뢰자는 피신뢰자가 과거에 한 행동을 듣고 짐작하거나 새로운 사람을 만났을 때 갖고 있는 일반적인 신뢰도에 의존하는 수밖에 없다.
2. **신뢰성(가치관).** 피신뢰자의 신뢰성은 가치관, 즉 경제학자들이 말하는 '선호preferences'에 달려 있다. 현재 하고 있는 일이나 다른 사람과의 관계를 보면 그 사람의 가치관을 알 수 있지만, 우리는 보통 우리와 같은 가치관을 가지고 있으며 우리가 신뢰를 주면 잘 도와줄 것 같은 사람을 신뢰한다.
3. **신뢰 행위(위험 감수).** 신뢰자는 위험을 내포하는 결정을 해야 한다. 만일 피신뢰자를 믿기로 했다면 더 큰 이익을 기대하고 위험을 감수한다. 불신을 택했다면 위험은 사라지지만 협조했을 경우에 얻을 수 있는 이익을 포기해야 한다. 신뢰자의 신뢰 여부는 이 게임에 참가하는 피신뢰자의 명성에 달려 있다.
4. **신뢰성의 행위(희생).** 피신뢰자의 선택에는 종종 대가와 눈에 보이는 희생이 따른다. 믿을 만한 행동을 보여줌으로써 신뢰자의 믿음에 보답하면 평판을 높여 미래에도 선택될 가능성이 높아진다.

신뢰의 4가지 변수는 사이클을 형성한다(그림 4.2와 표 4.1 참조). 피신뢰자의 평판은 다음번에 신뢰자와 피신뢰자가 만났을 때 양자 간에 신뢰를 형성하는 기초 역할을 한다. 신뢰게임의 기본 공식에서 신뢰는 한 방향으로만 작동한다. 본인은 신뢰자이고 대리인은 피신뢰자이다. 물론 대부분의 관계에서 신뢰는 양쪽으로 움직인다. 내가 상대를 믿어야 할 때도 있고, 상대가 나를 믿어야 할 때도 있다. 기본적인 신뢰게임은 단일 방향의 신뢰 방정식만을 다루지만, 이 책에서는 양방향으로 작용하는 사례를 뒤에서 다루고 있다.

| 신뢰 모델의 사이클

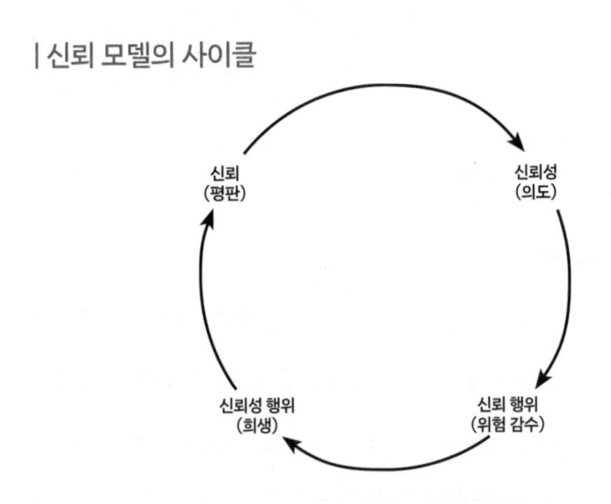

그림 4.2 **신뢰 모델의 사이클**
신뢰 모델에는 4가지 단계가 있다. 우선 신뢰자가 상대방에 대해 가지는 신뢰성에서 시작한다. 신뢰의 수준이 높아지면 신뢰 행위로 이어지고, 신뢰자는 위험을 무릅쓰고 피신뢰자의 신뢰성에 의존한다. 피신뢰자는 대가가 크거나 희생이 따르는 신뢰성 행위를 함으로써 신뢰자의 신뢰에 보답한다. 피신뢰자의 이런 행동은 그의 평판에 영향을 주어 다음 거래를 위한 발판이 된다.

	신뢰	신뢰성	신뢰 행위	신뢰성 행위
기본 개념	평판	가치관	위험 감수	희생
경제학의 개념	신조	선호	행동	호혜적 행위
경제학 용어	베이지안 업데이트●	잉여 협조	본인-대리인 문제	값비싼 신호

표 4.1 **경제학에서의 신뢰**

| 신뢰/평판/신조

우선 누구를 신뢰하는 상태(명사로서의 신뢰)와 신뢰하는 행위(동사로서의 신뢰)를 구분해보자. 신뢰는 믿음이고 신뢰한다는 것은 행동이다. 경제학에서는 당신이 좋아하고 믿으면 행동으로 나온다고 여긴다. 다른 사람의 신뢰성에 대한 믿음이 그 사람을 믿을지 말지를 결정하는데 이 믿음은 그들의 평판에 달려 있다.

신뢰는 위험한 상황에서만 필요하다. 만일 다른 사람이 어떻게 행동할지 모든 걸 알고 있다면 신뢰는 필요하지 않을 것이다. 어떤 특정 개인을 전적으로 신뢰하는 것은 피신뢰자가 신뢰자에게 이익이 되는 방향으로 행동을 할 것이라는 믿음이 있기 때문이다.

우리가 누구를 신뢰할 때, 그 신뢰는 그 사람이 좋은 의도를 갖고 있다는 믿음에 기반을 두고 있다. 그 사람을 믿고 모험을 할 만한 가치가 있다고 믿기 때문이다. 그 사람이 과거에 손해를 보면서 자신이 믿을 만한 사람임을 증명했기 때문이다. 신뢰는 그 사람을 신뢰할 만하다는 증거가 모여 축적된다. 이것은 증거가 없거나 증거가 필요 없는 신앙심과 구별된다.

수학적 신뢰게임 측면에서 보면 신뢰는 피신뢰인이 이익을 독차지하지 않고 공유할 가능성에 대한 믿음이다.

누군가와 처음으로 거래할 때는 과거의 경험에서 우러난 본능에 의존한다. 이 본능은 고정관념과 낯선 사람에 대한 신뢰도에 좌우된다.[13]

● Bayesian update, 여러 번의 시행을 거쳐 고정관념을 업데이트하는 과정을 뜻하는 통계 용어.

고정관념 형성 과정, 그리고 아는 사람만 믿던 틀에서 벗어나 낯선 사람까지 믿게 되는 인류의 여정은 이 책에서 인류의 역사를 설명한 부분에 포함되었다.

고정관념이 존재하는 이유는 비슷한 점을 공유하는 사람을 믿고 자신이 속한 집단의 구성원을 믿는 것이 신뢰를 형성하는 기본적 메커니즘이었기 때문이다. 집단의 표준과 규칙은 인류 문명의 발달 과정에서 신뢰와 협조를 형성하는 강력한 도구였다. 그러나 이에 따르는 대가도 엄청났다. 고정관념과 본능에만 의존하다 보면, 우리의 고정관념을 악용해 이익을 취하는 사기꾼에게 당할 수 있다. 또한 상호교류하면 이익을 얻을 수도 있는 사람을 제외시켜 그들의 존엄성을 훼손하고 사회의 잠재력을 충분히 발휘하지 못하게 할 수도 있다.

| 신뢰성/가치관/선호

이 책에서는 신뢰 상태와 신뢰 행위를 구분했듯, 신뢰성과 신뢰성의 행위도 구분한다. 신뢰할 만한 사람도 때로는 자신의 신뢰성에 타격을 줄 만한 행위를 하며, 신뢰하지 못할 사람도 보상만 제대로 주어진다면 신뢰할 만한 행위를 할 수 있다. 그러나 평균적으로 볼 때 신뢰할 만한 사람은 기본 생각이 착한 사람이다. 사람들이 그들의 생각을 제대로 안다면 그들을 신뢰한다. 사람의 기본 생각은 그들의 가치관에서 나온다.[14] 경제학에서는 선호라는 말로 가치관을 표현한다.

사람들은 경제학에서 모든 당사자가 다른 사람에 대해 전부 다 알고 있는 완전정보perfect information 상태를 가정한다고 생각한다. 그러나 경제학에서 지난 50년간 연구한 게임이론은 비대칭정보, 즉 한쪽만 모든 정보를 아는 상황을 가정했다. 피신뢰자는 자신의 신뢰성을 알고 있지만 신뢰자는 그저 추측할 수밖에 없는 상황이다. 신뢰성이 있는 사람은 신뢰할 만한 행동을 함으로써 자신에게 위험을 감수할 가치가 있음을 입증한다. 신뢰게임에서는 자기 혼자 모든 이익을 독차지하지 않고 공평하게 나눠 갖는 선택이 신뢰할 만한 행동이다. 책방 주인이 책을 판매하는 경우에는 저질이 아닌 양질의 책을 파는 것이 신뢰할 만한 행동이다.

앞에서 행동은 신념과 선호에 따라 달라진다고 언급했다. 단순한 신뢰게임에서 불확실성은 신뢰자의 몫이므로 그의 신조는 중요하지 않다. 그러므로 어떤 사람의 신뢰성을 결정짓는 것은 선호다. 이것이 그들의 가치관을 반영하고 기본 생각을 결정한다.

구체적으로 신뢰성을 정의하는 특징은 관련된 사람과 하는 일에 따라 달라진다. 누군가를 신뢰할 만하도록 만드는 특징은 신뢰자에게 좋은 결과를 가져다주고 신뢰자로 하여금 앞으로도 계속해서 더 많은 거래를 하도록 만드는 것이다.

신뢰할 만한 사람의 자질은 다음과 같다.

- 능력
- 이타심
- 공감과 양심

- 공정
- 호혜 정신
- 존경심
- 자신의 행복에 대한 관심
- 소중히 생각하는 것에 대한 지식과 이해

수학적 신뢰게임에서 이기적이고 계산적인 피신뢰인은 항상 이익을 공유하지 않고 독점한다. 그러나 공유하지 않은 데서 죄의식을 느낀다거나 다른 사람과의 공감, 이타심이 작용하면 공유할 수 있다. 신뢰게임에서 이익을 공유하도록 만드는 특징은 신뢰할 만하다는 것이 무엇인지 보여준다.

| 신뢰 행위/약점/위험

신뢰 행위에는 협력의 기회와 위험의 감수가 수반된다. 충분한 신뢰가 있다면 사람들은 모험을 무릅쓴다. 그런 신뢰는 다른 사람의 신뢰성을 평가한 결과에 기반한다.

혼자보다 여럿이 할 때 더 많은 것을 이룰 수 있다는 생각은 경제학의 기본 이념이다. 우리가 보통 경제학의 시초로 생각하는 1776년 애덤 스미스의 《국부론》은 저 유명한 핀 공장에 대한 설명으로 시작된다. 애덤 스미스는 작업자가 공정을 나누어 전문화하면 혼자 핀을 만드는 것보다 훨씬 많은 핀을 만들 수 있다고 예를 든다. 다음으로는 구매자와 판매자가 거래에 동의하면 양쪽 다 이익을 본다는 것을 설명한 무역의 이익에 대해 다룬다. 두 사례는 사람들이 협력하면 전체 생산이 어떻게 증가하는지 보여준다. 우리는 경제학에서 말하는 상호작용이 결국 제로섬이라고 생각한다. 따라서 정해진 크기의 파이를 나누기 위해 경쟁하지 않을 수 없다고 본다. 그러나 경제학에서는 모든 상호작용을 포지티브섬positive sum이라고 생각한다. 즉 협력을 통해 모든 사람들의 몫이 커진다는 것이다.

그런데 협력에는 위험이 따른다. 사실 위험이 없는 곳에는 신뢰가 필요 없다. 그러나 협력해야 할 필요가 생기면 참가자가 양심적으로 열심히 할지, 아니면 일부(또는 전부)가 게으름을 피울지 알 수 없다는 문제가 생긴다. 구매자와 판매자 간에 거래가 발생할 때도 판매자가 불량품을 팔 수도 있고, 구매자가 대금을 지불하지 않을 수도 있다.

위험을 무릅쓰고 협력할 만한 가치가 있는지를 결정하는 또 다른 요소에는 게임이론가들이 '외부옵션outside option'이라고 부르며, MBA 과정 학생에게는 '협상을 통한 합의가 실패했을 때의 최선의 대안BATNA; best alternative to a negotiated agreement'이라고 가르치는 것이 있다. 경제학에서는 선택을 할 때 항상 어떤 BATNA가 있는지 고려한다(소위 '기회 비용'이다). 그러므로 어떤 사람을 믿는 데에 따르는 위험은 그 사람 아닌 다른 사람을 믿었을 때의 위험으로 평가된다. 신뢰게임에서 신뢰자는 최초에 신뢰 행위를 한다. 외부옵션은 신뢰를 선택하지 않으면 얻을 수 있는 것(이 경우는 10달러)이다. 위험은 피신뢰자가 어떻게 행동할지 모르는 데서 발생한다. 냉철하게 이기적인 피신뢰자는 자기 위주의 선택을 하겠지만, 이타적인 피신뢰자는 이익을 공유할 것이다. 신뢰자가 어떻게 행동할지 모르는 것이 피신뢰자가 떠안는 위험이다.

일반적으로 위험은 나쁜 것이라고 생각할지 모르겠지만 때로는 관계에 도움이 될 때도 있다(심지어 필요할 때도 있다). 신뢰는 양방향으로 작용한다. 그러므로 다른 사람의 신뢰를 얻는 가장 좋은 방법은 다른 사람을 먼저 신뢰하는 것일 수도 있다. 협조하려는 사람은 호혜의 원칙을 마음속에 담고 있으므로 자기 자신은 위험을 무릅쓰지 않으면서 상대방이 먼저 움직이기를 기다려서는 안 된다. 이 책에서는 약간의 위험이 있을 때, 즉 우리 자신을 위태롭게 만들 때 사업 계약이 더 잘 되는 경우도 다룬다.

아마도 위험의 필요성을 가장 잘 알려주는 비유는 2000년에 발표한 논문에 언급된 "호저의 입맞춤the Kiss of the Porcupines"일 것이다. 이 논문에서 심리학자 프랭크 핀첨Frank Fincham은 인간관계를 호저의 사랑과 같다고 비유했다. 다시 말해 너무나 사랑하지만 잘못하면 상대방을 찌를 수도 있다는 것이다.

| 신뢰성 행위/호혜적 행동/대가

누군가를 신뢰하는 이유는 그 사람이 우리에게 이익을 가져다줄 것으로 예상하기 때문이다. 우리가 감수하는 위험은 협조에서 오는 상호 이익에 대한 기대다. 피신뢰자가 우리의 신뢰 행위에 어떻게 대응하느냐는 그들의 가치관에 달려 있다. 그 가치관이 그들의 신뢰성을 결정한다.

신뢰할 만한 행동에는 통상적으로 대가가 따른다. 옳은 일을 하는 게 쉽다면 누구나 그렇게 할 것이며 피신뢰자가 어떻게 행동할지에 대한 불확실성도 없어진다. 신뢰가 필요 없어지므로 피신뢰자도 필요 없게 된다.

신뢰성을 증명하기 위해서는 누군가 대가를 지불해야 한다.

신뢰게임 실험에서는 신뢰할 만한 행동을 할지 여부를 피신뢰자가 결정짓는다. 신뢰할 만한 행동을 하는 대가(이익의 공유)는 자신이 혼자 이익을 챙겼을 때의 금액이다(즉 공유하면 15달러, 독식하면 30달러이므로 신뢰할 만한 행동의 기회비용은 15달러다).

때로는 죄책감 때문에 신뢰할 만한 행동을 하는 경우도 있다. 이기적으로 행동하면 무언가를 잃는다는 **느낌이 든다**. 죄책감으로 잃는 것이 협조로 잃는 것보다 크다면 협조적으로 나온다.

신뢰성을 보여주는 것은 사회생활에서 너무나 중요하기 때문에 우리는 많은 제도를 만들어 이를 입증하려 한다. 그중의 하나가 사과라는 제도다. 사과의 모순 중 하나는 누군가 우리에게 잘못을 저질렀을 때 우리는 상대방이 사과하기를 바라며, 그렇게 사과를 받으면 상대방을 용서하고 신뢰를 회복해야 하지만, 막상 사과하는 사람에게 우리가 보이는 반응은 더욱 심한 벌을 요구한다는 점이다.[15] 신뢰게임 모델에서 본다면 이는 사과의 대가가 비싸야 하기 때문에 나오는 반응이다. 많은 비용이 드는 사과만이 그 사람의 신뢰성을 증명하고 신뢰관계를 재수립할 수 있다(나는 내 논문에서 이를 수학적으로 증명했다[16]).

당장 오늘 손해를 보는 비용과 미래에 얻을 명성을 균형 있게 유지하는 것은 아주 중요한 문제가 되었다. 게임이론에서는 평판을 높이기 위해 값비싼 선택을 하는 것을 **신호 보내기**signaling라고 한다.

인과관계와 실증경제학자의 방법론

한번은 어느 회사의 CEO가 자문역으로 통계학자가 아닌 경제학자(나)를 고용해야 하는 이유를 설명해달라고 요청한 적이 있었다. 그는 회사에서 생성하는 데이터를 분석하는 기술을 보유한 사람을 찾고 있었다. 그 질문에 나는 나를 고용해야 하는 이유가 단순하다고 대답했다. 내가 이론가로서 훈련을 받았기 때문이다. 물론 통계학자도 이론을 이용하지만 그들의 이론은 숫자라는 관념적인 세계에 근거를 두고 있으며 별이나 아메바 또는 사람의 숫자를 세는 데는 뛰어날 수 있다. 하지만 경제학은 지난 세기 동안 사람의 행동을 이해하는 이론을 세우려 노력했기 때문에 확실히 경제학자 쪽이 우세하다.

수학이론은 경제학 이외의 사회과학으로부터 시간낭비라는 비난을 받아왔다. 사람은 수학적 로봇처럼 행동하지 않으며, 숫자에 너무 집착하면 여러 다른 문제점을 놓칠 수 있다고 말이다. 경제학에서도 이론의 역할은 점점 줄어들고 있다. 이는 방대한 양의 데이터 입수가 가능해지고 컴퓨터 소프트웨어에 쉽게 접근할 수 있게 되었기 때문에 실증적인 작업이 보다 중요해졌기 때문이다.[17]

동시에 경제학은 '신뢰도 혁명credibility revolution'[18]을 겪고 있다. 신뢰도 혁명은 연구의 목적이 두 현상 간의 통계적 연관성(예를 들어 교육 수준이 높은 사람이 다른 사람을 더 잘 믿는다와 같은)뿐 아니라 인과관계를 규명하는 데도 중점을 둔다.

예를 들어 교육 수준이 높은 사람이 다른 사람들을 더 믿는 이유는 다른 사람을 더 많이 신뢰할 때 학교 성적이 좋아져서 더 높은 수준의 교육을 받을 수 있기 때문일 수 있다. 또는 공부를 많이 한 사람이 보다 다양한 사람을 접하기 때문에 보다 폭넓게 사람을 신뢰할 수 있기 때문일 수도 있다. 아니면 단순하게 자녀에게 훌륭한 공부 습관을 물려주는 부모가 자녀들에게 신뢰를 가르쳤기 때문일 수도 있다. 따라서 신뢰를 구축함으로써 보다 교육 수준이 높은 집단을 양성할 수도 있지만 이것은 신뢰가 높아지면 교육 수준도 높아진다는 전제가 있을 때만 가능하다. 또는 학교에 보다 많은 투자를 해서 사회의 신뢰도를 높일 수 있지만 이것 역시 교육 수준이 높아지면 신뢰도가 높아진다는 보장이 있어야만 가능하다.

이렇듯 이론은 우리가 인과관계를 이해하는 데 필수적인 역할을 한다.

1. 이론은 인과관계에서 방향성을 배제한다.
2. 이론은 인과관계를 테스트할 수 있는 실험을 가능하게 해준다.

그러면 이론은 어떻게 우리가 인과관계에서 방향성을 배제하도록 도와주는가? 내가 버튼을 누를 때마다 전구에 불이 들어온다고 하자. 여기서 두 가지 추론이 가능하다.

1. 버튼을 누르면 불이 들어온다.
2. 불이 들어오면 내가 버튼을 누른다.

설명이 없어도 의식은 작용한다.[19] 어떤 것이 원인이고 결과인지 절대 증명할 수 없지만 우리가 가진 세계관을 이용하면 원인과 결과를 추측할 수는 있다. 마찬가지로 인간 행동에 대해 우리가 일반적으로 받아들이는 경제이론은 교육과 신뢰 사이의 연관성을 배제하게 한다.

경제학의 이론을 통해서 원인과 결과 관계를 이해하는 두 번째 방법은 상황을 단순화시켜 이론이 맞는지 실험실 조건을 만들어 테스트하는 것이다. 실험경제학자들은 실험 대상(주로 대학생)을 어느 장소로 모이게 해서 주로 컴퓨터상에서 서로 게임을 하도록 한다. 물론 컴퓨터 게임은 실생활에서 우리가 하는 선택을 똑같이 재현하지 못한다. 그러나 경제

이론은 적어도 연구원들이 실제 세계의 어떤 면을 재현해야 하는지 결정하는 데 도움을 준다.

내 연구에서는 실험실의 실험을 통해 사람들이 자기 주위의 신뢰할 만한 행동 패턴보다는 신뢰하기 어려운 행동 패턴을 더 모방한다는 것을 밝혀낸 바 있다. 또한 누구를 모방할지를 결정하는 데 첫인상이 매우 중요하다는 것을 밝혀냈다. 사과를 하면 신뢰를 회복하는 데 도움을 주기는 하지만 비싼 대가를 치를 때만 효과가 있다는 점 또한 알아냈다. 그리고 불확실성이 큰 관계 초기에는 쉽게 사과를 하지만, 신뢰가 어느 정도 축적된 관계 후기에는 사과하기 쉽지 않다는 것도 밝혀냈다.[20]

이 책에서 제시하는 많은 증거는 반복된 신뢰게임의 데이터를 기반으로 한 것이다. 물론 실험실에서 나온 증거는 많은 증거 중의 한 가지 형태에 불과하며, 실험 결과는 수학적 이론에 기반하여 실생활 데이터와 현장 실험으로 검증된다. 경제학에서 **실험실 실험**이라고 하면 통상 인위적으로 만든 환경, 예를 들어 학생들이 대학 내 컴퓨터실에 오거나, 무작위로 선발된 사람들이 웹사이트에 접속해서 실생활을 모방한 신뢰게임 같은 경제학적 게임에 참여하는 실험을 말한다.

반면에 **현장 실험**은 실생활에서 실시하는 실험이다. 예를 들면 사과가 어떻게 신뢰를 회복하는지 실험을 하기 위해 나와 동료들은 서비스에 불만을 표한 150만 명의 우버 이용자(예컨대 교통 정체로 목적지에 늦게 도착한 고객)를 대조군과 실험군으로 나누어 양쪽에 사과하는 이메일을 보낸 후 향후 우버의 이용에 미치는 영향을 측정했다. 즉 향후 우버 이

용 여부를 신뢰의 대리변수•로 삼았다.[21]

현장 실험이 보다 설득력이 있지만 몇 가지 단점도 있다. 우선 준비하기가 힘들다. 현장 실험을 계획하고 실시하려면 수년에 걸쳐 이해당사자와 협업하고 특별한 소프트웨어를 제작해야 한다. 그러므로 현장 실험 하나를 실시하는 시간에 실험실 실험 여러 개를 할 수 있다.

둘째로 현장 실험은 특정 기업의 특정 상황에만 적용되는 경우가 많다. 연구에서는 폭넓게 적용될 수 있는 일반적인 지식을 얻는 것이 중요하다. 우버 실험에서 얻은 내용이 다른 회사에도 적용될 것 같지만, 가장 유사한 경쟁사인 리프트Lyft와도 너무나 차이가 나기 때문에 한 회사에서 나온 결과가 다른 회사에도 적용될 가능성은 별로 없다.

마지막으로 현장 실험은 실험실과 같은 통제가 부족하다. 실험실 실험에서는 참가자와 그들이 접하는 정보에 대해 높은 수준의 제어가 가능하지만, 현장 실험에서는 외부 사람과 외부 상황에 노출될수록 결과가 왜곡될 수 있다.

그러므로 신뢰게임과 관련하여 실험실에서 얻은 증거는 신뢰 작용에 대해 가장 다양하고 미묘한 차이를 내포한 데이터다. 학생들은 2명부터 20명까지 무리를 이루어 실험실에서 신뢰게임에 참여한다. 그러나 점점 온라인으로 참가하는 지원자가 많아지면서 전국에 걸쳐 각자 자신의

• proxy, 어떤 특정한 변수에 대해 직접적으로 결과를 얻을 수 없거나 사용이 어려울 때, 또는 실험 결과가 제대로 반영되지 않을 때 원래 변수를 대신하여 사용되는 변수를 뜻하는 통계 용어.

컴퓨터로 참여하는 사람들이 늘어나고 있다. 참가자는 상대방이 누군지 모른 채 참여한다. 각자 다른 모니터 앞에 앉아 게임 규칙을 듣고 이해가 되면 게임을 시작한다. 보통 무작위로 정해진 상대방과 게임을 하는데 한 번만 할 수도 있고 여러 번 할 수도 있다. 각 게임에서 한 사람은 투자자, 다른 사람은 기업가의 역할을 맡는다. 참가자에게는 실제 돈을 주고 그 돈으로 게임을 하도록 한다. 참가자의 선택이 실질적인 금전적 결과를 가져오는 것은 경제학자에게 매우 중요하다. 가상 상황하의 행동은 실제 상황과 달라질 수 있기 때문에 경제학에서 하는 모든 실험은 실제 돈을 사용한다.

실험의 기본 틀이 갖춰지면 게임의 규칙을 조금씩 바꾸면서 무슨 일이 발생하는지 관찰한다. 걸린 돈의 액수를 높이거나 낮춰본다. 높게는 2주분의 급여부터 낮게는 몇 페니까지 액수를 바꿔도 사람들의 행동 패턴은 놀랄 만큼 일정하다는 것이 신뢰 게임에서 밝혀졌다.[22] 시간이 갈수록 신뢰도가 어떻게 변화하는지 보기 위해 동일한 상대방과 몇 번이고 게임을 시켜보았다. 그 결과 시간이 갈수록 신뢰도가 감소한다는 것을 알았다. 상대방의 행동에 대한 정보의 양도 늘였다 줄였다 해보았다. 그 과정에서 첫인상이 중요하며 신뢰에는 전염성이 있다는 것을 배웠다.[23] 이런 실험 방식을 통해 우리는 종교로부터 재정정책, 과학 실험 같은 실제 상황에서 신뢰가 작동하는 메커니즘을 알아낼 수 있었다. 또한 이 메커니즘이 작동하는 방법과 사람들이 상호반응하는 방법을 이해할 수 있었다.

실험실에서 나온 증거 그리고 서로 다른 요소가 어떻게 상호작용하는지를 명확히 보여주는 수학적 이론이 결합할 때 가장 좋은 연구 결과가 나온다. 여기에 현장 데이터를 결합하면 제한된 실험실에서 나온 결과가 현실에서도 적용된다는 것을 보여줄 수 있다.

chapter 5

현대경제와 신뢰

이 책의 앞부분에서 우리는 인류 문명에 대해서 그리고 인류가 서로 믿게 되는 과정을 이야기했다. 이 이야기의 일부는 생물학을 다룬 이 책의 다른 부분에도 나타난다. 진화는 생물에게 협조할 수 있는 도구를 주었고 우리는 최소한 직계가족이나 이웃에 대해서는 신뢰와 관련해 동일한 유전자적 성향을 물려받았다. 시간이 가면서 각종 제도의 발달은 신뢰의 반경을 넓혀주었다. 종교는 우리가 보다 신뢰할 만한 행동을 해야 하는 근거를 제공했고 누가 믿을 만한지 파악하는 방법을 알려주었다.

한편 시장은 규칙을 발전시켜 같은 역할을 제공했다. 애덤 스미스는 개인주의적이고 자유방임적 경제하에서도 시장의 분업 여부에 따라 엄청나게 다른 결과를 낳을 수도 있다고 주장했다. 앞에서도 언급했지만 각 공정을 나누어 생산하는 핀 제작 공장에서는 같은 인원이라도 각각 혼자 핀을 만드는 공장보다 훨씬 많은 핀을 생산할 수 있다.

정부도 이를 받아들였고, 그 규칙은 우리 생활의 모든 부분까지 확장되었다. 정부, 특히 민주주의 정부는 법률에 의지하며 법률이 제대로 기능하는지 여부 역시 신뢰에 의지한다. 각 제도가 발전하면서 신뢰 대상의 범위가 확대되었지만 동시에 누구를 믿고 어떻게 믿는지에 대한 결정은 개인적인 것에서 보다 일반적인 것으로 변경되었다. 그 원인은 현대 시장경제의 발전 덕분이다. 뒤에서 이를 다룰 것이다.

이 장에서는 사람들이 소위 경제학이라고 부르는 화제를 깊이 파고들 것이다. 먼저 화폐, 금융, 계약에서 신뢰의 역할을 다룬 후 직장과 광고까지 그 범위를 확장할 것이다. 마지막으로 온라인에서의 신뢰를 공유경제와 블록체인의 측면에서 다룰 예정이다.

케네스 애로, 아마르티아 센같이 저명한 경제학자들이 오래전부터 신뢰의 중요성에 대해 이야기해왔지만, 현대경제학에서 신뢰가 차지하는 역할은 대학의 경제학 과정이나 문화센터 강좌에서조차 제대로 다뤄지지 못하고 있다. 신뢰는 필수불가결한 요소임에도 당연히 존재하는 것으로 간주되어왔다. 이 장에서는 시장경제 체제에서 발생하는 일상적인 거래 속에서 어떻게 신뢰가 작용하는지, 그리고 시장경제는 어떻게 신뢰가 용이하게 작동하도록 발전해왔는지를 다룰 것이다.

화폐

미국의 모든 통화에는 1956년부터 "우리는 하느님을 신뢰합니다In God We Trust"라는 문구를 새기도록 법으로 규정되어 있다. 물론 훨씬 이전인 1864년부터 동전과 지폐에 이 문구가 새겨져 있긴 했다.[1] 신이 아니라 화폐 자체에 대한 신뢰를 확실하게 하기 위한 목적으로 미국 통화 디자인에는 많은 것이 포함되어 있다.[2] 지폐에는 말 그대로 위조방지 기술이 짜여 있고 찍혀 있다. 미세한 활자로 인쇄된 식별용 암호나 특수한 조명 밑에서만 나타나는 무늬, 지폐 내부에 숨겨진 감식용 선 등이 그것이다.

그러나 보다 상징적인 측면에서 보면 미국 화폐에 대한 신뢰는 지난 몇 세기 동안 변함없이 가치를 유지했다는 데서 찾을 수 있다. 보통 폐기되거나 개정되는 다른 화폐와 달리, 미국의 화폐에는 영원히 법정화폐로 남겠다는 약속이 있다. 그 약속을 지켜야만 미국 화폐는 제대로 기능을 하고 전 세계의 기축통화 역할을 할 수 있다.[3]

| 그런데 화폐란 무엇인가?

화폐의 역사를 이야기할 때 빠지지 않고 나오는 것이 미크로네시아 제도에 있는 얍섬 주민들이 사용하는 돌돈stone coins이다. 돌돈의 크기는 직경 1인치짜리부터 12~13인치까지 다양하며 20세기 초반까지 화폐로 사용되었다. 경제학자가 화폐를 논할 때 이 돌돈이 빠지지 않는 이유는 존 메이너드 케인스John Maynard Keynes가 말했듯이, "얍섬 주민의 화폐관이 현대 어느 국가의 화폐관보다 더 철학적이기 때문이다."[4]

이 돌돈은 사용할 때 다른 화폐와 다른 점이 없다. 큰 돌돈은 만드는 데 시간이 많이 걸리므로 주로 큰 거래에 사용되었다. 금과 마찬가지로 그 가치는 희귀성에서 나왔다. 지참금이나 몸값을 지불하는 데 사용할 수도 있었지만 식료품 교환처럼 일상적인 거래에도 사용할 수 있었다. 이동에 편리하도록 바퀴 모양으로 만들어 이 집에서 저 집으로 굴려서 상품 및 서비스의 대가로 지불됐다.

그런데 큰 돌은 굴리기 힘들었다. 시간이 지나면서 돌은 그 자리에 둔 채 마을 주민들에게 단지 돌돈의 주인이 바뀌었다고 말함으로써 소유권 변경을 인정하는 것이 관습으로 자리 잡았다. 즉 돈이 어디에 있는지는 중요하지 않으며 누가 돈의 주인인지 마을 사람들이 다 같이 인정만 하면 되었다.

한번은 큰 돌을 배에 실어 옮기다 배가 뒤집어지는 바람에 돌돈이 바다 밑으로 가라앉은 적이 있었다.[5] 그러나 구두로 소유권을 인정하는 전통이 너무나 강했기 때문에 비록 돌돈이 물속에 있어도 문제가 되지 않았다. 물속에 가라앉은 돌은 다른 돌돈과 마찬가지로 거래되었다. 섬사람들은 물건을 사고파는 데 이 돌돈을 사용했고 모든 면에서 물속의 돈은 이 섬 주민들이 만든 소유권 규칙에 따라 정상적인 돈으로 인정받았다.

그럼 경제학자들이 이 사례를 자주 인용하는 이유가 무엇일까? 바로 돈이 하는 일에 대해 많은 것을 시사해주고 있기 때문이다.

경제학자, 특히 미시경제학자가 화폐에 대해 별 생각을 하지 않는다는 걸 알면 많이들 놀랄 것이다. 경제학자들은 때로 '실물경제real economy'와 '화폐경제monetary economy'를 별개의 것으로 본다. 실물경제에서는 노동과 자본, 수요와 공급, 장부에 기록된 숫자가 아닌 실물을 중요시한다. 화폐는 이것들을 측정하는 데 유용한 도구지만, 물리학자가 인치나 킬로그램에 대해 별로 많은 생각을 하지 않듯이 경제학자도 보통은 화폐에 대해 별로 생각하지 않는다.

그렇다고 해서 화폐경제가 중요하지 않다거나 흥미롭지 않다는 건 아니다. 화폐경제 체제에서 발생하는 일이 실물경제에 영향을 미치기도 한다. 그러나 겉보기에 간단한 '화폐란 무엇인가?'라는 질문을 하는 순간 한번 빠지면 빠져나오기 힘든 수렁 속으로 쑥 빠진다. 왜냐하면 화폐란 부분적으로 환상이기도 하고 유아론적•이며 신념에 입각한 행위이기 때문이다.

제1장에서 다룬 수렵채집사회의 선물경제시대로 돌아가보자. 이 경제 체제에서는 재화와 용역의 교환이 호의에 의해 이루어진다. 시장경제에서는 교환이 화폐에 의해 이루어진다. 사실 화폐라는 것이 누가 누구에게 호의를 빚지고 있는지 추적하는 회계 메커니즘에 불과하지 않

• solipsism, 唯我論的, 세상에는 자신만이 존재하며, 그 외의 모든 존재는 자신의 상상 속에만 있다는 이론.

은가? 에이미가 지난주에 가젤을 사냥하고 남은 고기를 밥에게 나눠주었다고 하자. 그러면 밥은 에이미에게 갚아야 할 빚이 하나 생긴 것이다. 그런데 이번 주에 칼이 과일을 땄는데 에이미가 그 과일을 먹고 싶다면 에이미는 밥이 자기에게 진 빚을 칼에게 주고 과일과 바꾸면 될 것이다. 불과 세 사람 사이에 빚을 주고받는데도 벌써 복잡해진다. 사람 수가 열 명 정도인 부족 사이에서는 더 골치 아파질 것이다.

만일 밥이 에이미에게 고기를 받은 대가로 현금을 지불했다면 문제는 훨씬 간단해질 것이다. 그러면 에이미는 그 현금으로 칼에게서 과일을 살 수 있을 테니까. 빚을 갚는 곳으로 현금이 움직인다. 그렇게 되면 이 순환 시스템에서 특별성particularism이 제외된다. 보편적으로 화폐가 통용된다면 어디에서도 이를 사용할 수 있다. 에이미는 칼이 자기를 싫어할까 걱정하지 않아도 되고 칼이 가족이나 같은 종교를 믿는 사람들하고만 과일을 나눠 먹지 않을까 염려하지 않아도 된다. 믿는 사람하고만 거래하는 것이 아니고 돈을 받는 사람이면 누구와도 거래할 수 있다. 사람에 대한 신뢰에서 돈에 대한 신뢰로 대상이 바뀐다. 얍섬의 거대한 돌돈이 호의를 기억하는 데 사용된 것처럼, 오늘날 화폐는 기본적으로 같은 역할을 하고 있다.

경제학자들은 화폐가 제 기능을 하려면 다음과 같은 속성이 있어야 한다고 믿는다.[6]

1. 내구성 - 쉽게 상하지 않는 재질로 만들어야 한다.
2. 휴대성 - 가지고 다니기 쉬워야 한다.
3. 분할성 - 큰돈도 기본 통화단위로 나눌 수 있어야 한다.
4. 통일성 - 통화단위가 동일해야 한다.
5. 제한적 공급 - 희소성이 있어야 한다.
6. 가용성 - 공동체 안의 모든 구성원이 받아야 한다.

전통적으로 화폐 하면 금이나 은 같은 귀금속으로 결부시켜 생각하지만 다른 물건을 화폐로 사용한 사례도 많다. 그리고 모든 화폐가 앞에서 언급한 여섯 가지 속성을 보유하지도 않았다. 얍섬의 돌돈은 휴대성 면에서 크게 모자란다. 아프리카와 아시아에서는 중세 말기까지 바다달팽이의 희귀한 조개껍질이 화폐로 사용되었다. 중세 초기에는 소금을 사용했다('월급salary'은 소금을 뜻하는 라틴어 'salarius'에서 유래했다). 교도소에서는 담배를 화폐로 사용하다 금연 분위기가 확산되면서 요즘은 고등어통조림으로 대체되었다. 담배와 통조림은 형태가 일정하고 저장이 용이하다. 교도소 밖이라면 희소성이 떨어지겠지만, 교도소 안에서는 소지품목이 엄격히 제한되므로 금이나 은처럼 희소성이 유지된다.

우리가 얍섬의 돌돈에서 배울 점은 화폐가 어떤 형태로도 존재할 수 있다는 점이 아니라 꼭 형태를 갖추지 않아도 된다는 점이다. 섬 주민들은 거대한 돌돈이 바다에 빠져 다시 건져낼 수 없더라도 돌돈의 가치에 변화가 없다고 생각했다. 돈이 자신의 수중에 없어도, 심지어 해저 깊은 곳에 파묻혀 있더라도 그 돈을 소유한다고 믿었다. 이런 생각은 수세기 동안 전 세계를 지배해서, 사람들은 금고 안에 보관된 금괴의 소유권을 대신하는 종잇조각을 사용하였다. 이는 어차피 금을 보지도 못하는데 금을 꼭 가지고 있을 필요가 없다는 획기적인 생각에서 출발한다.

| 화폐의 역사

화폐가 꼭 돌돈이나 금괴 같은 실물을 대신하지 않아도 되며, "미국 재무부의 전적인 믿음과 신용"이라는 표현처럼 믿음이 있으면 된다는 생각은, 화폐에 대한 우리의 관념을 송두리째 바꾸어 1971년에 미국이 금본위제를 포기하기에 이르렀다. 그러나 이런 변화는 이미 몇 세기 전부터 시작되었고 실물자산인 금과 은을 대신해서 양도 가능한 증서를 이용하기 시작한 것은 약 1000년 전이다.

중세의 상인들이 강도 때문에 금이나 은 같은 귀금속을 직접 가지고 다니기를 꺼려하자 은행이 출현하여 재산을 보호하고 양도하는 역할을 했다. 은행이 일정량의 금에 대한 소유권을 인정하는 증서를 발행하면 상인은 금 대신 그 증서만 들고 다니면 되는 식이었다. 바다 밑바닥에 있는 돌돈처럼 금의 소유권만 이전하면 되었다. 이런 행태는 서유럽과 예루살렘을 왕래한 성전기사단과 중세의 십자군 및 순례자 사이에서 처음 시작되었다. 길고도 위험한 여행에서 금을 직접 가지고 다니지 않아도 되므로 훨씬 안전하게 이동이 가능했다.

화폐는 보통 정부가 발행하는 것으로 생각하지만, 중세시대까지 유럽에서 돈을 보관하는 기관의 역할은 처음엔 교회, 나중에는 민간은행이 맡았다. 오늘날에도 홍콩의 화폐는 HSBC 같은 민간은행에서 발행한다. 그러나 대부분의 국가가 민족국가로 부상하면서 통화를 국유화해 국가에서 화폐의 공급을 책임지게 되었다.

돈을 찍어내 화폐 공급량을 조절하는 능력은 국가에 엄청나게 중요한 일이다. 그렇게 함으로써 전쟁 비용을 조달할 수 있고 인플레이션을 조장해서 채무 상환을 용이하게 할 수도 있다. 물론 돈을 찍어내는 데는 한계가 있다. 20세기까지 정부가 발행하는 화폐는 그 액수만큼의 금이나 은으로 지급이 보증되었다. 바다에 가라앉은 돌돈을 거래한 얍섬 주민이나 십자군 성전에 보관된 금을 대신해서 증명서를 이용한 기독교 순례자처럼 종이화폐는 안전을 위해 어딘가에 보관되어 있는 귀중한 금속을 대신하는 역할을 했다.

그러나 정부는 경제가 안정적일 때는 사람들이 증서에 만족하고 금을 내놓으라는 요구를 하지 않는다는 것을 여느 은행과 마찬가지로 재빠르게 깨달았다. 따라서 금고에 보관된 금보다 더 많은 액수의 돈을 마음대로 찍어낼 수 있었다. 정부는 단지 필요한 사람이 요구하는 만큼의 금만 금고에 보관하면 되었다. 만일 정부가 10퍼센트의 사람만이 금을 요구할 것으로 예상한다면 10퍼센트의 준비금으로 금 1달러당 지폐 10달러를 발행할 수 있다는 계산이 나온다. 그러므로 사실상 정부는 10명의 사람에게 금고의 금괴 1개를 요구할 권리를 줄 수 있다. 10명 중 1명만 금을 요구한다면 정부는 실제 보유 금괴 1개당 9개의 가상의 금괴를 만들어낼 수 있다.

사람들이 정부의 안정성을 신뢰하고 종이돈을 금으로 태환하는 정부의 능력을 신뢰하는 한 정부는 실제 보유한 금보다 훨씬 많은 금액의 화폐를 찍어낼 수 있다. 물론 신뢰가 무너지면 화폐가치가 하락하면서 사람들은 은행으로 몰려들어 금을 요구할 것이고 경제는 붕괴될 것이다. 11세기에 중국에서 처음으로 이런 문제가 터졌지만 화폐를 찍어내는 관행은 그 후에도 몇 세기에 걸쳐 전 세계 각지에서 성행했다.

그러나 종이가 아닌 금속으로 만든 화폐도 정부가 얼마든지 조작할 수 있다. 컴퓨터 게임을 조금 해본 사람이라면 판타지 게임에서 금화와 은화의 교환 비율을 잘 알고 있을 것이다. 오랜 관습상 게임에서는 계산상의 편의를 위해 금화 1개를 은화 10개와 맞바꾼다.[7]

어떤 두 재화의 상대적인 가치는 수요와 공급에 의해 결정되어야 하는데 교환 비율을 고정시키는 것은 현실적이지 않다. 그러나 어느 정도 비율을 정해놓아 고객이 금으로 지불할 때와 은으로 지불할 때 상인이 가격을 어떻게 책정할지를 안다면 확실히 도움이 될 것이다. 16세기에서 19세기 사이의 영국에서는 이 일을 맡은 사람을 조폐국장이라고 불렀다(오늘날의 중앙은행장 격이다). 역대 조폐국장 중 가장 유명했던 사람은 아이작 뉴턴이다. 미적분과 현대물리학을 공동으로 발명한 바로 그 뉴턴이다. 금과 은의 교환 비율을 달리함으로써 조폐국은 유통 중인 금과 은의 양을 규제할 수 있었고 인플레이션을 통제하고 화폐의 공급을 조정할 수 있었다.

가장 성공하지 못한 대선 후보로 잘 알려진 윌리엄 제닝스 브라이언은 '금십자가cross of gold' 연설로 유명하다. 1896년 민주당 전당대회에서 한 이 연설에서 그는 통화 시스템 내에 은의 사용량을 늘려 통화량을 늘리면 농민이 채무에서 벗어날 수 있다고 주장했다.[8]

화폐를 통제하면 상당한 이익을 얻을 수 있기 때문에 국가는 통화를 국유화한다. 그러면 필요에 따라 돈을 찍어낼 수 있고 유통 중인 금과 은의 양을 조절하여 인플레이션을 통제할 수 있다. 화폐를 국유화하면 좋은 점도 있는데 그것은 국유화 이전에 자주 발생했던 화폐가치 저하와 위조화폐를 예방하는 데 도움이 된다는 점이다.

'저하debasement'라는 표현은 원래 금과 은의 함량을 줄이는 행위를 일컫는 용어였다. 경제학 책 한 권의 가격이 금 1온스이고 당신에게 1온스짜리 금화가 하나 있다고 해보자. 당신은 책방 주인이 알아차리지 못할 만큼만 모서리를 칼로 긁어내 돈을 만들 수 있다. 깎아낸 조각이 많이 모이면 녹여서 금화를 하나 더 만들 수 있다. 이때 그 금화의 무게는 1온스가 채 안 되므로 가치가 저하된 것이다.

오늘날에도 화폐가치 저하를 막기 위한 노력이 남아 있다. 미국은 25센트 동전 가장자리에 주름이 새겨놓아 깎아내지 못하도록 막았다. 주름이 없어지면 긁어낸 것을 쉽게 알아볼 수 있도록 한 것이다.

물론 요령 있는 상인들은 금화의 무게를 재어 깎아낸 것을 알 수 있었다. 그러나 저울로도 잡아내지 못하는 다른 기술이 동원되기도 하였다. 즉 금과 다른 물질을 섞는 방법이다. 금이나 다른 귀금속에 사용하는 캐럿

carat이라는 말은 금속에 함유된 불순물의 정도를 표시하는 용어다. 순금은 24캐럿(24K)이라고 부르며 순도가 75퍼센트면 18캐럿(18K)이라고 한다. 옛날 벅스 버니가 나오는 만화영화나 올림픽 시상대에서 아직도 금화(금메달)를 깨무는 걸 볼 수 있다. 순금은 무르기 때문에 깨물면 들어간다.

순금인지 아닌지를 육안으로 판별하는 것은 불가능하며 깨물어 확인하는 것도 한계가 있다. 조폐국은 정품임을 보장하기 위해 동전에 직인을 새기기 시작했다.

신뢰는 판매와 구매를 쉽게 하기 때문에 화폐의 가치를 높인다. 진폐라는 보장이 없는데 동전을 사용한다는 것은 위폐 가능성에 대한 위험을 감수해야 한다는 뜻이다. 함유된 귀금속 때문에 주화는 가장 환영받은 지불 수단이었다. 뉴턴의 시대에는 단 한 건의 거래에도 런던에서 주조한 주화부터 고대 로마제국 당시에 주조한 주화까지 골고루 사용되었다. 따라서 상인들은 각각 상이한 주화의 품질과 무게, 표시 등을 잘 알아야 했다. 각 주화의 가치가 달랐기 때문이다. 종이화폐는 상황이 더 심각했다. 식민지시대 미국에는 각 주의 각기 다른 은행에서 발행한 지폐가 동시에 통용되었다. 상인들은 위조지폐를 식별해내는 일 외에 각 은행의 신용도를 판단해서 지폐를 받아야 했다. 당시 바텐더가 술값을 받을 때에도 각기 상이한 지폐의 상대가치를 알려주는 책을 참조해야 했는데 이 책마저 은행의 신용도가 변동될 때마다 새로운 판이 나왔다.[9]

발행하는 기관의 신용도에 따라 가치가 달라지므로 국가에서 발행한 화폐는 신뢰도 면에서 유리했다. 규모 면에서 은행이나 지방 정부보다 컸고 세금을 거두어 채무를 탕감할 능력이 있었다. 게다가 국가가 발행한 화폐로 세금을 납부하도록 강요할 수 있었다. 이런 요소들로 인해 국가에서 발행한 화폐는 화폐로서의 신뢰성이 있었다.

국가가 화폐의 신뢰성을 키워야 할 이유는 여러 가지가 있다. 화폐의 신뢰도가 높을수록 가치가 높으므로 덩달아 국가의 구매력도 높아진다. 뉴턴처럼 저명한 학자를 조폐국장으로 임명하는 것도 영국 화폐의 신뢰성을 제고하는 한 방편이었다. 위조지폐범죄를 매우 중대한 범죄로 취급하는 것도 그런 방법 중의 하나였다. 미국은 남북전쟁 후 비밀경호국을 설립하여 위조지폐범죄를 색출했다. 잘 알려진 임무인 대통령 경호는 나중에 맡은 업무다.

| 명목화폐

역사적으로 지폐는 어딘가 금고에 보관된 금이나 은을 대표하는 표식 역할을 했다. 닉슨 대통령 재임기간인 1971년 미국은 그동안 미국 달러를 가져오면 금을 내주던 금본위제를 폐지했다. 곧 여타 국가도 미국을 따라 정부의 말(즉 법령)로만 보장되는 화폐제도를 도입했다.

법령fiat이란 발표이자 선언이며 독단적인 명령이다.[10] 법령에 따라, 이전에는 금으로 바꿀 수 있었던 1971년 유통화폐는 갑자기(거의 마술처럼) 종잇조각으로 전락했다.

그런데 잘 생각해보면 명목화폐에 가치가 있다고 여기는 것이 그리

잘못된 것도 아니다. 우리가 금의 가치를 높이 사는 이유는 화학적 성분이나 심미학적 요소 때문이 아니다. 희귀하기 때문이다. 여태까지 채굴한 금을 다 합쳐봐야 수영장 3.27개의 부피밖에 안 된다.[11] 혹시라도 철을 금으로 바꿀 수 있는 마술 같은 공법을 찾아낸다면 금은 더 이상 화폐로서 역할을 하지 못할 것이다. 따라서 종잇조각이라도 희소성이 보장된다면 금화처럼 화폐 역할을 할 수 있다. 단 정부가 한 번에 너무 많은 돈을 찍어내지 않아야만 가능하다.

금전적인 소원을 모두 들어주는 요술 램프를 얻었다고 가정해보자. 우리는 어느 때라도 100만 달러, 10억 달러, 1조 달러 등 원하는 만큼 램프에 요구만 하면 될 것이다. 정부는 그런 램프를 가지고 있는 셈이고 정기적으로 이것을 이용한다. 정부가 화폐 발행으로 얻는 이익을 **주조차액**• 이라고 하는데 매년 수백억 달러에 달한다.[12]

그러나 정부가 원하는 만큼 돈을 발행하는 게 꼭 좋은 건 아니다(요즘은 화폐 발행에 종이도 필요 없고 컴퓨터에서 데이터베이스의 번호만 바꿔주면 된다). 지폐의 가치는 유효성(화폐에 대한 수요)과 희소성(화폐의 공급)에 좌우된다. 공급이 늘어나면 가치는 하락한다.

정부는 경제 성장에 필요한 만큼만 화폐를 발행하면 된다. 경제가 성장함에 따라 더 많은 것을 사고팔게 된다. 이는 돈에 대한 수요가 올라간다는 뜻이다. 따라서 늘어난 수요에 대응하기 위해 보다 많은 화폐를 시

● seigniorage, 화폐의 액면가와 화폐 제조 비용의 차이.

중에 유통시켜야 한다. 정부는 수십억 달러에 달하는 화폐 발행으로 직접적인 이득도 얻지만 경제를 안정적으로 유지시키는 간접적인 효과도 얻는다. 유통화폐가 너무 적으면 판매 및 구매가 어려워지고 불황이 올 것이다. 반대로 너무 많으면 수요보다 공급이 가파르게 증가해서 돈의 가치가 떨어진다. 이것이 **인플레이션**이다.

중앙은행은 항상 경제 내에 적정 규모의 화폐를 공급하여 균형을 맞추려 노력한다. 그런데 우리가 갖고 있는 모델이나 측정 방법이 완벽하지 않기 때문에 이는 매우 어려운 일이다. 중앙은행은 많은 실수를 저지른다(벤 버냉키Ben Bernanke를 학자로서 처음 유명하게 만든 논문이 지나친 긴축정책으로 대공황이 발생했다는 내용이었다).[13] 그러나 중앙은행은 때로 상당히 고의적으로 많은 화폐를 발행하기도 한다. 그 유혹이 너무 달콤하기 때문에 그저 중앙은행이 잘 통제하기를 바라는 수밖에 없다.

재정정책은 너무나 엄청난 규모로 시행되기 때문에 자연현상처럼 잘 느끼지 못할 수 있다. 그러나 화폐의 뿌리는 매우 단순하고 인간적이다.

명목화폐를 보다 구체적으로 보여주기 위해 경제학자들이 얍섬의 돌 돈 말고 또 많이 인용하는 사례는 폴 크루그먼Paul Krugman이 발표해 유명해진 미국 국회의사당 공동육아 협동조합Capitol Hill Babysitting Co-op이다. 1950년대 워싱턴 D.C에 거주하는 일단의 부모들이 돌아가면서 서로의 아기들을 돌보았다. 마치 수렵채집시대에 사냥하고 남은 고기를 나눠주듯이 이 시스템은 우리가 잘 알고 있는 호의의 교환에 기반을 두고 있다. 내가 너의 아이를 돌봐주었으니 나중에 너는 내 아이를 돌봐줘야 하는 '빚을 한 번 졌다'는 식의 계산법이다. 그런데 남의 아이를 보다 더 자주 돌보는 부모가 이를 불공평하다고 생각했다. 따라서 이 부모들은 공식적으로 협동조합을 조직했다.[14] 그리고 아이를 봐주는 부모에게 쿠폰을 발행했다. 아이를 한 시간 돌봐주면 한 시간짜리 쿠폰을 발급받고 나중에 아이를 맡길 때 다른 사람에게 그 쿠폰을 지불하면 되었다. 처음 가입하는 모든 가족에게는 20시간의 무료 쿠폰이 지급되었다.

문제가 곧 드러났다. 부모들이 나중을 위해 쿠폰을 아껴놓고 사용하지 않았다. 그 결과 유통되는 쿠폰 수가 부족했다. 다른 가정의 아이를 돌보고 싶어도 아무도 귀중한 쿠폰을 주고 아이를 맡기지 않았다. 말하자면 경제 안에 화폐가 부족했던 것이다. 문제 해결을 위해 관리사무소에서 무료 쿠폰을 뿌려댔다. 그러자 반대로 문제점이 나타났다. 쿠폰이 너무 많아져서 아이를 맡기고 싶어도 봐주겠다는 사람이 나서질 않았다. 이처럼 수요와 공급의 균형을 적절히 유지하는 것이 중앙은행의 역할이다.

협동조합에는 또 다른 요소가 있었다. 이 프로그램을 조율하고, 쿠폰의 이동을 기록하고, 맡기는 사람과 맡는 사람을 연결하는 행정 업무가 필요했다. 조합의 모든 가족이 연간 14시간의 무료봉사로 관리사무소 직원들의 급여를 충당해야 했다. 양심 없는 직원이 쿠폰 가격을 올려서 자기들이 받는 급여를 인상하거나 유통 중인 쿠폰 수를 적게 유지하여 쿠폰의 가치를 높이는 행위를 할 수도 있었다. 다행히 이 조합의 관리사무소 직원은 모두 양심적이었다. 그러나 국가라는 조직에서는 그렇지 않은 경우도 많다.

2019년 베네수엘라의 인플레이션율은 200만 퍼센트가 넘었다. 물건을 구매하려면 돈을 다발로 쌓아 무게로 지불해야 했다. 1920년대 바이마르공화국에서도 비슷한 일이 발생해서 독일 국민들이 물건을 사기 위해 수레에 돈을 싣고 다녔다. 정책을 집행하기 위해 정부는 고액권을 발행했지만 그럴수록 화폐가치는 더 떨어졌다. 심지어 100조 마르크 화폐를 발행하기도 했다. 20달러짜리 지폐가 100조 달러짜리 지폐로 바뀐다면 어떨지 상상해보기 바란다. 이런 종류의 하이퍼인플레이션은 실제로 자주 발생해서 2008년 짐바브웨나 1994년 유고슬라비아, 1949년 중국 등에서 억, 조 단위의 고액화폐가 발행되기도 했다.

| 조폐국에 대한 신뢰

대부분의 근대 민주주의 국가에서 사람들은 권력자에게 화폐의 공급을 맡기면 안 된다는 것을 알게 되었다. 이 말을 더 알기 쉽게 표현하자면 선출된 공직자가 화폐 공급에 직접 관여하지 않을 때 권력자를 포함한 모든 사람이 훨씬 더 잘 살 수 있다는 뜻이다.

우리는 민주주의 체제에서 정책 결정 권한이 유권자, 선출직 공무원, 임명직 판사나 관료 사이에서 어떻게 배분되는지 알아보았다. 판사나 관료, 중앙은행장은 대부분 자신의 판단에 큰 책임 없이 정책을 결정할 수 있다. 그 이유는 화폐에 관한 한 통치자나 유권자를 절대로 믿어서는 안 되기 때문이다. 유권자는 돈을 찍어내 인플레이션을 발생시켜 부채를 줄이고 사회보장 서비스와 정부의 예산이 늘어나기를 원할 것이다. 통치자도 돈을 더 많이 찍어내 유권자의 요구에 부합하고 자신의 권력 기반을 강화하고 싶어 할 것이다. 유권자와 통치자가 화폐 공급에 막강한 권한을 갖고 있다면 하이퍼인플레이션 발생 가능성이 높아지고 사람들은 통화 공급 정책을 신뢰하지 않게 된다.

이런 이유로 미국의 연방준비제도이사회 이사나 다른 국가에서 유사한 업무를 담당하는 관료에게는 상당한 독립성이 주어진다. 미국의 경우 대통령보다 긴 14년의 임기가 주어지며 대체적으로 정치적 간섭에서 자유롭다. 이렇게 권력을 분산시킨 것은 역사적 배경에 기인한다.

진정한 의미의 명목화폐는 20세기에 발명된 것이지만, 기능 면에서 금본위제와 완전히 다르지는 않다. 역사에서는 11세기 중국에서 최초의 지폐를 발명했다고 한다. 원칙적으로 금이나 은으로 교환이 가능한 지폐를 발행했지만 정부가 보증한 것은 아니었다. 세금 납부에 사용할 수도 있었기 때문에 어느 정도 가치가 있었지만 당시만 해도 정부에 대한 믿음이 약했기 때문에 이 지폐는 곧 사라졌다.[15]

앞에서도 말했지만 통치자에게 필요할 때 화폐를 발행할 수 있는 능력이 주어진다면 (특히 전쟁 비용으로) 편리하게 사용할 수 있다. 국민도 늘어난 통화 공급을 통해 이득을 볼 수 있다. 하지만 통치자에게는 화폐 공급 권한이 주어지지 않았다. 정부가 돈을 막 찍어내고 싶어 한다는 걸 국민이 잘 알았기 때문이다.

이는 돈을 빌릴 때도 마찬가지다. 정부는 채권을 발행해서 국민들로부터 돈을 빌린다. 특히 전시에 채권 발행이 늘어난다.[16]

채권 발행과 화폐 발행은 다른 것처럼 보이지만 실제로 이 둘은 매우 유사하다. **채권**이란 정부에 대출해주는 것이다. 사실 우리가 말하는 연방준비제도의 '통화팽창'은 미국 재무부 채권 발행이다. 그러나 국민이 채권을 구입할 때는 정부가 이자를 붙여 갚을 것을 믿지만, 정부가 설마 통화팽창이라는 수단으로 채권을 갚으리라고는 생각하지 않는다. 즉 채권에 관해서는 정부가 국가를 부도내지 않고 이자까지 붙여 갚을 것을 믿는다는 뜻이다.

경제학자 더글러스 노스와 배리 와인개스트는 정치학자인 힐튼 루트Hilton Root가 말한 개념을 이론화했다. 소위 '군주의 손을 묶는다tying the king's hands'라는 개념인데, 1600년대 프랑스와 영국에서 실제로 시행되었다. 이때는 왕권이 절대적이라고 간주되던 시기였다(루이14세를 떠올려보라). 그럼에도 왕권을 제한하는 제도가 있었다.

한 예로 세금을 부과할 권한과 통화량을 조절할 수 있는 권한이 다른 기관에 이양되기도 했다. 프랑스에서는 소위 징수청부업자에게 세금을 거둘 수 있는 권한과 국가를 상대로 대출할 수 있는 권한이 주어졌고, 영국에서는 왕이 멋대로 세금을 부과하면 폐위시키겠다고 의회가 지속적으로 위협했다. 이 제도가 군주의 권한을 제한하는 것으로 볼 수도 있지만, 역사학자들은 이 제도가 결국에는 영국과 프랑스의 군주에게 유리한 것이었다고 주장한다. 군주의 권한을 제한했기 때문에 국가 채무를 반드시 갚겠다는 약속이 더욱 확실해지고 결과적으로 시민들이 국가에 더 많은 돈을 빌려주게 되어 양국이 군대를 일으켜 전쟁을 하도록 도와

주었다는 것이다.

제도를 만들어 군주의 권한을 제한해야 한다는 개념은 오늘날에도 존재한다. 미국과 다른 여러 나라의 중앙은행장은 일반적으로 독립권을 보장받는다. 앞서도 말했지만 미국의 연방준비제도이사회 이사는 대통령보다 긴 14년의 임기를 보장받는다. 일단 이사로 지명되면 의회나 대통령도 이사에게 압력을 가할 수 없다. 연방준비제도는 법령에 따라 최대 고용과 물가 안정을 추구해야 한다. 그러나 이를 달성하기 위한 의사 결정에는 많은 재량권이 주어진다.

물가를 안정시킨다는 것은 화폐 발행을 제한한다는 뜻이다. 고용을 최대화하기 위해서는 경제 시스템 내에 재화를 사고팔기에 충분한 통화를 공급한다는 뜻이다. 화폐는 교환의 수단이다. 경제가 발전할수록 더 많은 통화가 필요하다. 경제 성장에 맞추어 통화의 공급을 늘리면서도 너무 많은 화폐를 발행하지 않도록 균형을 맞추는 것이 연방준비제도의 주요 임무다.

중앙은행장에게 독립권을 주는 이유도 명확하다. 중앙은행에서 통화량을 늘이는 데는 많은 이유가 있으며 화폐 수요에 대해 일반 대중은 모르는 정보를 더 많이 가지고 있다. 따라서 정부는 화폐를 추가로 발행해서 국가 채무를 탕감하거나 유력한 정치인의 프로젝트를 재정적으로 지원해서 재선에 도움을 주고 싶은 유혹을 느낄 것이다. 바로 이런 이유로(그리고 다른 이유도 포함해서) 정치인에게 화폐를 발행할 수 있는 권한을 주지 않는 것이다. 그 권한을 독립된 조직에 주어 정부는 낮은 이자율로 자금을 조달할 수 있다(뒷부분에서 이자율이 신뢰의 척도임을 다루겠다. 신뢰가 높을수록 이자율이 낮아진다). 권한을 일부 포기함으로써 정치인과 시민이 이익을 보는 구조가 되는 것이다.

앞서 명목화폐가 기본적으로 정부가 지급을 보증한 문서에 지나지 않는다고 말했다. 그러나 이것도 백퍼센트 정확하지는 않다. 중세 중국의 사례가 이를 잘 설명해준다. 미국 달러화는 미국 정부에 대한 신뢰뿐 아니라 미군에 의해서도 지급이 보증된다. 중세 중국의 지폐가 그런대로 인정을 받은 것은 중국 정부가 세금을 그 지폐로 낼 것을 요구했기 때문이다. 정부는 무력을 동원해서 세금을 내도록 만든다. 이는 오늘날도 마찬가지다. 결국 미국 화폐가 가치를 가지는 것은 정부가 주민들에게 세금 납부에 화폐를 사용하도록 요구하기 때문이다.

그런데 최근에 나온 화폐는 그 마지막 단계마저 생략한다. 정부의 지급 보증과 무력으로 유지되는 명목화폐 대신 최근에는 알고리즘상의 믿음으로 보증되는 디지털화폐가 출현했다. 비트코인 등 암호화폐는 이 장의 마지막에서 언급하겠다.

투자와 금융

"어떤 주식을 사야 돼요?" 비행기 옆자리에 앉은 사람과 이런저런 이야기를 하다 내 직업을 밝히면 듣는 질문이다. "정부가 이자율을 올릴까요?"라는 질문도 많이 받는다.

대부분의 미시경제학자들에게는 독자가 알아주었으면 하는 게 있다. 경제학자는 대부분 거시가 아닌 미시경제학자이며[17] 미시경제학자는 주식시장이나 이자율을 거의 생각하지 않는다. 물론 미시경제학자에게 금융시장이 흥미로울 수도 있다. 신뢰게임 같은 미시적 모델을 통해 금융이 어떻게 작용하는지 그리고 시장에서 금융의 역할이 어떤지 알 수 있기 때문이다.

주식시장을 거대한 카지노라고 생각하는 사람들이 많다. 즉 사회에 별 도움이 안 되는 부자만의 놀이라고 본다. 주식시장에서 발생하는 일은 어느 정도 카지노에서 발생하는 일과 크게 다르지 않다. 모든 거래는 제로섬이며 버는 사람이 있으면 반드시 잃는 사람이 있다. 그러나 금융 부문은 미국 국내총생산GDP의 20퍼센트를 점유하는 산업이다.[18] 이 말은 경제가 매해 창출하는 모든 가치의 5분의 1이 금융 부문에서 나온다는 말이다(금융, 보험, 부동산을 모두 포함한다). 물론 금융업에는 비효율과 부패가 분명히 있다. 그리고 독점인 경우는 부당한 이득을 취한다는 것도 알고 있다. 그러나 이 20퍼센트라는 숫자의 상당 부분은 사회의 번영에 실제로 기여하는 비율이다. 한 걸음 물러서서 주식과 채권 거래가 처음 시작됐던 그 시절을 돌아보면 왜 금융이 그토록 중요하고 국가 경제의 5분의 1을 차지하게 되는지 이해할 것이다.

경제학자에게 경제의 역할은 사람들이 원하는 재화를 생산하는 것이다. 이 재화는 옥수수나 자동차처럼 유형인 것도 있고, 휴가나 교육처럼 무형인 것도 있다.[19] 무언가 생산하려면 투입물이 있어야 한다. 오랫동안 경제학자들은 투입물을 **노동**과 **자본**으로 구분해왔다. 옥수수를 생산하려면 농부가 있어야 하고, 트랙터 같은 도구와 토지도 필요하다. 금융의 역할은 농부 같은 노동자에게 생산에 필요한 도구를 연결해주는 것이다. 도구가 몇 개밖에 없어도 식량을 생산할 수 있지만, 도구가 많으면 훨씬 많은 양을 생산할 수 있다. 농업 분야의 소위 녹색혁명 덕택에 1950년대와 1960년대 농업 생산성이 큰 폭으로 증가하면서 토머스 맬서스Thomas Malthus가 예측했던 기아를 극복할 수 있었다. 이것은 기본적으로 농부와 (비료와 농약 같은) 도구와 선진 농업 기술을 연결함으로써 가능했다.[20] 이렇듯 금융의 역할은 노동자(노동)를 필요한 도구(자본)와 연결하는 것이며 이 일을 해주고 금융업 종사자는 GDP의 20퍼센트에 해당하는 금액을 창출한다.[21]

노동과 자본을 연결시키면서 생기는 이익은 엄청나다. 인류 역사 대부분의 기간에 농부는 겨우 먹고살았다. 그저 가족이 먹고살 식량만 생산하는 정도였다. 오늘날 미국에는 인구의 2퍼센트에 불과한 인원이 전체 미국인이 충분히 먹을 식량을 생산하고 있으며 남은 식량을 수출하고 있다. 농부에게 적절한 도구(효과 좋은 살충제나 새로운 농업 기술 등)를 제공하면 생산성이 엄청나게 늘어난다.

문제는 노동과 자본의 관계에 많은 위험이 내재해 있다는 점이다. 기본적인 형태만 보면 노동자가 유리하다. 강제로 집행할 법률이 없기 때문에 자본 소유주는 노동자가 열심히 일을 해서 정직하게 이익을 나누고 돈을 갖고 도망가지 않을 거라고 믿어야 한다. 사실상 오늘날 우리가 신뢰게임이라고 부르는 연구 분야는 원래 그 이름이 **투자게임**investment game이었다.

역사적으로도 노동과 자본의 관계에서 신뢰의 중요성은 더욱 두드러진다. 중세에는 국가의 부가 무역으로 축적되었다. 베네치아 상인들은 길고 위험한 항해나 몇 년씩 걸리는 비단길 왕래로 상품을 교역해서 막대한 재산을 축적했다. 뒤에서 재정 지원을 한 상인은 마르코 폴로처럼 직접 모험에 나서는 상인과 달랐다.[22] 모험에 나서는 젊은 상인을 지원해서 상품 구입 비용과 여행 비용을 대는 자본가는 상인이 자신의 돈을 가지고 돌아온다는 절대적 믿음이 있어야 했다.

오늘날에도 우리가 거래하는 사람을 전적으로 믿어야 하는 데서 오는 걱정을 덜어주기 위해 소송이나 계약 같은 제도가 있지만, 이런 종류의 문제는 사라지지 않는다. 소송으로 모든 분규를 해결할 수 있는 것도 아니고 계약으로 모든 돌발 상황에 대처할 수도 없다. 현대경제에서 대부분의 거래는 신뢰관계에 의존하며 이는 투자자와 기업 간의 신뢰관계

도 포함한다.[23]

| 금융시장과 신뢰

'신뢰'라는 단어를 사전에서 찾아보면 첫 번째 정의는 우리가 이 책에서 지금까지 다룬 일반적인 신뢰를 설명하고 있다. 그러나 두 번째는 금융에 관한 것으로 한 사람이 다른 사람의 재산을 맡는 신탁에 관한 정의를 하고 있다. 보통 '트러스트trust'는 은행과 같은 의미로 사용된다. 많은 금융 관련 단어가 신뢰를 연상시킨다. 미국의 화폐는 미국 정부의 "전적인 믿음과 신용으로" 지불이 보장된다. '신용credit'이란 단어는 라틴어 'credere'에서 기원하는데 말 그대로 '신뢰하기to trust'를 의미한다. 은행은 보통 **신탁회사** 형태로 설립되어 **피신탁자**fiduciary(라틴어로 역시 믿음을 의미하는 'fidere'에서 유래)로서 역할을 하게 된다. 피신탁자는 다른 사람이 맡긴 돈(예를 들어 미성년자를 위한 신탁기금)을 **대신 관리한다**.

신뢰는 또한 은행의 건물에도 잘 표현되어 있다. 뉴욕에 살다 보면 엄청나게 높고 둥근 지붕에 콘크리트 기둥으로 받쳐진 웅장한 약국 건물을 볼 수 있을 것이다. 이 건물이 예전에 은행 건물이었음은 쉽게 알 수 있다. 은행이 온라인화하면서 많은 빌딩이 약국이나 아이스크림가게 또는 임시매장으로 바뀌었다.[24]

미국 전역의 전통 있는 은행은 웅장한 건물 전면과 독특한 건축 스타일을 자랑한다. 이는 마치 '우리를 믿고 돈을 맡기셔도 됩니다'라고 말하는 듯하다. 은행 건물을 치장하는 데 투자한 자금은 오랫동안 은행의 지불능력을 보여주는 값비싼 신호(신뢰할 수 있음을 보여주는 행위) 역할을 했다. 은행에서 마을 사람들의 돈을 가지고 도망가고 싶어도 버리고 가기는 너무 크고 팔기에는 너무 비싼 빌딩을 갖고 있기 때문에 절대 그런 일이 없을 거라는 메시지를 보내는 것이다.

경제에서 제일 중요한 것이 화폐인 것처럼, 금융시장과 금융업에서 제일 중요한 것도 화폐라는 것은 물어보지 않아도 알 수 있다. 우리는 금융업자하면 보통 스크루지 맥덕이 하루 종일 금화로 꽉 찬 거대한 방에서 허우적대며 돈뭉치를 세는 장면을 연상한다. 하지만 경제학자는 돈을 다른 것을 대신하는 기호로 생각한다.

은행의 주요 업무를 우리가 맡긴 돈을 안전하게 보관해주는 일이라고 생각하는데 맞는 말이다. 그러나 보다 주된 업무는 여분의 자원을 활용하는 것이다. 많건 적건 월말에 저축할 돈이 있다는 것은 우리의 기본적인 욕구를 충족시킬 재화와 서비스를 구입하고 남을 만큼 많은 일을 했다는 뜻이다. 우리가 그 돈을 은행에 저축하면 그 돈은 그것으로 생산적인 일을 하는 다른 사람에게 대출된다. 대학학비를 낼 수도 있고 미용실을 개업하는 데 사용될 수도 있다. 은행이 우리 돈을 사용해서 가치를 창조한 것이다. 그 대가로 우리는 부가가치의 일부를 이자라는 명목으로 돌려받는다.

그래서 어느 달이건 내가 경제학을 가르쳐서 창조하는 가치 중의 일부는 다른 사람의 교육이나 주택 구입 또는 소상공인 대출에 사용된다. 연방준비제도에서 은행의 지급준비율을 3퍼센트로 정하면(이 숫자는 때때로 변하며 은행의 규모에 따라 달라질 수도 있다) 100달러의 저축금으로 97달러의 대출을 일으킬 수 있다는 의미다.

1982년 매사추세츠주 그레이트배링턴에 사는 프랭크 토토리엘로는 식당을 이전하고 싶었지만 은행으로부터 대출을 받을 수 없었다. 그는 '델리달러Deli Dollars'라고 불린 10달러짜리 샌드위치 쿠폰을 만들어 8달러에 판매한 후 식당을 옮긴 뒤에 샌드위치로 교환할 수 있도록 했다. 결국 돈을 빌려준 대가로 고객에게 2달러의 이자를 지불한 셈이었다. 은행은 그를 신뢰하지 않았지만 고객은 그를 신뢰했다.

보통 우리는 저축을 할 때 대출받을 사람을 은행이 알아서 하도록 하지만, 토토리엘로는 은행이 별로 필요하지 않으며 단지 중개인에 불과하다는 것을 보여주었다. 그의 델리달러는 연방유가증권법federal securities regulations에 저촉되지 않았다. 그가 채권을 발행한 것은 맞지만 미국 증권거래위원회SEC는 이에 대한 조사를 벌이지 않기로 결정했다. 미국의 규제기관은 보통 그렇게 허술하게 관리되는 자금 모집을 허락하지 않는다. 토토리엘로의 영리한 자금 모집 방식은 진짜로 사업을 할 의사가 없는 사기꾼이 모방하기 쉬운 방식이다.

미국은 투자자를 보호하기 위해 법을 규정해놓았다. 예를 들어 투자자는 연소득이 20만 달러 이상이거나 100만 달러 이상의 예금액을 보유해야만 미등록 벤처기업에 투자할 수 있다.[25] 이 규정의 목적은 투자가 잘못되어 투자금을 잃어도 회복할 만큼의 소득이 있는지 확인하고자 함이다. 우리는 뒤에서 블록체인 기술이 어떻게 많은 기업으로 하여금 은행을 생략하고 투자자로부터 직접 자금을 조달하는지 살펴볼 것이다.

델리달러가 세상에 나온 후 흥미로운 일들이 발생했다. 사람들은 그것을 다른 사람에게 지불 용도로도 사용했고 교회 헌금에 사용하기도 했다.[26] 즉 미래에 샌드위치를 보장하는 종이 쿠폰을 현재의 재화와 서비스 구입에 사용한 것이다. 우리는 이를 '샌드위치본위제'를 기초로 운용되는 화폐로 보아도 될 것이다. 맨 처음 델리달러를 받거나 준 사람 말고 다른 사람이 이를 사용한다면 **2차시장**•에서 사용하는 사례가 될 것이다. 우리는 뒤에서 2차시장의 붕괴가 어떻게 대침체the Great Recession를 촉발한 원인이 되었는지 살펴볼 것이다.

| 이자율

금융에서는 투자를 크게 2개 분야로 나누는데 바로 지분투자와 채권투자다. 지분투자는 자산의 보유를 통해 미래의 이익에 대한 지분(설사 손실이 발행하더라도)을 나눠 갖는다는 의미다. 채권투자란 최종적으로 원금과 이자를 돌려받는 구조다.

이자율은 간단히 말해 신뢰를 측정하는 척도다. 구체적으로 말하면 채권자의 신뢰와 채무자의 추정적 신뢰성이 만나는 점이다.

일반적으로 부채에 대한 이자율은 다음과 같이 두 개의 숫자를 더한

• secondary market, 발행된 유가증권 등이 거래되는 유통시장. 새로운 증권이 발행되는 1차시장(primary market)과 구별된다.

값이다.

이자율=기준금리+스프레드

기준금리는 미국 국채금리, 리보금리LIBOR; London Interbank Offered Rate 또는 우리가 흔히 쓰는 말로 우대금리prime rate와 연동된다. 이자율은 자본 조달 비용, 즉 은행이 그 자본을 획득하기 위해 지불한 모든 금액을 말한다. 기준금리는 다른 말로 하면 채권자가 당신을 전적으로 신뢰할 때 부담해야 할 이자율이다. 미국 정부에 돈을 빌려주는 것은 거의 완벽하게 안전하다고 간주되므로 **무위험 수익률**risk-free rate이라고도 불린다. 미국 정부가 지불하는 이자율은 디폴트 가능성이 제로인 채무자에게 돈을 빌려줄 때 기준점이 되는 이자율이다.

이와 비슷하게 **우대금리**는 은행이 소매고객에게 적용하는 이자율 중 제일 낮은 이자율이다. 즉 신용도가 가장 높아 대출금을 거의 백퍼센트 갚으리라 확신하는 고객에게 적용하는 이율이다. 그 외의 고객에게는 **스프레드**spread라고 해서 은행이 부담하는 위험을 만회하기 위해 채무자에게 부과하는 이율이 있다. 채권자의 관점에서 보면 스프레드는 위험을 부담하는 대가로 받는 추가적인 이자율이다. 채무자의 관점에서 보면 자신에 대한 채권자의 신뢰가 부족하기 때문에 부담하는 추가비용이다.

이자율에는 신뢰의 상호작용이 적나라하게 드러난다. 누군가에게 제시되는 이자율을 보면 그 사람의 디폴트(상환하지 못할) 가능성에 대한 은행의 예측을 숫자로 볼 수 있다. 예를 들어 어느 해에 은행에서 당신이 채무를 상환하지 못할 가능성을 5퍼센트라고 생각한다면, 그 위험을 감수하는 대가로 5퍼센트의 추가 이자율을 당신에게 부과할 것이다. 다른 말로 하면 그 은행으로부터 대출을 받기 위해 당신이 추가로 부담해야 하는 이자율이 5퍼센트라는 이야기다.

은행에서 당신의 신용이 높다고 생각할수록 당신에게 제시하는 이자율은 낮아질 것이다. 신용점수를 보면 이자율을 보다 정확하게 분석할 수 있다. 은행은 당신의 신용점수를 이용해서 신용도(신뢰성)를 평가한다. 신용점수가 높을수록 은행은 당신이 더 신뢰할 만하다고 생각할 것이다. 이는 당신이 은행으로부터 낮은 이율로 돈을 빌려 다른 대출금을 상환하거나 주택 같은 자산 구입에 활용할 수 있다는 뜻이다.

물론 우리는 당신이 얼마나 신뢰할 만한지 절대 알 수 없다. 아마 당신 자신도 잘 모를 것이다. 제때 돈을 잘 갚는 사람은 미래에도 그럴 가능성이 높다. 제때 돈을 못 갚는 사람 역시 미래에도 못 갚을 가능성이 높다. 그러나 빚을 못 갚는 사람은 대부분 그렇게 되리라고 전혀 예상하지 못한 경우가 많다. 실직이나 질병처럼 전혀 예측하지 못한 상황 때문에 어쩔 수 없이 그렇게 된다. 당신의 신용점수는 당신이 돈을 갚지 못할 위험성을 예측하는 한 방법이지만, 예측에 지나지 않는다.

그 예측도 당신의 과거 신용기록에 의존하기 때문에 더욱 부정확할 수밖에 없다. 신용기록이란 과거에 채무를 얼마나 제때 상환했는지, 어떤 종류의 신용거래를 했는지, 어떤 종류의 신용거래가 가능한지, 얼마나 오래 신용거래를 했는지 등을 말한다. 미국에서는 그 외 당신의 나이, 인종, 성별 같은 사회적 특성을 신용도 결정에 사용할 수 없다.

반면에 중국에서는 기존의 신용점수를 '사회신용점수'로 확대하려 하고 있다. 빅데이터의 대두와 감시국가를 추종하는 상황에서 중국은 그 어느 때보다 많은 정보를 수집하고 있다. 과거 범죄전력이 신용도 측정에 이용된다. 그런데 무단횡단은 어떻게 할 것인가? 태도가 거만하다면? 위자료 미지급은? 고등학교 성적은? 신용점수를 왜 꼭 대출 결정에만 이용해야 하나? 직원을 고용할 때나 아파트를 임대할 때, 비행기에 승객을 태울 때는 왜 이용하면 안 될까? 이 모든 것은 신뢰와 연계되어 있다. 그러니 신뢰를 수치화하면 어떨까?

미국에서는 일반적으로 발급받은 신용카드 개수가 신용도와 관계가 있다고 생각하지만 어느 대학을 다녔는지에 따라 신용도가 결정된다고 생각하지는 않는다. 신용도에 따라 구입할 수 있는 아파트가 달라진다면 이해가 되지만 데이트 사이트에서 신용도를 이용해 상대방을 선택한다면 다소 문제가 있다고 느껴진다. 신용도를 결정하는 요소를 어떻게 선택하는가? 그리고 신용도를 어떤 용도에 사용할 수 있을까? 이 질문에 대한 답은 신뢰와 존엄성 모두와 관련되어 있다. 이 문제는 제3장에서 다뤘다.[27]

| 2차시장과 2008년 금융위기

지난 반세기 동안 가장 중요한 경제적 사건은 신용붕괴, 구체적으로 말하면 금융시장 내 2차시장의 붕괴로 2008~2009년에 발생한 금융위기일 것이다. 좀 전의 사례로 돌아가서, 프랭크 토토리엘로는 점포 확장을 위해 고객들에게 델리달러를 발급했다. 이것은 자본이 필요한 사람과 '투자자' 간의 거래이므로 1차시장이라 할 수 있다. 고객 중 일부가 델리달러를 토토리엘로의 식당과 전혀 상관없는 거래에 사용하기 시작하면서 2차시장이 생성되었다. 사람들이 뉴욕 증권거래소에서 월마트 주식을 살 때는 월마트로부터 직접 구입하는 게 아니라, 다른 투자자로부터 구입한다. 증권거래소나 기타 상품의 거래시장은 모두 2차시장이며 투자은행은 이런 시장의 거래로 수익을 창출한다.

2008년 9월 15일 이런 투자은행 중 하나인 리먼브라더스가 파산 신청을 했다. 파산이란 채권자에게 채무를 갚지 못해서 더 이상 상환능력이 없다고 선언하는 것이다. 투자자들은 리먼을 믿고 투자했는데 그 신뢰가 깨진 것이다. 리먼의 파산은 연쇄적인 공포를 불러일으켰고 대공황과 견줄 만한 재앙을 몰고 온 대침체가 발생했다.

경제전문가들이 가장 두려워한 것은 **기업어음**CP; commercial paper 시장의 붕괴였다. 기업어음이란 신용이 좋은 회사에서 단기로 빌리는 대출을 말한다. 15년에서 30년에 걸쳐 갚아나가는 모기지mortgage와 달리 기업어음은 통상적으로 만기가 한 달이다. 수익률 제고를 위해 MMA 계좌에 기업어음을 일부 편성할 수도 있지만 대부분의 소비자는 그게 무엇인지 모르는 채 지나간다. 기업어음은 일반적으로 위험이 적고 진부한 투자 방식이라 월스트리트에서조차 별 관심을 두지 않는다. 아무도 제너럴일렉트릭이나 엑슨모빌 같은 회사가 한 달이라는 기간 내에 대출금을 갚지 못하리라고 생각하지 않으므로 이들의 상환능력에 대한 신뢰는 매우 높고 따라서 스프레드도 거의 제로에 가깝다.[28] 2008년 9월까지는 그랬다.

2008년 상반기에는 신용기록이 별로 안 좋은 실업자도 높은 이자율을 감당할 의사만 있다면 대출로 주택 구입이 가능했다. 그런데 2008년 말에는 전 세계에서 가장 돈이 많은 회사도 급여 같은 단기 비용을 해결할 30일짜리 대출을 받을 수 없었다. 기업어음시장의 붕괴는 경제학자에게 정말로 충격적이다. 경제학은 결국 사회가 한정된 자원을 어떻게 배분하느냐를 다루는 학문이다. 그리고 경제학자들은 그 역할을 시장이 제일 잘한다고 생각한다. 거래 당사자 양쪽이 거래를 통해 이익을 볼 수 있다면 시장이 형성된다. 경제의 모든 분야에서 거래가 늘어나면 부가 창조되고 증대된다. 시장 덕분에 중세의 가난에서 벗어날 수 있었다. 그러나 시장이 실패하면 그 여파는 경제의 전 부문에 영향을 미친다.

이 시장의 실패가 충격적인 이유는 두 가지다. 첫째, 시장이 제대로 기능하도록 해주던 신뢰가 단지 숫자의 문제가 아니라는 것이 드러났다. 은행은 이자율을 얼마나 부과하고 받아들일지를 결정하는 데 수학식을 사용해왔다. 원칙적으로 본다면 이 수학식은 위험의 수준과 상관없이 작동해서 거래가 계속되어야 한다. 그러나 이 모델을 사용하던 금융계는 9월 들어 더 이상 이를 신뢰하지 않게 되었다. 위험도가 너무 높아져서가 아니라, '모르는 불확실한 것unknown unknowns'에 대한 공포가 새삼 덮쳤기 때문이다(전 국방장관 도널드 럼즈펠드가 한 유명한 말로, 알려진 불확실한 것known unknowns과 모르는 불확실한 것이 있다. 알려진 불확실한 것은 확실하지는 않지만 경험에 의해 어느 정도 예측을 할 수 있다. 모르는 불확실한 것은 애초에 그런 것이 있을 것이라고 생각조차 못하는 것이다). 모르는 불확실한 것이 너무 많아지자 사람들은 상호 간에 거래하기를 꺼렸다. 자신들의 모델 자체를 믿지 않았던 것이다.

두 번째 교훈은 우리 모두 이 신뢰라는 거미줄 안에 얽혀 있다는 것이다. 보통 누군가에게 대출을 해줄 때는 그 사람이 갚을 것인지 여부를 묻는다. 그런데 이 금융위기로 인해 이런 거래가 단독으로 발생하지 않는다는 것을 알게 되었다. 우리는 이 책의 전반부에서 법치주의의 발전을, 후반부에서는 신뢰의 전염성을 다루었다. 금융위기는 이 두 가지 모두 중요하다는 것을 강조했다. 정부가 현장에서 발생하는 사태에 어떻게 대응할지도 불확실했지만 파산이 시스템에 어떤 영향을 미칠지도 불확실했다. 내가 은행과 거래 여부를 결정할 때 은행이 되갚을 충분한 돈이 있는지도 중요하지만 은행이 돈을 빌려준 다른 사람의 상환능력도 중요하다. 실패는 전염성이 있다. 내가 당신을 믿으려면, 시스템에 대한 신뢰가 있어야 한다.

월스트리트의 위기가 메인스트리트*를 덮칠 때도 또 다른 경제위기라고 할 수 있다. 오랫동안 금융은 보통 사람들의 관심을 끌지 못하고 오르락내리락하는 게임이었다. 유가증권의 2차시장은 일반 시민의 생활에 거의 영향을 미치지 못하는 것처럼 보였다. 직원의 급여를 지급하고, 공장을 건설하기 위해 기업이 주식을 발행하거나 채무를 발생시키면, 그 뒤로 주식이나 채권의 소유권이 누구한테 넘어가든 공장의 노동자에게는 별다른 영향이 없었다. 금융시장에 역동성을 불어넣는 대형 금융기관 간의 거래는 경제학자들이 소위 **실물경제**라고 부르는 분야와 큰 연관성이 없었다.

그러나 경제위기가 닥치자 2차시장의 중요성이 대두되기 시작했다. 기업으로서는 고객이 대금을 지불하기 전에 새로운 자본을 끌어모으고 새로운 시설에 투자하거나, 단순히 직원들에게 급여를 주려면 제대로 작동하는 2차시장에 의존할 수밖에 없다. 은행은 아무도 그 기업의 채무를 사려 하지 않는 기업에는 대출을 해주지 않는다. 은행은 필요한 기업에 보유자산을 투자하기도 하지만 주로 다른 사람을 대신해서 투자한다. 시중은행은 당신이 예금 계좌에 예치한 돈을 지역의 기업이나 상인에게 빌려준다. 대형 투자은행은 연기금 같은 투자처로부터 돈을 받아 필요한 곳에 투자한다.

금융시장의 문제는 종사자가 아니면 별 관계가 없다고 일반인은 생각한다. 그러나 채권시장이 경색되고 경제 시스템에서 신뢰가 무너지면 기업은 새로운 지점을 열거나 신규 직원을 고용하기는커녕 종업원에

● Main Street, 미국의 일반 소시민 또는 월스트리트(금융시장)와 대비되는 의미에서의 실물경제.

게 지불할 임금도 조달하지 못한다. 복잡한 금융시장 없이도 인류가 수천 년간 잘 살아온 것은 사실이다. 그러나 오늘날 우리의 생활수준이 유지되는 큰 이유 역시 복잡한 금융시장 덕택이다.

경제학자들은 아직도 2008년 경제위기의 원인에 대해 다양한 의견을 내놓고 있다(금융 분야의 규제 완화, 주택시장의 거품, 과도한 통화팽창 정책, 지나친 외국 자본 유입 등).[29] 그러나 한 가지는 확실하다. 우리는 모두 서로 연결되어 있다는 것이다. 투자를 하다 보면 파산하는 기업도 생기기 마련이다. 투자를 하는 가장 큰 목적은 기업이 혼자 감당하기에 너무 큰 위험을 극복하도록 도와주고자 함이다. 그런데 한 기업의 파산이 걷잡을 수 없이 퍼져나가면서 위기가 닥친 것이다.

계약

한번은 조금 깐깐한 내 친구가 자기가 사는 아파트에 페인트칠을 하려 했다는 이야기를 했다. 그는 외부인 출입제한 단지에 살고 있었고 아파트 수선 작업을 했다. 그런데 페인트 작업이 마음에 들지 않아 다시 작업을 해달라고 했지만 페인트공이 이를 거절하고 가려 했다. 그는 입구의 경비원에게 전화해 페인트공이 돈을 훔치려 했으니 내보내지 말라고 말했다. 페인트공은 어쩔 수 없이 돌아와 이 친구가 만족할 때까지 다시 페인트칠을 했다.

우연일지 모르지만 집에 페인트칠을 하는 것은 신뢰의 필요성을 설명하기 위해 경제학 교과서에 자주 인용되는 종류의 거래다. 당신은 페인트공이 제대로 페인트칠하는 것은 물론이고 집 안의 물건을 훔쳐 가지 않으리라는 것도 믿어야 한다. 이런 거래가 가능한 것은 신뢰와 법(구체적으로 계약법)이 있기 때문이다.

법이라고 하면 매일 텔레비전이나 영화에서 보는 것처럼 재판을 연상하지만 사실 변호사는 대부분의 시간을 계약서를 검토하는 데 소비한다.[30] **계약**이란 법으로 강제할 수 있는 두 당사자 간의 합의다. 계약에 대한 광의의 정의 안에는 경제의 모든 분야에서 발생하는 상호행위가 다 포함된다. 통상적으로는 두 기업 간의 합의지만 개인과 기업 간의 합의도 포함한다.

가장 전형적인 사례는 판매자와 구매자가 미래의 어떤 날짜에 거래를 약속하는 행위다. 예를 들어 농부가 종자와 농기구를 구매하기 위해 대출을 받고 작물을 수확해서 판매한 뒤에 대출금을 상환하기로 약속할 수 있다. 또는 주택 구입자가 판매자와 계약을 하고 은행에서 모기지 대출을 받을 수도 있다. 이는 신뢰가 기반이 되는 행위가 필요한 상황이며 계약에 의해 신뢰가 보장되는 상황이다.

내가 궁금한 것은 법으로 강제되는 계약이 신뢰에 도움이 되는지, 아니면 방해가 되는지 여부다. 또한 역으로 신뢰가 법적 계약에 도움이 되는지, 아니면 방해가 되는지의 여부도 궁금하다. 경제용어로 신뢰와 계약이 **보완재**complements라면 서로에게 도움이 된다는 뜻이다. 당사자 간에 서로 신뢰할 때 계약은 제대로 작동하며, 탄탄하고 완벽한 계약은 신뢰를 높인다. 반대로 만일 신뢰와 계약이 **대체재**substitutes라면 한쪽이 다른 쪽을 몰아내거나 더 안 좋은 경우에는 서로 방해하는 상황이 발생한다. 강력한 계약서가 있다면 신뢰에 투자할 필요가 없고, 강력한 신뢰가 구축되어 있다면 계약을 강제하는 법률에 투자할 필요가 없다. 보다 구체적으로 말하면, 판매자와 구매자가 협정을 맺을 때는 상대방에 대한 신뢰를 바탕으로 끝까지 계약을 이행하거나 불이행 시 법적인 제재가 가해지는 계약에 의존해 계약을 이행하는 방법이 있다.

신뢰와 계약은 둘 다 좋은 것이므로 둘 다 갖는 것이 이상적이라고 생각할 수 있다. 그러나 법적인 구속력이 있는 계약은 상대방에 대해 가지고 있는 신뢰를 약화시킬 수 있다. 결혼계약서나 혼전합의서를 생각해 보면 법률 계약서에 구체적으로 의무사항을 나열하는 것이 상대방에 대한 신뢰관계를 훼손할 수 있다는 것을 잘 알게 될 것이다.

신뢰와 강제적 계약이 어떻게 상호작용하느냐에 관한 문제는 매우 중요하다. 왜냐하면 둘 다 번영과 성장에 영향을 주기 때문이다. 둘의 상호작용이 잘 일어난다면 한쪽을 강화함으로써 선순환이 발생하여 다른 쪽도 강해지고 결국 경제 성장으로 이어진다. 그러나 둘의 관계가 좋지 않은 경우, 신뢰를 강화하면 계약이 약해지고 반대로 계약의 강제성을 강화하면 신뢰가 타격을 입는다. 어느 경우든 경제에는 좋지 않은 결과를 초래한다.[31]

| 실험실에서의 신뢰와 계약

이 장의 앞부분에서 다룬 신뢰 모델에서는 신뢰 행위가 기본적으로 위험을 무릅쓰는 것이라고 정의했다. 계약은 두 당사자 간의 의무와 여러 가지 만일의 사태에 대한 조치사항을 담은 합의서다. 경제학자들은 계약을 공고하게 만드는 두 가지 특성에 주목한다. **완벽성**completeness과 **강제 가능성**enforceability이다. 계약은 의무사항과 이의 미이행으로 인한 결과를 보다 구체적으로 명시할 때 더욱 완벽하다. 계약은 법률이 계약조항을 이행하도록 여건을 조성할 때 더욱 강제성이 커진다. 예를 들어 조건이 보다 구체적인 계약이 모호한 계약보다 강제성이 있다. 그러나 강제성이 잘 작동하려면 낮은 법률 비용, 공정한 판결, 제대로 기능하는 법률 시스템이 필요하다.

일반적으로 꼼꼼한 계약은 동업을 할 때 위험을 감소시킨다. 위험이 감소한다는 건 신뢰에 좋기도 하고 나쁘기도 하다. 낯선 사람과 거래할 때의 위험을 줄여준다는 면에서는 좋다. 그런데 새로운 사람과 거래하는 게 너무 위험하면 새로운 관계가 형성될 수 없다. 반면에 계약이 너무 꼼꼼하면 위험이 사라지기 때문에 신뢰에는 좋지 않다. 신뢰성을 보여줄 기회가 **없으면** 신뢰도 싹틀 수 없다.

아르민 팔크Armin Falk와 미하엘 코스펠트Michael Kosfeld는 기발한 신뢰게임 실험으로 소위 '숨은 제한 비용hidden cost of control'을 찾아내 양자의 모순관계를 알아냈다. 이 실험에서 투자자는 피신탁자에게 투자를 한다. 투자금이 3배의 이익을 낳으면 피신탁자에게는 그가 원하는 비율대로 투자자와 이익금을 나눠 가질 수 있는 권한이 부여된다. 이 조건에서 실험을 실시하면 피신탁자는 평균적으로 3분의 2를 갖고 투자자에게 3분의 1을 돌려주었다. 그런데 누군가 피신탁자의 권한에 한도를 부여하면 좀 더 안전하게 나누지 않을까 생각했다. 피신탁자에게 최소 10퍼센트를 투자자에게 돌려주어야 한다는 제한조건을 걸었다. 이 조건을 투자자와 피신탁자 사이의 계약상의 단서조항이라고 보아도 좋을 것이다.

피신탁자가 돌려주는 3분의 1이 이미 10퍼센트보다 크므로 10퍼센트 최저조건이 별 의미가 없을 것이라고 생각할 것이다. 10퍼센트가 보장되므로 투자자가 한 푼도 돌려받지 못하는 경우는 없다. 이로 인해 투자액이 늘고 피신탁자가 투자자에게 더 많은 수익을 돌려줄 것이라고 예상됐다. 그런데 실험 결과는 정반대였다. 10퍼센트라는 최저조건 때문에 피신탁자는 제한조건이 없을 때보다 투자자에게 더 적은 이익금을 돌려주었다. 투자자 입장에서는 피신탁자의 선택에 제한조건을 걸지 않는 편이 더 이익이 컸다.[32]

처음에는 이 결과가 이해되지 않을지도 모른다. 어쨌든 피신탁자가 3분의 1을 돌려주려는 의사가 있었는데 왜 제한조건을 걸었다고 해서 덜 돌려주려 할까? 3분의 1이 10퍼센트보다 크므로 제한을 걸어도 아무런 문제가 되지 않아야 한다. 결국 밝혀진 원인은 제한조건이 신뢰가 부족하다는 표시였다는 것이다. 신뢰란 호혜성에 좌우되는데 투자자가 피신탁자의 선택에 제한조건을 걸면 그 역시 덜 호혜적인 행동으로 대응한다. 반면에 투자자가 피신탁자를 신뢰하는 행동을 하면 피신탁자도 이에 상응하는 행동으로 돌려준다. 이익금을 얼마나 돌려주어야 하는지에 대한 제한조건이 없을 때 피신탁자는 자신이 신뢰할 만한 사람임을 보여준다.

그러나 계약상의 조건으로 선택이 제한받으면 신뢰에 의해 행동하는지, 규칙에 의해 행동하는지 투자자에게 명확하게 보여줄 수 없다. 그러면 피신탁자에게는 자신의 결정을 신호로 보여주는 효과가 감소된다. 그러므로 투자자에게 적게 돌려주게 된다. 투자자가 10퍼센트의 최소 반환율을 설정하면 암묵적으로 이익에 대한 기대치가 낮다는 걸 보여주는 셈이다. 따라서 피신탁자는 그 기대에 맞게 이익을 돌려준다.

경제학자들은 이 연구 내용을 발전시켜 계약은 불완전할 때 오히려 효과적이라고 주장했다.[33] 계약 내용에 신뢰가 작용할 여유가 있을 때가 더 좋다는 것이다. 직장에서 매니저가 직원들을 일일이 간섭해야 할지, 권한을 위임하고 직원들의 판단력을 신뢰해야 할지를 놓고 갈등할 때와 같은 상황이다.[34]

우리는 지금까지 미시적 수준의 관계에서 계약과 신뢰가 충돌하는 것을 보았다. 그러나 (미국의 주끼리 비교하거나 다른 국가와 비교할 때 같은) 거시적 수준에서는 신뢰와 계약이 양립한다는 점을 다룰 예정이다.

| 신뢰와 법: 보완재와 대체재

제1장에서 우리는 인류의 역사에서 협력의 진화를 살펴보았고 관계와 신뢰로 협력이 강요되는 사회에서 시장과 법치에 의해 신뢰가 조율되는 사회로 발전하는 과정을 살펴보았다. 물론 진화를 그런 식으로 규격화하면 사회를 다스리는 양식을 이분법적으로 해석할 가능성이 있다. 즉 독점적인 폭력으로 유지되는 중앙집중식 지배 방식과 개인의 신뢰에 의해 유지되는 분산된 지배 방식으로 양분되는 것처럼 볼 수 있다. 그러나 사회를 지배하는 방식은 모 아니면 도 식의 단일 체계가 아니고 대체로 두 시스템이 섞여 있다.

역사는 법의 지배와 사회적 신뢰 모두 인류의 번영에 기여했음을 보여준다. 과거부터 현재까지 전 세계적인 경제의 발전은 법의 지배와 사회적 신뢰와 밀접하게 관련되어 있다. 물론 경제의 규모, 법의 지배, 사회적 신뢰 등은 측정하기 힘들지만 경제학자들은 설문 결과, 경제 수치, 전문적인 평가 등을 총동원해서 최선을 다해 측정한다.[35]

최근에 나는 데이비드 허프먼David Huffman과 공동으로 작성한 논문에서 법의 지배와 신뢰가 어떻게 상호작용하는지를 발표했다. 구체적으로는 사회가 발전하는 과정에서 이 둘이 보완재인지 대체재인지를 연구했다. 그림 5.1에서 보다시피 역사적으로 이 둘은 나란히 간다는 것을 알 수 있다.

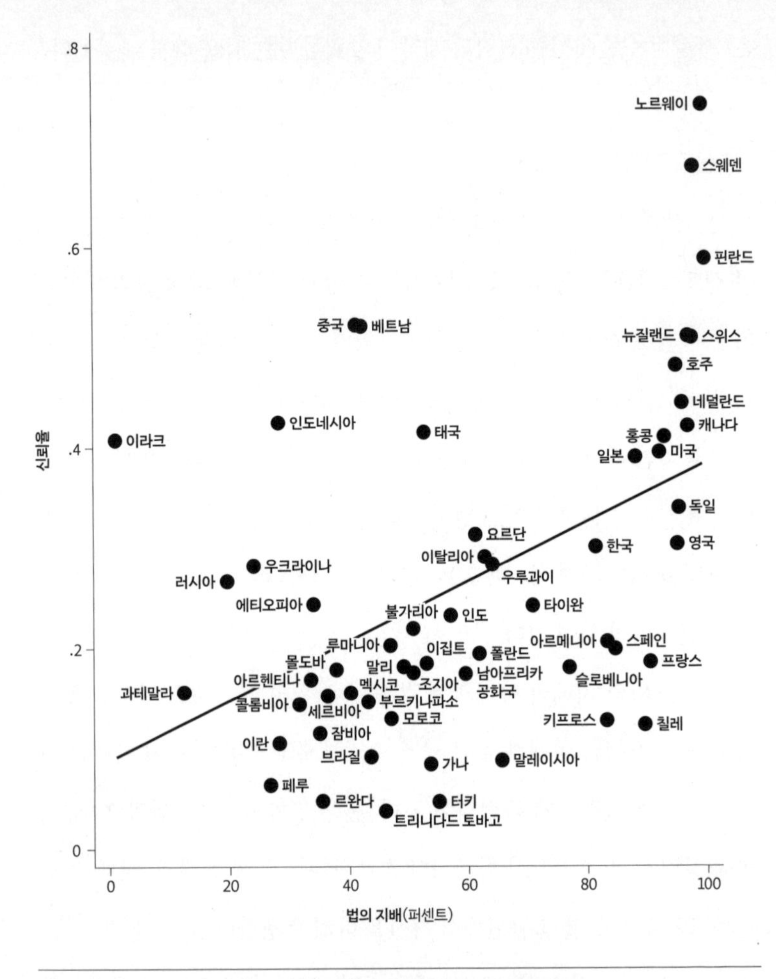

그림 5.1 정부에 대한 신뢰도와 법의 지배의 상관관계

출처: Ho, B., & Huffman, D. (2018). Trust and the law. In *Research Handbook on Behavioral Law and Economics* (Northampton, MA: Edward Elgar), 302.

이 연구에서 허프먼과 나는 법과 신뢰 사이의 상호작용에 영향을 미치는 게임이론 관련 역학관계를 두 가지 조사했다. 첫 번째 역학관계는 법이 기본적인 수준의 안전판을 깔아놓아서 다른 사람을 신뢰할 수 있다는 것이었다. 각각의 상호작용(즉 신뢰성을 증명함으로써 보상받은 각각의 신뢰 행위)은 오랜 기간에 걸쳐 보다 높은 수준의 신뢰를 쌓도록 작용한다. 반복적인 상호교류를 통해 상대방에 대해 더 많은 정보를 알게 되면 누가 믿을 만한지 더 잘 판단할 수 있고 이로 인해 다른 사람을 신뢰하기가 더 쉬워진다. 신뢰의 기본 수준이 확립되면 보다 많은 위험을 감수할 수 있고 더 많은 거래를 하게 된다. 시간이 지날수록 이 사이클로 인해 더욱 많은 신뢰 구축이 가능하다.

그러나 이런 선순환은 낯선 사람을 믿어도 되는 방안이 충분히 마련되어 인간관계에 지배받는 좁은 부족국가사회를 벗어나야만 시작될 수 있다. 신뢰와 법의 이런 보완관계는 거시적 데이터에서도 볼 수 있는데 법치주의 성격이 강한 국가일수록 다른 사람을 믿는 사람이 많다는 조사 데이터가 이를 증명한다.[36]

그러나 법과 신뢰 사이의 두 번째 역학관계는 정반대, 즉 둘 사이의 관계가 좋지 않다는 내용을 보여준다. (장기간에 걸쳐 각 국가별 트렌드를 분석한) 거시적 데이터는 신뢰와 법이 공존하는 걸 보여주지만, (실험실에서 도출한 데이터를 포함해서 개인이나 기업의 행동을 조사한) 미시적 데이터는 그 반대도 가능함을 보여준다.[37] 법은 질서와 계약을 장려하지만 신뢰 구축에는 방해가 될 수 있다. 신뢰한다는 것은 위험을 무릅쓰고 상대방에게 투자하고 상대방과의 관계에 기꺼이 투자한다는 뜻이다. 꼼꼼한 세부조항까지 계약서가 완벽하면 위험을 무릅쓸 일이 없고 그러면 신뢰를 구축할 기회도 제한된다.

계약을 연구하는 경제학자와 법학자는 오래전부터 계약이 불완전하다고 주장했다. 계약서 내용에 포함되지 않는 뜻밖의 상황이 발생하기 마련이고 이로 인해 분쟁이 생긴다는 것이다. 예를 들어 밀 수확이 끝나면 밀을 받고 금을 지불하는 데 합의했다고 하자. 발생 가능한 최대한 여러 상황을 계약서에 구체적으로 명시하지만 항상 예상치 못한 사태가 터지기 마련이다. 병충해로 밀 농사를 망치면 어떻게 하나? 통화정책이 바뀌어 금 가격이 떨어지면? 도적떼가 수송 중인 밀을 강탈해 가면? 전쟁이 나면? 예상치 못한 긴급상황을 계약서에 일일이 명시하지 못하기 때문에 계약 당사자들은 상대방을 믿고 비상사태를 극복해야 한다.

그러나 최근 게임이론학자들은 계약의 불완전성이 결함이 아니라 속성이라고 주장한다. 즉 계약 당사자들이 계약조항을 고의적으로 모호하게 남겨둔다는 것이다.[38] 구체적이고 정확하게 계약서를 작성하려면 변호사 비용이 많이 들고 소송 가능성이 높아 법률 비용이 많이 든다. 그러므로 법의 힘을 빌리는 것보다는 신뢰와 원만한 관계에 의지하여 선의에 의해 문제를 해결하는 것이 더 나을 수도 있다.

요약하면 계약 당사자가 위험을 안으려면 안전판이 필요하듯, 불완전한 계약으로 위험에 빠질 가능성이 있어야 한다. 앞에서 언급한 팔크와 코스펠트가 실험에서 보여주었듯, 투자자가 피신탁자의 선택을 제한하는 규칙을 설정하면 신뢰할 만한 행동이 줄어들고 신뢰도 낮아진다.

결론적으로 규칙과 제한이 본인-대리인 거래를 안전하게 만들지만 그 안전성은 신뢰를 구축하는 능력과 상충된다.

우리는 역사적인 데이터를 통해 신뢰, 법의 지배와 경제적 번영이 나란히 공존한다는 점을 알고 있다. 그러나 앞에서도 말했지만, 이 세 가지 중 어느 것이 원인이고 어느 것이 결과인지 아니면 완전히 다른 원인이 별도로 있는지 알 수 없다. 이를 알아내기 위해 우리는 가설에 입각하여 이론을 도출해내려 한다. 우리가 사용한 가설은 다음과 같다.

1. 계약과 법이 강력할수록 신뢰를 형성해서 낯선 사람과 관계를 맺는 것이 쉬워진다.
2. 계약과 법이 강력할수록 신뢰를 방해해서 관계 형성을 방해한다.

이 두 가지 모순되는 가설은 신뢰, 법의 지배, 번영 간의 긍정적 관계를 여러 가지로 해석할 수 있도록 해준다. 규칙이 신뢰를 낳는다면 규칙이 발달된 사회일수록 신뢰도가 높다고 판단할 수 있다. 규칙이 신뢰를 방해하는데도 둘 사이에 양의 상관관계가 보이는 이유는 규칙이 번영을 낳고 번영이 다시 신뢰를 낳기 때문이다. 또는 신뢰가 번영을 낳고 번영이 규칙을 낳는다고 생각할 수도 있다.

연관성과 인과관계를 확실히 파악하는 이상적인 방법은 무작위 실험을 하는 것이다. 즉 몇몇 국가를 선정한 뒤 어떤 국가에는 강력한 법에 의한 지배를, 다른 국가에는 조금 약한 정도의 법치를 도입한 후 뒤로 물러서서 이들 국가의 신뢰도에 어떤 일이 생기는 지 한두 세기 정도 지켜보면 된다.

안타깝게도, 이 계획은 실용적이지 못하다. 우리가 할 수 있는 최선의 방법은 실험실에서 신뢰와 법에 의한 지배를 시뮬레이션해서 그 결과를 관찰하거나, 그게 어려우면 일상에서 실험하는 수밖에 없다. 현재로서는 어떤 게 정답인지 알 수 없다.

다른 사람과 일하면 많은 것이 잘못될 수 있다. 다른 사람들은 결코 우리의 기대를 충족할 수 없다. 상황이 바뀌면 관련된 일의 성격이 바뀔 수 있다. 리스크를 처리하는 방법 중의 하나는 계약서를 작성하는 것이다. 또 다른 방법은 신뢰하는 사람과 일하는 것이다. 계약을 이용해 관계를 중재하려면 계약서를 작성하는 비용(변호사 비용이 비싸므로)과 집행하는 비용(재판 비용도 많이 든다) 때문에 비쌀 수밖에 없다. 게다가 당사자 간에 어떤 계약을 하게 되면 관계의 성격이 변한다. 그러므로 계약은 신뢰와 충돌할 수 있다. 혼전계약서가 결혼의 의미를 어떻게 변화시키는지 생각해보면 쉽게 이해할 것이다.

한편 새로운 사람과의 거래에는 항상 위험이 내포되어있다. 잘 모르는 사람과 신뢰관계를 구축하는 것은 쉬운 일이 아니다. 계약서가 있다면 모르는 사람과도 위험을 무릅쓰고 거래를 시작하면서 관계를 맺을 수 있다. 좀 전의 혼전계약서 사례에서, 당신(또는 당신의 가족이)이 결혼생활의 지속성에 대해 의문이 든다면 확실할 때까지 결혼을 미루거나 아예 결혼을 안 할 수도 있다. 이때 혼전계약서는 두 사람이 모험을 하는 셈 치고 상대방과 결혼해서, 혼전계약서가 없었다면 생기지 않았을 튼튼한 유대관계를 형성하도록 도와준다.

직장

경제를 구성하는 기본 요소는 노동과 자본이다. 극장 갈 때 입는 옷부터 등교할 때 입는 옷까지 우리가 소비하는 모든 것은 다른 사람이 하는 일(노동)과 노동의 효과를 증대시키기 위해 사용하는 도구(자본)의 조합에서 나온다. 경제학자들은 경제를 기본적인 요소들을 이용해 우리 모두가 소비하는 재화와 용역으로 바꾸는 기계라고 간주한다. 앞에서는 화폐와 투자에 관련해서 경제가 자본과 노동을 어떻게 연결하는지(투자) 살펴보았다. 여기서는 직업의 본질에 대해 알아본다.

한번은 샌프란시스코에서 무료 야외공연을 기다리며 잔디밭에 앉아 경제학 책을 보고 있었다. 인근에 담요를 펴고 앉아 있던 한 여자가 물었다. "경제학자인가 보군요, 요즘 경제학자들이 가장 고민하는 문제가 뭔가요?" 매일 수학 방정식을 가지고 씨름하다 보니 그런 식의 심각한 철학적 질문에 익숙하지 않았던 터라 아마도 우리가 왜 직장에 다니는지에 대한 대답 같은 것을 한 것 같다. 현대경제학의 핵심사상은 경제적 상호거래를 발생시키는 최선의 방식이 시장이라고 생각하는 것이지만, 기업은 시장과 다르게 중앙에서 계획을 세워 지시하고 통제하는 조직이라고 말했다. 그 여자는 잠시 생각하더니 고개를 끄덕이고는 정말로 연구해볼 가치가 있는 주제라고 말했다. 그녀의 남편도 경제학자였는데 일생을 바쳐 이 문제를 연구했다고 한다.

우리는 직장을 당연한 것으로 여긴다. 그러나 잠시 멈추고 생각해보면 시장경제 체제에서 직장의 존재는 다소 어색하다. 기업은 위에서 아래로 지시가 내려가는 독재적 위계집단이다. 이는 최고위층이 지시하고 그 밑의 관료조직이 생산계획을 집행하는 사회주의와 다를 게 없다고 볼 수 있다. 반면에 이상적인 체제는 동동하게 서로 경쟁하는 평평한 조직이다. 이상적인 자본주의 경제에서는 수요와 공급이라는 시장의 힘에 따라 생산이 이루어진다.

경제학의 아버지라 불리는 애덤 스미스가 설명한 핀 공장의 사례를 보자(그림 5.2). 그는 저 유명한《국부론》을 핀 제조 과정에 대한 설명으로 시작한다.

> 한 사람이 철사를 길게 뽑으면 두 번째 사람은 그것을 펴고 세 번째 작업자는 철사를 자른다. 네 번째 사람은 뾰족하게 만들고 그다음 사람은 머리를 붙일 수 있도록 갈아준다. 머리를 만드는 것도 두세 개의 공정으로 나뉜다. 머리를 붙이는 작업과 핀을 하얗게 가는 작업이 있다. 핀을 종이에 싸는 사람도 있다. 이런 식으로 핀을 제조하는 작업은 18개의 상이한 과정으로 분리되어 있다.[39]

우리는 모든 노동자가 한 공장에 근무하면서 매니저에게 보고하고 매니저는 중역에게 보고하고 중역은 회사 소유주나 CEO에게 보고하는

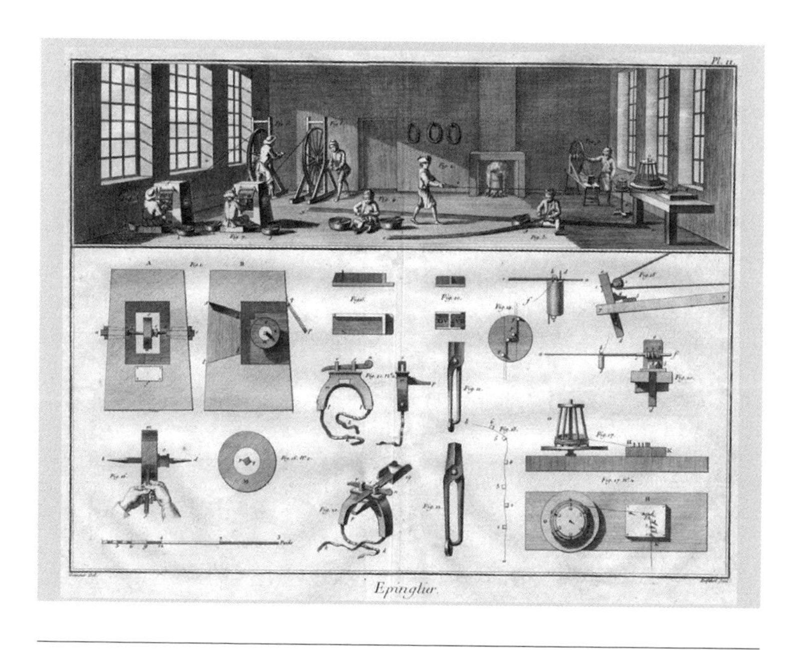

그림 5.2 핀 공장의 각 공정. 애덤 스미스는 핀 공장을 예로 들어 분업에 의한 막대한 생산성 증가를 설명했다. 그러나 핀 하나를 만드는 데 이렇게 많은 사람에게 의존하려면 높은 수준의 신뢰가 필요하다.
출처: An illustration of pin-making from Diderot's *Encyclopédie*, 1762. (Wikimedia Commons)

체계를 당연한 것으로 생각한다. 모두들 성실하게 명령을 따른다. 안 그러면 직장을 잃게 되니까. 모든 노동자는 제시간에 출근해서 회사 규율을 잘 지켜야 하는데 그에게 어떤 작업을 언제할지를 결정할 권한은 없다.

그게 아니라면 그 18개의 공정이 별개의 독립된 도급업자나 회사에 속하는 구조일 수도 있다. 각 업체는 자신의 규칙과 일정에 따라 움직인다. 구부러진 철사를 사서 곧게 편 후에 파는 회사도 있고, 곧은 철사를 잘라서 파는 회사도 있고, 잘린 철사를 사서 뾰족하게 갈아서 파는 회사 등등 여러 형태가 가능하다. 이 모든 공정이 각기 다른 곳에 위치해 있다면 불편하다고 반대할 수도 있다. 한곳에 모여 작업하는 것이 보다 합리적이다. 각기 다른 회사가 한 공장에 모이면 안 될 이유도 없다. 중세시대의 공장에서는 같은 공장에서 일하지만 각자 다른 주체로서 계약조건과 일정을 스스로 조정할 수 있었다. 철사를 자르는 옆에서 철사를 구부리는 작업을 할 수 있지만 각자 간섭 없이 알아서 한다.

이런 식의 작업 형태는 몇몇 병원의 응급실에서 볼 수 있는데 이곳의 의사와 간호사는 병원에 고용된 형태가 아니고 독립적으로 병원과 계약을 맺고 근무한다(따라서 그 응급실에 당신의 보험회사와 거래하지 않는 의사가 있다면 매우 골치 아픈 일이 발생한다). 이는 우버나 핸디Handy처럼 운전기사나 청소 용역 작업자를 직접 고용하지 않고 독립적인 자영업자로 고용하는 형태다(이 경우 노동법의 보호를 받지 못하므로 문제가 될 수 있다).

| 기업이론

로널드 코스Ronald Coase는 우리가 직장을 갖는 이유와 기업이 존재하는 이유에 대해 의문을 품고 20세기 전반에 기업이론theory of the firm을 창시했다. 이 이론은 우리가 왜 자영업자로 일하는 대신 자유를 포기하고 회사에 취직하는지 그 이유를 설명한다. 코스는 **외부효과**•에 대한 이론으로 더 유명한데, 거래 비용 때문에 시장이 제대로 작동하지 않는 일이 생기지만 않는다면 시장은 스스로 가장 좋은 결과를 낳는다는 이론이

• externality, 어떤 경제적 행위로 인해 발생하는 의도치 않은 비용 또는 편익.

다. 예를 들어 공기오염은 외부효과라고 할 수 있다. 공장이 공기를 오염시키면 수백만의 사람에게 피해를 주기 때문이다. 수백만 명의 사람과 공장이 공기오염으로 인한 손해를 보상하기 위해 협상할 때 들어가는 거래 비용은 엄청날 것이다. 이런 이유로 정부가 오염물질에 대한 환경 규제를 통해 외부효과를 내재화*하는 것이다.

코스는 기업에도 같은 논리를 적용했다. 이상적인 시장이라면 핀 작업자는 각자 회사를 설립하고 애덤 스미스가 내부 공급망의 일부라고 밝힌 18개의 각 공정으로부터 재료를 구입하고 각 공정에 생산물을 판매할 수 있다. 그러나 각 회사 간의 거래는 계약서 조건 합의, 일정 미준수에 대한 대응방안 및 품질 문제 처리 등 매우 복잡할 수밖에 없다. 철사를 연마하는 노동자가 어느 날 하루를 쉬고 낚시를 간다면 철사를 자르는 작업자는 팔지도 못하고 사용하지도 못하는 재고를 떠안을 것이다. 연마된 철사를 구입해서 핀의 머리를 펴던 작업자는 작업할 재료가 없게 된다. 게다가 각 과정에는 투자금 회수를 확신한 투자가들이 구입한 기계도 있다. 결론적으로 보면 별것 아니라는 듯 자리를 비우는 프리랜서 작업자를 믿는 것보다 크고 움직이지 않는 공장을 믿는 게 낫다.[40]

코스 이후 반세기 동안 학자들은 거래 비용이 어떻게 작용하는지 알아냈다. 이 비용은 늘 발생하는 비용이다. 판매자와 구매자를 찾는 데 시

* internalize, 예를 들어, 공장에 환경세를 부과하거나 오염물질을 방출하지 못하도록 규제를 강화하는 등의 조치.

간이 걸린다. 가격 협상에도 시간이 걸린다. 계약서를 작성하고 분쟁을 해결하는 변호사 비용도 들어간다. 그러나 생산을 분리하는 데 드는 비용은 보다 구조적이며 신뢰 문제와 관련되어 있다.

논문에 인용된 전형적인 사례는 GM에서 1919년에 합병한 피셔바디사Fischer Body Company다. 이 회사는 1908년에 마차산업에 종사하던 형제 두 명이 자동차가 돈이 된다는 걸 알고 설립했다. 그리고 뷰익, 캐딜락 등 많은 GM 계열사에 부품을 공급했다. GM은 원가절감을 위해 피셔사가 GM 공장 인근으로 이전하기를 원했지만 피셔사에서 내키지 않아 했다. 그들은 공장을 이전하면 GM과의 관계가 좋아지고 효율도 높아져 원가도 절감되겠지만, 다른 회사에 차체를 판매하기가 더 어려워질 것이라는 점을 알고 있었다. 당연한 일이지만 한번 GM에 대한 의존도가 높아지면 GM에서 피셔사에 불리한 조건으로 계약을 강요하지 않을까 우려됐다. 선택지가 별로 없는 피셔사는 새로운 조건을 받아들이지 않을 수 없을 것이고, 결국 진퇴양난에 처할 것이었다.

두 회사 간에 합의만 이루어지면 둘 다 이익을 얻을 것이었다. GM은 원가절감과 통합 생산 체계 구축으로 생산이 늘어나서 피셔에 더 많은 주문을 주고 제품의 라인업도 늘어날 것이지만 신뢰의 부족으로 합의가 어려웠다.

해결방안은 간단했다. GM에서 피셔사에 결코 거절할 수 없는 제안을 했다. 피셔 형제가 자기 회사의 가치라고 생각하는 금액을 파악한 다음 그보다 더 높은 가격에 회사를 사겠다고 제안한 것이다. GM은 피셔사에서 GM과의 관계에 투자하면 피셔의 가치가 더 높아질 것이라는 걸 알았기 때문에 이런 제안을 할 수 있었다. 피셔사는 스스로 이런 투자를 결정할 수 없었다. GM은 피셔사에서 자신들의 차량만 전문으로 생산해주기를 원했지만 그렇게 되면 GM에 대한 피셔사의 의존도가 높아진다. 피셔사는 GM이 우월한 지위를 이용할 것이라고 의심했다. 앨치언Alchian과 그의 팀이 조사한 피셔사의 사례는 기업이론의 기본이 되는 연구로 남았다.[41]

그런데 이게 노동자와 직장에 무슨 연관이 있는가? 기업은 노동자가 기업과의 관계에 전념하기를 바란다. 마치 GM에서 피셔사가 자신들과의 관계에 전념하기를 원했듯이 말이다. 노동자는 직장을 얻기 위해 회사 근처로 이사할 수 있다. 그 회사에 취직하기 위해 특별한 기술을 배울 수도 있다. 그러나 그렇게 되면 노동자는 상당한 리스크를 안게 되며 회사에 착취될 가능성이 높아진다. 회사는 노동자의 불신을 제거하기 위해 직장이라는 형태로 노동자에게 장기간에 걸친 약속을 통해 신뢰를 보여준다. **직장**은 노동자가 회사에 전념하는 것이 안전하다는 걸 확신시켜주는 일종의 약속이다. 일단 약속을 하게 되면 장기고용으로 인한 신뢰는 시간이 지남에 따라 더욱 높아진다.

| 계층제와 권위

회사를 정의하는 한 특징이 장기간에 걸쳐 계속되는 회사와 직원 사이의 관계라면, 또 다른 특징은 계층구조다. 평등한 조건에서 구매자와 판매자가 차별 없이 경쟁하는 완전경쟁시장과 달리 기업 내에서 발생하는 업무 교류는 본질적으로 매우 위계적이다. 노동자는 기업의 계급구조 내에서 자신의 위치를 늘 인식하고 있다. 누구에게 보고해야 하는지, 직위로 따지든 연공서열로 따지든 자신이 누구보다 높은지 알고 있다.

계층제에 대해 그동안 많은 연구가 있었다. 나와 동료들은 실험에서 사람들이 계층제를 선호하는 이유는 계층제가 안정을 촉진하는 반면에, 대립은 비용이 들고 고통스럽기 때문이라는 점을 밝혔다.[42] 동물세계에 서열이 존재하듯 회사에는 직급제도가 존재한다. 동물은 서열을 미리 정해서 싸움을 최소화한다. 닭 무리 사이에 서열이 한번 정해지면 닭들은 그 질서를 지키려고 노력한다. 계속 서열을 정하기 위한 싸움만 한다면 포식자에게 쉽게 당하게 마련이다. 이런 서열을 지키려는 본능은 인간사회에서도 볼 수 있다. 각 문화에 퍼져 있는 본능을 연구한 결과 일곱 살 먹은 어린이에게도 이런 성향이 나타난다는 것이 밝혀졌다.

계층제를 선호하는 두 번째 이유는 조직이 토너먼트식 승진 구조의 이점을 최대한 이용할 수 있기 때문이다. 기업은 기본적으로 선발된 몇 명만이 최상위직으로 올라가는 피라미드 구조를 갖고 있다. 각 계급은 위로 올라갈수록 작아진다. 이 사실은 열심히 일해서 위로 올라가려는 동기를 부여하고 기업에서 능력 있는 사람을 발견하고 합당한 보상을 줄 방법을 제공한다.

세 번째는 노동자를 위해 계층제가 존재한다는 것이다. 이 분야를 연구하는 경제학자한테 들은 이야기에 의하면 중세시대에는 상품을 실은 평저선을 강둑에서 여러 사람들이 끌어서 옮겼다.[43] 그런데 속도를 유지하기 위해 사람들이 규칙적으로 채찍질을 당하는 걸 불쌍히 여긴 어떤 여인이 때리는 사람보고 그만하라고 말했다. 그러자 그는 "잘못 알고 계시군요, 부인. 이 사람들이 때려달라고 나를 고용한 겁니다. 동료를 못 믿어서 그런 것도 있고, 자극이 없으면 게을러질 것 같으니 나한테 돈을 주고 때려달라고 한 겁니다"라고 대꾸했다. 여기에서 설명하는 계층제는 중앙의 한 사람에게 권력을 주고 모든 사람이 자신이 맡은 일을 제대로 하도록 감시하는 역할을 시키는 구조다. 이로 인해 노동자의 생산성이 증가하면서 임금이 늘고 기업의 이익도 증가한다.

그렇다면 조직 내에 계층제가 존재하는 것이 당연하게 보인다. 그러나 이 역시 문제가 없지 않다. 계층제가 권력의 중앙화로 노동자의 동기를 부여하고 갈등 해소에 도움이 되기는 하지만 노동자의 자율성 박탈로 인해 여러 가지 좋지 않은 영향을 미친다.

중앙화한 권력에는 대가가 따른다.[44] 직원들이 자율성이 없어지면서 스스로 결정하지 못하고 혁신과 거리가 멀어진다. 이상적으로는 현장에서 업무를 제일 잘 아는 사람한테 결정권이 주어지는 게 맞는다. 그러려면 매니저가 부하를 신뢰해서 직원들이 일을 회피하지 않고 회사를 위한 결정을 하리라고 믿어야 하는데 이게 쉽지 않다.

회사의 이런 딜레마를 상징적으로 보여주는 사례가 아마존이나 소니 같은 빅테크기업에서 실시중인 무한유급휴가제다. 이는 직원들이 각자의 책임하에 권한을 사용하리라는 것을 회사가 믿기 때문에 가능하다.

나의 제자이면서 공동 저자이기도한 자이 바오Jiayi Bao가 이 정책을 실시하는 기업을 연구했다.[45] 그녀에 의하면 기업의 이런 제도는 뛰어난 인재를 끌어들이기 때문에 회사의 이익에 기여하며, 직원들이 필요할 때 개인 생활을 누릴 수 있으므로 업무의 효율성을 높여준다. 기업이 직원을 신뢰하면 직원은 열심히 일함으로써 보답한다. 하지만 믿을 수 없는 노동자는 이 제도를 악용해서 일은 하지 않고 월급만 챙기리라는 것을 쉽게 예상할 수 있다.

기업은 직원에게 보다 많은 자유를 주는 한편으로 통제에도 더 힘을 쏟고 있다. 직원들의 업무시간을 분 단위로 감시하는 소프트웨어를 도입해서 컴퓨터 화면을 저장하기도 하고 휴대폰의 GPS 앱을 이용해 위치를 추적하기도 한다. 이런 식으로 모니터링하면 직원이 페이스북이나 인스타그램에서 친구와 채팅을 했는지, 병가를 내고 해변에서 노는지 다 알아낼 수 있다. 또한 불성실한 직원이 다른 직원들을 오염시키는 것도 막을 수 있다. 이 모든 것은 결국 직원에 대한 신뢰가 없다는 것을 보여주는 것이다.

우리는 앞에서 지나치게 꼼꼼한 계약이 신뢰관계를 저해하는 것을 보았다. 회사가 취약성을 드러내지 않고, 직원을 믿는 모험을 하지 않으면 직원에게 신뢰를 잃는다. 이러한 통제는 직원이 자신의 신뢰성을 보여주도록 하지 않고 직원에 대한 회사의 신뢰를 보여주도록 하지 않는다. 이로써 직원이 회사의 신뢰에 보답할 기회는 없어진다.

이제 이런 종류의 신뢰가 직접적으로 노동시장에 어떻게 작용하는지 알아보기 위해 월급을 받는 직장과 성과급을 받는 직장을 비교해보자. 월급을 받는 노동자는 근무시간에 대한 보상을 받으므로 생산량과 상관없이 일정액을 받는다. 성과급을 받는 노동자(예를 들어 의류 공장의 노동자)는 근무한 시간이 아니라 만든 물량(즉 재봉한 의류의 개수)에 따라 급여를 받는다. 에드워드 러지어의 연구에 의하면 자동차 앞유리를 장착하는 공장에서 근무시간이 아닌 장착 개수로 임금 기준을 바꾸자 생산성이 44퍼센트 늘었고 양질의 인력이 모여들어 회사의 이익이 늘어났다.[46]

그렇지만 현대사회에는 아직도 성과급을 주는 회사보다 고정급을 주는 회사가 훨씬 많다. 왜 그럴까? 그 이유는 신뢰 때문이다. 장착된 앞유리나 재봉한 셔츠처럼 결과가 확실히 보이는 직장에서는 신뢰가 그리 중요하지 않다. 하지만 대부분의 직장에서 신뢰는 없어서는 안 될 요소다.

사실 노사관계를 우리가 앞에서 본 전근대적 사회의 선물 교환과 같은 것이라고 보는 시각이 늘어나고 있다. 고용주는 고용과 임금이라는 선물을 주고 그 답으로 피고용자는 노동이라는 선물을 준다는 것이다. 이런 시각은 노동자가 노동을 한 대가로 임금을 받는다는 기존의 노동에 대한 생각을 뒤집는다. 실험실 실험에서[47] 대상자들에게 무작위로 고용주나 피고용자의 역할을 주었다. '고용주'는 피고용자 역할을 맡은 참가자에게 '직장'을 주었고, 피고용자는 고용주를 위해 '작업'을 하는 데 사용하도록 토큰을 받았다. 이 실험에 의하면 피고용자가 먼저 작업을 하고 결과에 따라 임금을 받는 계약관계보다 고용주가 피고용자에게 임금을 먼저 '선물'할 때 노사관계가 제일 좋았다. 피고용자는 임금을 먼저

지급받을 때 가장 열심히 '일한다.' 그들은 고용주가 보여주는 신뢰에 보답해야 한다고 느낀다.[48]

브랜드

인터넷에서 '사람들이 신뢰하는 브랜드'를 검색하면 3M, 블랙&데커, 존슨&존슨, 지니 차고 문 개폐기, 버톨리 파스타 등과 관련된 문구가 많이 나올 것이다. 이 문구들은 너무 식상해서 더 이상 아무 의미가 없는 지경에 이르렀다. 브랜드에 신뢰를 구축하는 것은 현대 자본주의사회에서 기업이 가장 기본적으로 해야 할 일이며 우리는 어릴 때부터 이런 브랜드에 노출된다. 애들 둘을 데리고 디즈니랜드에 갔다가 디즈니가 아이들이 가장 좋아하는 브랜드를 독점한 것을 보고 놀란 적이 있다. 디즈니 영화에 나오는 공주와 〈토이스토리〉에 나오는 인형은 말할 것도 없고 마블 영화의 슈퍼히어로와 〈스타워즈〉의 등장인물까지 모두 그렇다. 큰아이를 키우면서 일부러 이런 장난감을 안 사줬는데 학교에서 친구들한테 배워 다 알고 있었다. 큰아이가 이들 브랜드에 빠지자 작은아이도 영향을 받아 처음으로 한 말이 "아이언맨"이었을 정도다. 조사에 의하면 서너 살 먹은 아이들에게 50개의 브랜드 로고를 보여주었더니 38퍼센트의 브랜드를 알고 있거나 관련 상품을 알고 있었다.[49]

브랜드를 만드는 목적은 신뢰를 구축하기 위해서다. 좁은 마을에서 개인적으로 아는 사람들과만 거래한다면 동네의 상인이나 기술자와 직접 신뢰를 구축하면 된다. 대량 생산으로 전국 곳곳에서 생산한 제품과 다국적 기업의 제품을 구입하게 되면서, 누구를 신뢰해야 하는지를 파악하기 위한 다른 방법이 필요하게 되었다. 이렇게 해서 브랜드가 탄생했다.

최근에 현대의 소비자들은 점점 더 소비하는 제품과 자신을 동일시하게 되었다. 우리가 구입하는 것과 소비하는 것은 우리가 깨닫는 것 이상으로 우리 자신을 표현한다. 브랜드는 기업이 신뢰를 구축하는 데 유용할 뿐 아니라 소비자가 (취향이 같지만 아직 서로 모르는) 다른 사람과의 신뢰를 구축하는 데도 도움이 된다.

따라서 브랜드에서 목적하는 역할은 두 가지다. 조직 내 개인의 평판을 집단의 평판으로 바꿔주는 역할, 소비자가 자신의 정체성을 드러냄으로써 신뢰할 만한 사람을 알아볼 수 있도록 하는 역할이다.

| 평판을 상징하는 브랜드

경제학자에게 브랜드의 목적은 정보 문제의 해결이다. 조지 애컬로프George Akerlof에게 노벨상을 안겨준 저명한 논문 〈레몬시장The Market for Lemons〉에서 그는 품질에 대한 불확실성이 어떻게 시장을 붕괴시킬 수 있는지 밝히고 있다. 새 차의 가격은 왜 판매된 지 2년이 되면 급격히 하락할까? 사람들이 새 차에 문제가 있는 경우에만 그 새 차를 팔 것이라고 생각하기 때문이다. 문제는 즉각적인 할인이 새 차에 가깝게 품질이 좋은 중고차를 팔아야 하는 사람들이 그렇게 하기를 꺼려 시장에서 구할 수 있는 상품의 품질을 떨어트릴 수 있기 때문에 복잡해진다. 이는 곧 악순환을 야기해 시장을 붕괴시킨다. 사용 가능한 상품의 품질에 대한 약간의 불신은 좋은 품질의 상품을 시장에서 퇴출시킨다.

브랜드는 이런 불확실성의 문제를 해결하기 위해 생겼다. 인간은 약 150명(던바의 숫자)의 신뢰성 여부를 기억할 수 있는 생물학적 능력을 보유하고 있다는 것을 기억하는가? 현대경제학에서는 이 능력을 약 200여 개 브랜드의 신뢰도를 기억하는 능력으로 변화시켰다. 집에서 수백 마일 떨어진 낯선 곳을 운전하다 맥도날드나 스타벅스를 만나면 거기에 들어가서 어떤 것을 접할 수 있는지 정확히 알기 때문에 우리는 일종의 편안을 느낀다.[50]

브랜드의 비결은 수많은 사람(예를 들어 맥도날드 같은 경우 전 세계적으로 190만 명의 직원이 있다)이 브랜드와 관련된 명성을 공유하도록 해준다는 데 있다. 또한 한 사람의 행동이 브랜드에 영향을 미칠 수 있다. 맥도날드 직원이 훌륭한 서비스를 제공함으로써 브랜드에 대한 신뢰를 높일 수 있는 것이다.

이 책의 앞부분에서 우리는 동일한 믿음과 관습을 가진 집단이 단일한 평판을 유지하면 종교에 대한 신뢰가 높아진다는 것을 알았다. 기업은 종교가 신도의 평판을 유지하기 위해 사용하는 방법과 동일한 메커니즘을 이용해서 브랜드 이미지를 유지할 수 있다.

기업의 브랜드는 브랜드의 가치를 모든 종업원에게 주입시킨다. 내가 대학을 졸업하고 처음 입사한 곳은 모건스탠리 투자은행이었다. 회사에서 루빅스큐브 비슷한 장난감을 주었는데 각 면에 혁신, 성실, 가치, 팀워크 등 회사에서 중요하게 생각하는 항목이 인쇄되어 있었다. 메일도 왔는데 거기에는 이들 사훈을 개발하는 데 들어간 돈이 얼마라는 등의 내용이 있었다. 냉소적인 동료들 사이에서는 이 장난감을 놀리는 분위기가 퍼졌지만 나는 관심이 생겼다. 기업이 왜 그리고 어떻게 기업문화에 이렇게 많은 투자를 하는지 궁금해졌다.

책임이 여러 곳으로 분산되어 있는 거대한 조직에서는 자신은 노력하지 않으면서 다른 사람의 노력에 묻어가고 싶은 유혹이 크고 또 그렇게 하기도 쉽다. 종교도 그렇지만 조직의 평판을 손상시키는 행위를 하면 파문(해고)될 수 있다. 따라서 기업은 직원들에게 회사의 규범과 기대치를 심어주는 의식과 스토리를 개발한다(종교도 마찬가지다).

우리는 한 조직원의 행동으로 기업이 고발되는 사례를 많이 보았기 때문에 조직문화가 얼마나 중요한지 잘 안다. 한때는 월마트같이 큰 회사가 말단 직원 한 사람의 잘못된 행동으로 인해 소송에 휘말리는 걸 보고 의아해했다. 직원이 230만 명인 회사가 왜 한 사람의 잘못으로 비난받아야 하는가? 그러나 조직문화의 측면에서 보면 책임을 나눠진다는 것이 이해가 된다. 월마트라는 기업 전체를 신뢰하기 때문에 거기 근무하는 직원을 믿는 것이다. 이는 곧 직원 한 사람의 잘못에 대해 월마트 전체에 책임이 있다는 의미다.

| 브랜드와 아이덴티티

덜 알려진 브랜드의 역할은 어떤 제품과 회사를 믿어야 할지 알려줄 뿐 아니라 어떤 사람이 사용하는 제품을 보고 그를 신뢰해야 할지 결정하도록 도와준다는 데 있다. 브랜드는 내가 속한 집단의 정체성을 나타낸다. 오늘날의 의미는 수렵채집사회나 종교가 중심이었던 시대와 다르지만 여전히 기본적인 논리는 같다.

광고의 효과에 대해 아직도 학자들이 논쟁을 벌이고 있다면 놀랄 것이다. 아직도 많은 사람이 정말로 광고가 사람들을 설득하는 데 효과가 있는지 의심하고 있다.[51] 그러나 광고가 정보를 제공한다고 믿는 사람들도 있다. 시장에 너무나 많은 제품이 있기 때문에 광고 덕분에 신제품을 알 수 있다는 주장이다. 그렇다면 모든 사람이 이미 알고 있는 코카콜라 같은 브랜드가 계속 광고를 하는 이유는 무엇일까?

광고를 하는 이유는 우리의 선택에 정당성을 부여하기 위해서라는 이론이 있다. 아이폰을 구매한 소비자는 애플의 멋진 제품광고를 보고 잘 구입했다는 느낌을 받게 되고 충성고객이 될 가능성이 높다.[52]

(보통은 미친 소리라고 여기겠지만) 경제학자들에게 유명한 또 다른 이론은 단지 돈이 남아돌아 '돈을 태우려고' 광고를 한다는 것이다. 닷컴버블의 최절정기에 나온 광고 중에 원숭이가 100달러 지폐를 태우는 구직

사이트 광고가 있었다. 이 '돈을 태우는 광고' 이론은 이익이 아주 많이 남는 기업만이 광고에 돈을 낭비할 수 있다는 데 기반을 두고 있다. 30초짜리 반짝광고에 수백만 달러를 쏟아붓는 슈퍼볼 광고는 값비싼 신호를 보내는 가장 대표적인 사례일 것이다. 수컷 공작의 화려한 꼬리털은 움직이는 데 방해되고 쉽게 포식자의 눈에 띄지만 그런 불리한 조건에서도 살아남았다는 것은 강하다는 증거이기 때문에 아직까지 암컷을 유혹하는 역할을 한다. 이와 비슷하게 도리토스는 재미있는 30초짜리 광고에 엄청난 돈을 낭비하는 걸 보여줌으로써 그들이 만드는 칩의 유혹을 뿌리치지 못하도록 한다.

이 책의 주제와 가장 가까운 광고이론은 어떤 제품 하면 떠오르는 정체성을 수립하는 데 광고가 도움을 줄 수 있다는 주장이다. 알다시피 애플은 '싱크 디퍼런트Think Different' 브랜드 아이덴티티 광고를 내보내면서 "미친 이들: 부적응자, 혁명가, 문제아"라는 슬로건을 내세웠다. 애플이 노린 것은 자사 제품을 소유하면 당신도 이런 사람의 부류에 속한다고 생각하도록 소비자를 유도하는 것이다. 당신이 사는 것은 애플이 만든 제품이 아니라 당신이 어떤 사람인지, 다른 사람 눈에 당신이 어떤 사람으로 보이는지이다.

우리가 소비하는 제품이 우리의 이미지를 결정한다는 이론은 경제학에서는 오래된 것으로 19세기 소스타인 베블런까지 거슬러 올라간다. 그는 저서《유한계급론》에서 인간의 과시적 소비에 대한 욕구를 설명한다. 우리는 지불할 여력이 있는 범위 내에서 부자처럼 보이고 부자처럼 행동하기 위해 고급 의류(나중에는 고급 자동차와 호화주택)를 구입한다는 것이다. 이 이론에 의하면 사람은 누구나 실제보다 더 부자처럼 보이기 위해 노력한다. 즉 부족한 자원을 차지하기 위한 경쟁 속에서 우리는 가장 많은 것을 소유한 사람처럼 보여 결혼이나 사업에서 더 멋진 파트너를 얻기를 바란다.

이 이론에 의하면 패션이든 아이 이름이든 유행은 엘리트층에서 출발한다. 즉 부자가 끝이 뾰족한 구두를 신고 아기 이름을 에이든이라고 짓기 시작하면 10여 년 후에는 모든 사람이 이를 따라 한다.[53] 그러나 오늘날에는 다른 사람에게 어떻게 보이고 싶은지가 그렇게 간단하게 결정되지 않는다. 조나 버거, 요게시 조시Yogesh Joshi 등과 공동으로 작성한 논문에서 나는 여러 가지 종류의 유행이 '위'에서 시작하지 않고 빈민이나 사회에서 소외된 집단, 즉 젊은 흑인이나 동성애자 또는 트랜스젠더 커뮤니티에서 시작한다는 것을 밝혔다.[54] 그 이유는 우리가 더 이상 돈과 권력 있는 사람이 아니라 우리가 속한 커뮤니티와 동일한 사람으로 인식되고 싶어 하기 때문이다. 정체성은 수많은 하위문화로 나뉘고, 우리는 이제 엘리트 그룹뿐 아니라 우리 부족에도 속하고 싶지 않은 것이다.

우리는 태어나면서 생물학적으로 어느 부족에 속할지 결정되지만 현대인은 이제 어느 집단에 속할지 스스로 결정할 수 있다. 우리가 구매하는 제품 가운데 일부는 여전히 돈과 연관되어 있다. 시장에 나온 수많은 제품과 서비스 중에서 당신의 경제적 여유를 보여주는 것은 단연코 아이폰의 소유 여부다.[55] 스마트폰 사용자는 대부분 안드로이드 폰을 사용하지만, 아이폰을 사용하는 미국인은 문자메시지를 주고받을 때 다른 아이폰 사용자로부터 자신도 아이폰을 사용자임을 알려주는 '푸른 말풍선'을 보면 종종 충격을 받는다. 이는 애플의 브랜드 광고 캠페인이 먹혔기 때문이다. 애플 하면 무언가 자유롭고 창조적인 것이 연상된다. 우리는 그런 사람과 동일시되고 싶은 것이고 그런 정체성을 가진 사람과 연결되고 싶은 것이다.

물론 아이들에게 지어주는 이름부터 입는 옷, 사용하는 비누와 향수, 핸드백과 자동차까지 우리가 하는 모든 행동과 우리가 가진 모든 것은 우리가 어떤 사람인지 나타낸다. 또한 과거의 경험을 말함으로써 우리가 어떤 사람인지 알린다. 학교 셔츠나 반지 같은 것으로 어느 학교를 다녔는지 표시하고 SNS에 올리는 휴가 사진이나 크리스마스카드도 마찬가지다. 내가 보는 영화나 텔레비전 프로그램도 나의 정체성을 노출하며 미디어 선호 성향은 회사에서 하는 잡담을 통해 드러난다(요즘은 슬랙이나 SNS가 그렇다). 일부러 드러내지 않아도 무엇을 구매하는 선택은 다른 사람이 우리를 보는 모습을 결정한다.[56]

그러면 도대체 영화, 아이폰, 핸드백이 신뢰와 무슨 상관이 있다는 것인가? 우리가 소비하고자 하는 것이 우리 주위의 사람들에 의해 결정되며 취향이 비슷하면 다른 면에서도 비슷할 가능성이 높다는 뜻이다. 이 책의 앞부분에서는 유머코드가 같다면 가치관이나 규범이 같기 때문에 웃음이 신뢰도를 높여준다고 밝혔다. 우리는 농담뿐 아니라 미디어와 옷 입는 취향 등도 다른 사람과 공유할 수 있다. 우리가 믿을 만한 사람을 분

별하는 데 이들 단서는 도움이 된다.[57]

시장경제와 신뢰의 미래: 공유경제와 블록체인

2013년 7월 23일 미국 연방정부는 실크로드라고 알려진 웹사이트를 폐쇄했다. 실크로드는 다크웹에 기반을 둔 온라인 거래 사이트로 아마존에서 양말을 구매하는 것만큼이나 손쉽게 불법 마약이나 불법 서비스를 거래하는 사이트였다. 실크로드에서는 2년간 4000명의 판매자와 15만 명의 구매자 간에 12억 달러 상당의 거래가 성사되었고 (영화 〈프린세스 브라이드〉의 등장인물인 '드레드 파이럿 로버츠'라는 이름으로 활동한) 설립자 로스 울브리히트는 수억 달러를 벌어들였다.

그는 온라인에서 자유시장이 구현되는 자유주의자의 유토피아를 만들 목적으로 일종의 선언문을 발표했다. 그는 정부의 규제에 속박받지 않으며 일상생활의 규범에 구속되지 않고 오직 수요와 공급의 법칙에 따라 지배되는 시장에서 익명의 구매자와 익명의 판매자 사이에 발생하는 거래를 이상으로 삼았다. 현대사회에서 보통 사람이 슈퍼마켓에서 달걀 한 꾸러미나 시리얼 한 통을 살 때 적용되는 자본주의는 울브리히트가 주장하는 자유주의적 유토피아와 완전히 달랐다.[58]

애덤 스미스 이후 경제학에서 이상적인 시장이란 익명의 수많은 구매자와 판매자가 지속적으로 거래하는 마찰 없는 시장•을 지칭해왔다. 그러나 현대경제의 역사를 보면 익명의 거래보다는 (최초에는) 대면으로 거래하거나 (나중에는) 신뢰할 수 있는 브랜드에서 거래를 했다. 이런 거래는 계약과 법률 그리고 규제사항으로 보호되었다. 실크로드 웹사이트는 정부의 규제나 사회적 규범이 없어도 시장이 잘 기능한다는 것을 보여주기 위해 만들어졌다.

이 사이트의 성공은 그런 시장이 가능하다는 증거다. 물론 마찰 없는 이상적인 시장을 구현했느냐는 측면에서 보면 완전무결한 성공이라고 보기 어렵다. 이베이가 오프라인 시장에서 가져와 사용하는 에스크로escrow 서비스나 평점 시스템 같은 기법을 실크로드도 사용하기 때문이다. 그러나 사이트 운영자가 사용 가능한 웹툴만으로 사이트가 잘 운영됐다는 건 대단한 성공이다.

앞서 우리는 인식능력의 한계로 인해 한 번에 200여 명의 평판밖에 기억할 수 없음을 이야기했다. 이 점은 선사시대에는 우리가 속한 사회가 작을 수밖에 없었음을 뜻한다. 역사시대의 대부분 기간 중에는 아는

• frictionless market, 거래와 관련된 어떤 비용이나 규제도 없는 시장.

사람, 종교가 같은 사람이나 국가가 법으로 보호하는 사람과 거래했다. 20세기의 가장 큰 혁신은 지난 2000년간 신뢰와 협조를 유지할 수 있었던 근간인 도덕적 법적 구속이 없어도 시장이 원활하게 돌아간다는 것을 확인시켜준 일이다.

인터넷이 촉발한 혁신은 너무나 엄청나서 시장에서 신뢰의 역할을 기본부터 바꿔놓았고 이로 인해 불법 마약상도 실크로드에서 큰 어려움 없이 마약을 사고팔 수 있었다. 오늘날에는 신뢰의 수준이 매우 높아져 모르는 사람에게 내 차를 사용하게 하거나(우버), 내 집에 머물도록 하거나(에어비앤비), 식당 및 기타 선택에 도움을 준다(옐프).

공유경제의 출현이 가능했던 데는 두 가지 배경이 있다.

1. 인터넷이 정보 확산에 적합하기 때문에 구매자는 온라인에서 익명의 판매자를 믿을 수 있다(중세 프랑스의 상인법商人法이 그랬던 것처럼). 여기서 인터넷은 판매자의 평판을 전파하고 평판은 신뢰의 기반이 된다.
2. 평판이 퍼지기 쉽기 때문에 기업이 이 문제를 해결해야 하는 필요성이 줄어들었다. 그 결과 기업이 분해되고 전통적인 대기업이 플랫폼기업으로 대체되고 있다.

오늘날 테크 분야의 최고의 화두는 블록체인이다. 롱아일랜드 아이스티 컴퍼니Long Island Iced Tea Company는 주 생산품이 아이스티인데도 회사 이름을 롱 블록체인 코퍼레이션Long Blockchain Corp.으로 바꿨을 정도다. 이런 회사는 그저 블록체인과 관계된 것에 발생하는 투기적 광풍을 이용하려고 할 뿐이다. 블록체인의 기본적인 개념은 신뢰를 알고리즘으로 바꾸는 것이다.

| 공유경제하의 인터넷 평점 시스템과 플랫폼

인터넷에서는 설령 당신이 개라도 다른 사람은 알 방법이 없다. 따라서 평판을 수립하는 시스템이 필요하다. 제일 먼저 할 수 있는 가장 단순한 방법은 판매자와 구매자에게 평점을 부여하는 방식이다. 이베이와 기타 플랫폼을 통해 실험한 결과, 평점이 높을수록 높은 가격이 책정돼 매출이 높아지며, 평점이 낮은 판매자는 시장에서 퇴출된다는 것을 확인했다.

이러한 온라인 평가 시스템은 오프라인까지 확장되어 옐프 같은 사이트에서는 개인 식당의 시장 점유율이 체인점보다 더 높아지는 한편, 트위터나 인터넷 앱에 소비자 불만사항이 올라오면 즉시 개선하게 되었다. 사용자의 평가를 더 잘 반영하는 서비스를 제공하고, 평점을 어필하는 새로운 프로세스를 개발하고, 사용자의 취향 차이를 반영한 맞춤형 평가제도 등을 도입하는 등 신뢰에 대한 온라인의 혁신은 계속되고 있다.

이런 인터넷 평가 시스템은 개발도상국에서 영향력이 매우 커서 은행이나 신용카드 같은 현대시장의 대표적 제도의 발전을 회피하게 했다. 모바일 결제는 아프리카와 중국에서 먼저 시작되었고 이로 인해 에스크로 서비스나 온라인 평가 시스템이 미국보다 먼저 정착했다.

대기업이 제품을 사거나 제조해서 구매자에게 판매한다는 점에서 온라인 기반 경제와 오프라인 기반 경제는 유사한 점이 많지만 온라인 거래의 주요 특징은 대부분의 대기업이 구매자와 판매자를 연결하는 중개인 역할만 하지 실제로 제품을 생산하지는 않는다는 점이다. 온라인 경제의 정수를 보여주는 플랫폼기업은 이베이 같은 온라인 경매 사이트다. 아마존은 책을 구입해서 판매하는 전통적인 형태의 상점으로 출발했지만 현재는 이베이와 마찬가지로 다른 기업이 소비자에게 판매할 수 있도록 연결하는 포털 역할을 해주고 거기서 매출의 절반 이상을 얻는다.[59]

구글이나 페이스북 같은 기업은 사고파는 기능이 명확하지 않지만 구글의 검색엔진은 검색하는 사람과 기업의 홈페이지를 연결해주는 기능이 주된 역할이고 페이스북에는 사람끼리 연결시켜주는 기능이 있다. 두 회사 모두 소비자의 관심 정보를 광고회사에 판매하여 수익을 창출하고 있다. 최근에는 소위 **공유경제**에서 보다 '순수한' 형태의 플랫폼이 확산되고 있다. 우버 같은 회사는 택시를 이용하고 싶은 고객과 택시 서비스를 제공하려는 일반 운전자를 연결한다. 에어비앤비는 숙소를 구하는 사람에게 이와 동일한 서비스를 제공한다. 프로스퍼Prosper 같은 회사는 돈을 빌리고 싶은 사람과 빌려주고 싶은 사람을 연결해 개인이 은행 역할을 하도록 해준다. 도어대시Doordash와 그러브허브Grubhub 같은 회사는 레스토랑과 배달음식을 주문하는 사람을 연결해준다.

경제학자들은 이처럼 판매자와 구매자를 연결해주는 기업을 **플랫폼기업**이라고 부르며 이들은 시장을 구조화하는 새로운 방법을 보여준다.[60]

시장을 어떻게 보느냐에 따라 경제학의 주류 사상은 달라져왔다. 애덤 스미스는 수백만 명의 구매자와 판매자가 거래하는 **완전경쟁시장**에 '보이지 않는 손'이 있다고 주장했다. 자본주의에 대해 카를 마르크스는 권력의 집중을 예언했고, 이는 시장이 자연적으로 한 회사에서 특정 분야를 지배하는 독점시장으로 변해간다고 주장한 조지프 슘페터Joseph Schumpeter로 이어졌다.

플랫폼은 이 둘을 합친 형태다. 플랫폼의 목표는 어느 특정 분야에서 원스톱숍one-stop shop이 되는 것이다. 예를 들어 우버는 택시 서비스가 필요한 고객이 향하는 단 한 곳이 되고 싶어 한다. 그들의 최종목적은 독점이 되는 것이다.[61] 그러나 우버는 택시 서비스 제공자들을 애덤 스미스가 말한 완전경쟁시장 내에 분리하고 있다. 그들은 차별화되지 않은 서비스를 제공하는 수백만 명의 대체가능한 인력이다.

서비스 제공자를 회사와 분리하는 것에는 아직도 많은 논란이 있다. 우버 택시 기사들은 자신을 독립 자영업자가 아닌 회사의 직원으로 대우해달라며 소송을 제기했다. 핸디와 에어비앤비에서도 비슷한 소송이 진행 중이다. 기업이 어디까지 외주를 주어야 하는가에 대한 논의도 조금씩 시작되고 있다. 애플 같은 빅테크기업은 이전에는 경비원들을 직접 고용했으나 지금은 외주를 주고 있다. 과거 관행이 신뢰에 기반을 둔 관계였다면 새로운 시스템에는 시장의 논리가 반영된다.

외주의 장점은 기업들이 특화할 수 있다는 것이다. 애플의 핵심능력은 어떤 기업보다 컴퓨터와 휴대폰을 잘 만드는 데 있다. 경비 업무를 배우는 데 시간을 낭비할 필요가 없다. 그 일은 다른 사람이 하도록 하고 애플은 잘하는 분야에 집중하면 된다. 그렇게 되면 경비업체는 경비 업무를 더 잘 수행할 기회를 얻게 된다.

그러나 외주로 가게 되면 장기적인 고용자-피고용자 관계가 단기적인 시장 내의 관계로 대체된다. 대기업은 지속되는 관계에 투자할 필요가 있을 때 생겨나는 법이다. 최근에 기자 닐 어윈이 한때 잘나갔던 코닥과 애플을 비교했다.[62] 코닥은 경비원에게 상대적으로 높은 급여를 제공했고 교육과 승진의 기회도 주었다. 회사에서 직접 운전기사나 경비원을 고용하면 관계의 성격이 양쪽 모두에게 장기적인 투자로 이어진다. 직원은 회사에 전념하고 회사는 직원에게 투자한다. 단점은 일단 회사에 들어와 직원이 되면 떠나기 쉽지 않다는 것이다. 이로 인해 조직이 유연하지 못하게 된다. 시간이 지나면서 직원을 함부로 해고할 수 없게 된다. 마치 독점권을 가진 것 같은 존재가 되는 것이다. 플랫폼경제는 그런 관계를 바꾸어 기업과 노동자의 관계에 경쟁을 다시 도입한다. 플랫폼은 노동자와 그들이 하는 일의 관계를 근본적으로 바꾼다. 노동자를 기업으로부터 분리해 그들을 대체가능한 존재로 만든다.

신뢰 방정식의 주요 내용 중 우리가 아직 다루지 않은 하나는 관계가 붕괴되었을 때 발생하는 일이다. 게임이론에서는 이를 **외부옵션**이라고 부르며 경영대학원의 협상 수업에서는 협상을 통한 합의가 실패했을 때의 최선의 대안BATNA이라고 한다. 예를 들어 월급을 올려주지 않으면 BATNA를 행사하여 회사를 옮긴다. 또는 자동차 영업사원으로부터 할인을 많이 받지 못하면 BATNA를 행사하여 다른 영업사원에게 간다. 다른 사람의 BATNA를 알아내는 기술은 매우 유용한 비즈니스 노하우다. 임금 협상이나 차량 구입 시 어디까지 밀어붙일 수 있는지 알면 매우 도움이 된다.

그러나 훌륭한 BATNA가 있다면 신뢰에 미치는 영향은 양면적이다. 한편으로는 관계에 적합한 대안이 있다면 서로 자신의 가치, 즉 신뢰도를 증명하기 위해 엄청난 노력을 해야 한다는 뜻이다. 또 다른 측면에서 보면 관계가 쉽게 깨질 수 있다는 뜻이다. 관계에 있어 신뢰를 저해하는 무언가 안 좋은 일이 발생한다면 다른 길을 선택할 가능성이 높아진다(제3장에서 뭔가 잘못되었을 때 사과가 어떻게 관계를 회복하는지, 내가 우버와 진행한 실험을 통해 플랫폼경제에서 사과가 어떻게 작용하는지 다뤘다).

다른 말로 하면, 대안이 너무 많으면 신뢰에 좋지 않다. 왜냐하면 기존 관계를 버리고 다른 관계로 갈아타기 더 쉽기 때문이다. 또한 대안이 거의 없는 경우도 신뢰에 좋지 않다. 다른 선택을 할 수 없으므로 관계에 투자할 필요가 없기 때문이다. 플랫폼은 양극단을 잘 이용했다. 예를 들어 우버에서는 운전기사를 선택할 때 대안이 엄청나게 많기 때문에 요금이 내려간다. 반면에 소비자가 플랫폼을 선택할 때는 대안이 거의 없다.

전자상거래는 최초에 마찰 없는 시장을 구현하려는 이상적인 포부로 시작됐다. 경쟁자는 넘치고 소비자는 무한에 가까운 선택권을 가질 것이라고 했다. 어느 정도는 그대로 되었다. 그러나 쉽게 여기저기 돌아다니며 쇼핑하는 능력과 한군데에서 쇼핑하는 편리 사이에는 항상 밀고 당기기가 있어왔다. 초기 전자상거래 시장은 아마존 같은 거대기업이 지배했지만 오늘날의 인터넷에는 많은 수의 소규모 구매자와 많은 수의 소규모 판매자를 연결해주는 플랫폼이 점점 늘어나고 있다.

우버나 애플 앱스토어, 에어비앤비 같은 플랫폼기업은 수백만 구매자와 수백만 판매자를 연결한다. 이들 플랫폼기업은 판매자끼리 경쟁을 유발하는 뛰어난 능력을 갖고 있다. 그런데 어느 분야든 플랫폼기업 간의 경쟁은 거의 없다. 우버 서비스를 이용해 공항까지 가고 싶다면 가까운 곳에 있는 수십 명의 우버 드라이버 중에서 선택할 수 있다. 그러나 우버 말고 다른 택시 서비스를 선택하려고 찾아보면 리프트 말고는 별로 대안이 없다. 플랫폼기업은 소비자에게 선택권을 주지 않는다. 따라서 독점력을 갖게 된다. 일단 독점력을 확보하면 혁신과 서비스 개선에 투자할 필요성이 줄어든다.

플랫폼기업에서 독점력을 확보하기 위해 사용하는 기법은 앞에서 설명한 평판 시스템이다. 당신이 한 플랫폼에서 좋은 평판을 쌓았고 신뢰를 구축했다면 구매자나 판매자 모두 당신을 배척할 가능성은 점점 낮아진다.

플랫폼이 독점권을 가지면 장점과 단점이 동시에 나타난다. 소비자 입장에서 한곳에서 택시 서비스나 휴대폰 관련 서비스를 받을 수 있으면 편리하다. 내 친구나 가족 모두 아이폰을 사용하는데 내가 안드로이드 폰으로 바꿨을 때 여러 가지 문제가 생겼다. 고정적으로 하나의 시스템만 사용하면 그 시스템과 신뢰관계를 수립할 수 있다. 그리고 기업은 혁신에 투자할 것이다. 그러나 동시에 무사안일을 낳을 수도 있다. 고객이 달리 갈 곳이 없는데 관계에 투자할 이유가 무엇인가?

그러므로 현대경제는 우리에게 일종의 모순을 부여한다. 한편으로는 한 회사가 너무 커져서 어떤 분야를 독점할까 봐 걱정하면서, 다른 한편으로는 기업이 작아져서 한때 스스로 해결했던(예를 들어 경비 업무) 분야를 외주로 전환할까 봐 두려워한다. 1990년대 마이크로소프트사에 대한 반독점 소송이 있은 후 경제학자들은 어떻게 양자의 균형을 이룰 것인가를 연구했다. 대선 후보자나 공직 후보자가 선거 연설에서 기업의 독점권을 언급하면서 참으로 오랜만에 반독점규제법이 중요한 정치적 의제로 다시 부상했다.

| 블록체인

공유경제가 21세기에 처음으로 신뢰에 대한 인식체계의 대변환을 야기했다면, 그다음 타자는 블록체인이 될 것이다. 블록체인을 둘러싼 많은 말이 있지만 잊어서 안 될 것은 그것이 우리의 신뢰 방식에 혁명을 불러온다는 점이다. 블록체인을 응용한 가장 큰 사례는 실크로드 웹사이트에서 불법 거래 화폐로 사용된 비트코인이다. 사실 비트코인이 가장 많이 사용되는 분야가 불법 거래다(2018년 비트코인 사용의 절반 점유).[63]

신뢰에 처음으로 나타난 혁명의 도구가 돈과 관련되었다는 것은 당연한 일이다. 우리는 화폐에 관한 이야기로 이 부분을 시작했다. 왜냐하면 화폐야말로 현대의 시장경제를 구성하는 기본적인 구성 요소이며 신뢰를 기반으로 존재하기 때문이다. 비트코인을 최초의 디지털화폐라고 알고 있는 사람들이 많은데 엄밀히 말하면 틀렸다. 미국 달러를 포함한 현대사회의 화폐는 거의 디지털화폐다. 경제학자들은 경제 내의 실물 화폐(지폐와 동전)를 M_0(본원통화)라고 부르며 이는 우리가 M_2라고 부르는 광의통화의 20퍼센트에 불과하다.[64] 나머지 80퍼센트가 디지털화폐로 전국 및 전 세계에 분포한 은행의 데이터베이스에 기록으로 존재한다.

내가 커피 한 잔을 사고 신용카드로 4달러를 결제하면 실제 화폐가 움직이는 것이 아니라 키보드 입력으로 은행 간에 화폐가 이동한다. 은행은 내 계좌에서 4달러를 감하고 커피숍 계좌에 4달러를 더하는 것뿐이다. 미국을 포함한 선진국들은 오래전부터 지폐다발을 옮기는 일 같은 건 하지 않고 있다. 비트코인도 같은 원리로 작동한다. 차이점은 거래를 은행 데이터베이스에 기록하는 것이 아니고 사토시 나카모토Satoshi Nakamoto가 개발한 비트코인으로 블록체인에 저장한다는 점이다.

즉 거래명세를 하나의 주체가 관리하는 하나의 서버에 저장하는 대신 블록체인의 정보는 전 세계의 수많은 (블록체인의 경우 수백만 개의) 컴퓨터로 분산된다. 이는 마치 은행 계좌를 수백만 번 복사해서 보유하는 것과 마찬가지다. 거래가 성립되면 수백만 개의 컴퓨터에서 당신의 비트코인 계좌에 거래 내용을 반영한다. 거래 내용을 바꾸려면 수백만 개의 컴퓨터의 과반수 이상이 동의해야만 가능하다. 누군가 은행의 컴퓨터를 해킹해서 다른 사람의 잔고를 조작하는 것은 가능해도, 수백만 개의 컴퓨터를 해킹해서 블록체인의 거래를 바꾸는 것은 불가능해 보인다.

결국 블록체인의 요점은 신뢰와 관련된 문제를 해결하는 것이므로 잠시 멈추어 블록체인이 어떻게 우리에게 도움을 줄 수 있는지 생각해 보는 것도 괜찮을 것 같다. 오늘날에는 화폐 발행이 당연히 정부의 권한이라고 생각하지만 항상 그래왔던 것은 아니다. 과거에는 아무라도 금을 캐서 화폐로 사용할 수 있었는데 정부가 금의 공급권을 독점해버린 것이다. 그러나 원칙적으로 누구나 금을 채굴하는 것은 가능했다. 우리는 화폐를 가리키는 말로 **은행권**banknote이라는 용어를 사용하는데 이는 원래 유통되는 지폐를 은행이 발행했기 때문에 그런 것이다. 지폐는 금과 교환이 가능했고 이는 발행 은행의 신용도로 보증받았다. 민간은행이 발행한 화폐는 미국 건국 초기에 많이 사용되었고 현재는 홍콩에서 널리 사용되고 있다.

화폐 발행권이 당연히 정부에 있다고 생각하게 된 것은 정부에서 발행권을 독점하여 필요에 따라 사용하려 했기 때문이기도 하지만, 또 다른 원인은 정부가 가장 신뢰할 만했기 때문이다. 민간은행은 파산할 수도 있지만 국책은행은 장기적으로 가장 믿을 만하고 신뢰할 만한 가치가 있다.

최근에 새로운 화폐의 추종자들은 수학적 알고리즘의 기술을 이용해서 신뢰 문제를 해결했다고 주장한다. 화폐에 가치를 부여하는 가장 큰 특징은 희소성이다. 전 세계적인 유통량이 적기 때문에 금에 희소가치가 있는 것이다. 명목화폐의 희소성은 긴축정책을 시행하여 화폐의 양을 조정하려는 정부와 화폐 발행에 책임이 있는 중앙은행장에 의해 보장된다. 그러나 정부의 화폐 발행에 신뢰를 부여하는 여러 기관이 존재함에도 불구하고 결국 이 기관을 움직이는 존재가 사람이다 보니 실수도 발생한다.

비트코인과 기타 새로운 암호화폐는 이런 문제를 해결할 목적으로 탄생했다. 이 화폐의 가치는 다른 사람이나 기관에 대한 신뢰로 유지되는 것이 아니라 암호화 기술로 보호되며 알고리즘에 대한 신뢰로 유지된다. 비트코인은 원장ledger을 바탕으로 존재하는데 이는 데이터베이스나 스프레드시트라고 생각하면 된다. 은행이 고객 명단과 잔액을 보관하듯, 얍섬의 주민들이 돌돈이 누구 것인지 기억하듯, 선사시대 부족민이 누구에게 빚을 졌는지 기억하듯 비트코인 원장은 각 사용자가 얼마나 많은 비트코인을 가지고 있는지 추적하고 기록한다.

비트코인으로 무언가 구입하고 싶다면 원장에서 내 구좌의 비트코인 한 개를 차감해서 다른 사람의 구좌로 넣어준다. 이는 마치 누군가에게 수표를 써주었을 때 내 계좌에서 돈이 인출되는 것과 같은 방법이다. 물론 당신은 다른 사람이 범죄 목적으로 숫자를 조작하는 걸 바라지 않을 것이다. 당신은 은행에서 자기 평판을 중요시하기 때문에 계좌의 잔액을 정확히 유지하리라 믿는다. 은행은 전통적으로 멋지고 웅장한 빌딩에 돈을 쓴다. 빌딩처럼 움직일 수 없는 부동산을 보유함으로써 예금자의 돈을 갖고 야반도주할 의사가 없다는 신호를 보내는 것이다. 오늘날에는 정부와 법 집행기관 그리고 각종 법률이 은행의 안전성을 보장한다.

비트코인은 원리가 다르다. 사토시 나카모토라는 이름으로 활동하는 사람(들)이 발명했는데 암호 해독에 능하고 해커 집단에서 인기가 있었던 것 같다. 그 정도 명성으로는 신뢰를 얻기 힘들지만 나카모토는 신뢰를 어떤 신기술 안에 집어넣는 방법을 알아내어 화폐를 만들었다. 그것이 바로 최초의 블록체인이다. 중앙은행을 포함한 모든 은행은 중앙 서버에 정보를 저장한다. 하지만 서버에 접근할 수 있는 권한을 통제하는 능력이 있는 사람이 마음먹으면 정보를 변경할 수 있다. 반면에 비트코인은 원장을 전 세계에 흩어진 컴퓨터에 조각조각 보관한다. 그 누구도 원장에 접근할 수 없으므로 거래를 위조하는 것이 불가능하다.

비트코인은 기본적으로 일상생활에서 매일 사용하는 달러화나 유로화와 같은 원리로 운용된다. 다른 점이 있다면 중앙은행의 평판이나 효과적인 법 집행기관이 아니라 알고리즘을 믿는다는 것이다. 초기 암호화폐가 응용 시스템의 오류로 인해 여러 차례 해킹되어 수백만 달러 상당의 비트코인과 이더리움(또 다른 암호화폐의 일종)이 도둑맞은 일이 있기 때문에 알고리즘을 백퍼센트 믿을 수는 없다. 비트코인의 지속 가능성에 대해서도 의심하는 게 당연하다. 다른 암호화폐는 훨씬 적은 전력을 사용하는 데 반해 비트코인 채굴에는 작은 나라에서 사용하는 수준의 전력이 필요하기 때문이다.

선진국 국민들은 은행을 신뢰한다. 따라서 비트코인이나 여타 암호화폐를 사용하는 것에 어떤 장점이 있는지 잘 느끼지 못한다. 은행을 믿지 못하고 국가의 법 집행기관을 신뢰하지 못할 때 비트코인이 쓸모 있다. 정치 체제와 각종 제도가 불안하거나 또는 범법자라서 불법으로 획득한 자금을 보관하거나 이동하는 데 은행을 이용할 수 없다면 비트코인이 유용할 것이다. 비트코인의 가장 큰 사용처는 마약과 불법적인 물품 거래였고 다크웹에서 주로 통용되었다.

옹호론자들은 비트코인에 신뢰의 문제를 해결할 수 있는 또 다른 특징이 있다고 주장한다. 비트코인이 처음부터 발행량이 한정되도록 설계되었다는 것이다. 인플레이션과 하이퍼인플레이션으로 인한 화폐가치의 하락은 이 장에서 계속 다룬 주제다. 금의 가치는 채굴의 어려움 때문에 보장된다. 그러나 비트코인은 명목화폐와 마찬가지로 그저 컴퓨터의 1과 0 몇 개에 불과하다. 우리가 중앙은행에서 유통화폐의 양을 적절히 관리하리라고 믿듯이 비트코인은 알고리즘에 의존한다.

일반적인 경우에 화폐의 공급은 수요 증가에 맞추어 늘어나야 한다. 거래가 늘어날수록 보다 많은 화폐가 필요해진다. 그러나 화폐 증가 속도가 너무 빠르면 인플레이션이 발생하고 화폐의 가치가 하락한다. 비트코인은 디지털화폐이므로 이런 문제가 없다. 거래 횟수가 늘어나면, 더 작은 단위로 가격을 책정할 수 있다. 예를 들어 현재 햄버거 한 개의 가격을 0.001비트코인으로 책정하면 된다. 일반적인 통화에서는 불가능하다. 햄버거 한 개의 가격이 0.001센트라면 1달러의 1000분의 1 가치를 가진 새로운 동전을 발행해야 할 것이다.

게다가 비트코인은 처음 설계할 때부터 이 시스템을 계속 운영하기 위한 연산능력을 공급하는 사람에게 새로운 비트코인을 보상하도록 했다. 즉 비트코인 거래에는 이를 안전한 것으로 만들기 위해 엄청난 연산 노력이 필요하기 때문에, 이 연산을 수행하는 컴퓨터를 유지하는 사람에게 비트코인을 주도록 되어 있다.

그러나 비트코인은 수요에 제대로 대응하지 못했다. 따라서 어떤 때는 비트코인의 가격이 치솟아 **디플레이션**이 발생하고 햄버거 가격이 수천분의 1 비트코인으로 하락한다. 반대로 어느 때는 시장에서 신뢰를 잃고 가격이 추락해서 **인플레이션**이 발생하고 햄버거 가격이 상승한다. 미국의 연방준비제도는 화폐의 공급과 수요의 균형을 안정적으로 유지하기 위해 노력한다. 그러나 비트코인에는 이에 상당하는 규제기관이 없고, 가격이 항상 오르락내리락하기 때문에 위험하고 불확실한 자산으로 간주된다.

따라서 가격이 매년 매달 널뛰기하는 현 상황에서 비트코인의 미래는 좀 더 두고 봐야 할 것이다. 그러나 알고리즘이 신뢰를 대체할 수 있다는 측면에서 비트코인을 가능하게 해준 기술은 다른 분야에 응용 가능성이 높다. 또한 얍섬의 거대한 돌돈과 마찬가지로, 비트코인의 작동원리는 우리가 당연하게 생각하는 현 화폐 시스템이 내부적으로 어떻게 돌아가는지를 보여준다.

현대의 화폐 시스템은 상당 부분 신뢰를 기반으로 한다. 가장 직접적으로는 은행에서 당신의 돈을 정확히 보관할 것을 믿기 때문에 예금을 하는 것이다. 게다가 연방준비제도 같은 중앙은행에서 총통화공급량을 적절히 유지하리라 믿는다. 비트코인은 당신의 거래 정보를 수백만 개의 컴퓨터에 복사해놓기 때문에 은행을 믿을 필요가 없다. 또한 정해진 알고리즘에 의해 일정하고 예측 가능한 속도로 비트코인을 생산하기 때문에 중앙은행에 의지할 필요가 없다.

비트코인은 은행이나 연방준비제도를 불신하는 사람에게는 합리적인 화폐 역할을 할 수 있다. 기관에 대한 이런 불신은 미국의 역사에 근원이 있기 때문에 비트코인이 미래의 화폐라고 강력하게 믿고 있는 핵티비스트• 집단이 생겨난 것도 이해가 된다. 닐 스티븐슨은 1999년 자신의 소설《크립토노미콘》에서 암호 기술이 어떻게 독일의 암호를 해독해서 제2차 세계대전을 승리로 이끌었는지, 그리고 비트코인 같은 암호화폐와 블록체인처럼 해킹 불가한 정보 공유 방식이 어떻게 전제주의 정부로부터 인류를 구할 수 있는지 묘사했다.

독재국가나 불안정한 체제에 사는 사람이나 사법제도를 무시하는 범죄자는 현존 금융 시스템을 무시할 충분한 이유가 있다. 그러나 다행히 미국처럼 안정된 경제 체제에서 사는 사람들은 은행과 중앙은행에 대한 신뢰가 크다는 것을 데이터가 보여주고 있다. 앞에서 우리는 이자율이 시장에서 신뢰의 척도임을 설명한 바 있다. 20세기 대부분의 기간 중 사람들은 미국 정부에 기꺼이 낮은 이자율로 돈을 빌려주었기 때문에 연방준비제도에서 이자율이 너무 낮다고 우려할 정도였다. 다른 말로 하

• hactivist, hacker+activist의 합성어로 해킹 기술을 이용해 기존 질서에 도전하고 불의에 저항하는 운동가.

면 미국 정부에 대한 믿음이 너무 컸기 때문에 사람들은 거의 공짜로 돈을 빌려주었고 이는 민간은행도 마찬가지였다.

그러나 범죄자에게는 이런 사항이 해당되지 않기에 믿을 수 있는 금융기관을 찾는 데 애로사항이 많았다. 이들은 때로 마약이나 무기 같은 불법 상품 거래를 하면서 거액을 거래할 다른 방법이 없기 때문에 절도한 미술품으로 지불하기도 한다.[65] 이들에게 비트코인은 커다란 축복이다.

비트코인의 초기 이용자들은 불법 행위를 저지르는 범죄자가 많았지만 정부나 금융제도의 신뢰성이 떨어지는 국가에서는 합법적으로 이용될 가능성이 높다. 이들 국가에서는 이미 미국 달러가 광범위하게 사용되고 있지만 향후 비트코인이 성공적으로 안착할 가능성이 있다.

연방준비제도에 대한 불신은 경제의 성장에 맞춰 제때 화폐를 공급하지 못한다는 믿음에서 기원한다. 이 문제에 비트코인은 별로 도움이 못 되는 게 비트코인이 경제의 호황이나 불황에 제대로 대응하지 못하고 정해진 속도로만 늘어나기 때문이다.

마지막으로 안전성이 알고리즘에 기반하고 있기 때문에 블록체인이 은행보다 더 믿을 만하다는 생각은 알고리즘에 대해 더 많은 신뢰를 요구한다. 이론적으로 알고리즘은 조작하기 매우 힘들지만, 컴퓨터 코드의 취약성으로 많은 소프트웨어가 해킹된 기록이 있다. 비트코인과 (가장 큰 경쟁자라 할 만한) 이더리움이 해킹되어 수억 달러 상당의 암호화폐가 도둑맞거나 분실된 몇몇 사례가 잘 알려져 있다.[66] 소프트웨어가 개선되어 보다 안전해졌다고는 하지만, 내 생각에는 아직도 많은 사람이 이 복잡한 소프트웨어가 다시 해킹되지 않으리라고 믿기보다는 차라리 은행을 더 신뢰한다.

따라서 블록체인 관련 데이터를 저장하는 데 소용되는 엄청난 비용을 정당화하기는 어려울 것 같다. 은행은 하나의 컴퓨터 서버(또는 백업용으로 몇 개의 서버)에 모든 데이터를 저장하지만, 블록체인은 수백만 개의 컴퓨터에 저장한다. 그 과정에서 엄청난 전력을 소모한다. 그 에너지의 일부는 비트코인 서버의 신뢰를 보여주기 위한 무의미한 연산에 소비된다. 앞에서 설명한 신뢰 모델에서 신뢰성을 보여주려면 비용이 들어가는 희생이 필요하다고 언급한 적이 있다. 의미 없는 수학 문제를 푸는 것은 이 경우에 아주 잘 들어맞는 사례이며 이 연산 작업에 들어가는 에너지는 기후변화의 한 원인이다. 많은 종류의 작업에 에너지가 필요하며 만일 그 작업이 중요하다면 에너지 소비는 기본적으로 잘못된 것이 하나도 없다고 볼 수 있다. 그러나 당분간은 은행 컴퓨터가 훨씬 적은 에너지로 블록체인과 같은 일을 할 수 있다.

아마 느꼈겠지만 나는 비트코인과 모든 종류의 블록체인에 다소 회의적인 시각을 갖고 있다. 암호화폐는 가능성이 있지만 아직도 해결해야 할 문제가 많다고 본다. 가장 먼저 해결해야 할 문제는 신뢰이며 여기까지 읽은 독자는 깨달았겠지만, 인류는 수천 년간 신뢰를 뿌리내리기 위해 갖가지 제도를 만들어 노력해왔고, 그 결과로 우리는 오늘날 서로를 신뢰하게 되었다.

그러나 나는 아직도 항상 미래에 대해 긍정적이다. 비트코인에 엄청난 잠재력은 보이지 않지만 블록체인 기술을 응용할 수 있는 분야가 존재할지도 모른다. 최근에는 초기 코인 공개ICO; initial coin offering를 통해 암호화폐를 발행해서 벤처 투자자금을 모집하는 기업이 많아졌다. 델리달러처럼 이 회사들은 가상화폐를 발행해서 나중에 돌려주겠다고 약속하고 투자금을 모집한다. 그러나 이미 주식과 채권을 발행해서 자금을 모집하는 회사가 많기 때문에 이렇게 해서는 문제의 본질을 해결하지 못한다. ICO는 단지 좀 더 적은 비용으로 자금을 모집할 수 있을 뿐이다. 대부분의 비용 절감은 ICO를 통해서 소비자 보호를 위한 SEC의 규정을 회피하는 데서 나온다. 물론 불필요한 규정이라면 무시해도 되겠지만, 이유가 있기 때문에 규정이 존재하는 것이다. ICO를 통해 저렴한 비용으로 자금을 모집할지는 몰라도 소비자 보호는 뒷전으로 밀려난다. SEC는 이미 단속을 시작했다.

그렇지만 정부의 제대로 된 역할을 기대할 수 없다면 블록체인은 다른 분야에서 중요하고도 소중히 활용될 수 있다. 예를 들어 독재국가의 시민들이 SNS를 만들고 싶은데 정부의 감시가 우려된다면 블록체인이 데이터의 안전한 피난처를 제공할 수 있다. 고객의 사생활을 보호하려는 기업이 아무리 순수한 의도로 최신 암호화 기술을 사용한다고 해도 정부의 규제를 피할 수는 없다. 이 경우 블록체인에 데이터를 저장하면 이를 보호하는 알고리즘을 보다 투명하게 운영할 수 있을 것이다.

선거는 해킹으로 얻을 수 있는 이익이 매우 큰 분야다. 가장 안정적인 민주국가에서도 선거의 결과를 결정짓는 컴퓨터 조작 가능성 때문에 부정선거를 의심할 수 있다. 알고리즘을 신뢰할 수만 있다면 탈중앙화한 블록체인이 이 분야에서도 도움이 될 것이다. 결점 없는 알고리즘은 해킹이 불가능하다고 하나 기술이 아무리 발전해도 완벽하게 막기는 쉽지 않을 것이다. 컴퓨터 기술이 발전함에 따라 알고리즘에 대한 신뢰도도 증가할 수 있다. 어쩌면 신뢰경제의 다음 단계는 블록체인이 될 가능성이 있으므로 알고리즘에 보다 더 많은 신뢰를 부여할 수도 있다. 그러나 인류 상호 간의 믿음도 동시에 증가하므로 알고리즘이 쉽게 이기지 못할 가능성도 있다.

인터넷 전자상거래, 플랫폼경제, 블록체인 등 최근에 발생한 혁신적인 상황으로 인해 기술과 신뢰의 상호관계가 변화했다. 플랫폼과 블록체인은 누구를 신뢰할지 확인하는 지름길을 알려주었지만 동시에 새로운 기술에 대한 신뢰를 필요하게 만들었다. 그러나 이 둘은 아직도 내가 이 책에서 전달하려는 (기술의 발전으로 신뢰 대상의 범위가 직계가족 및 부족민에서 점점 더 전 세계로 확장되었다는) 요점에서 크게 벗어나지 않고 있다.

chapter 6

결론

이 책은 어린 아기가 부모를 믿게 되는 생물학적 메커니즘과 선사시대 부족사회에서 질서를 유지하는 제도에 대한 언급으로부터 시작했다. 이제 책을 끝마칠 때가 되어 그와 동일한 메커니즘이 전 세계적 규모로 작동하는 것을 보고 있다. 한편으로 우리는 지구와 지구상의 모든 생명에 영향을 미치는 문제를 해결하려고 노력하고 있다.

우리 모두가 당면한 문제, 그러니까 지구 곳곳에 나타나는 환경 문제와 더욱 양극화하는 정치 성향은 쉽게 눈에 띈다. 문제가 갈수록 커지는 반면에 문제 해결 능력은 갈수록 줄어들고 있다. 그러나 보다 넓은 시야로 이 문제들을 바라보면서 나는 두 가지 이유로 희망을 갖게 되었다.

첫째로 어떤 변화가 생길 때는 항상 비관론자들이 득세했다는 점이다. 매트 리들리Matt Ridley는 그의 책《이성적 낙관주의자》에서 소크라테스 시대 이후부터 항상 낙관론자들은 어리석고 바보처럼 희희낙락한다며 놀림을 받았지만 비관론자들은 진지하고도 중요한 사람이라는 대접을

받았다고 주장한다. 그러나 결과는 매번 낙관론자들이 맞았음이 나중에 밝혀졌다.[1]

고대 그리스의 소크라테스는 새로운 기술이 점차 퍼지면서 사람들이 책을 읽을 수 있게 되면 문명이 사라질 수 있다고 걱정했다. 그는 대화가 아닌 책을 통해서 지혜를 구하려고 하면 문명의 기초가 무너질 수 있다고 생각했고, 책을 읽다 보면 방향성을 잃고 우리를 연결해주는 유대관계가 단절될 수 있다고 우려했다. 오늘날 우리는 독서와 문해력을 실생활에서 얻는 지식을 보완하는 수단으로 찬양한다. 그러나 사실 우리는 SNS의 유행으로 다른 사람들과의 소통에서 더 많은 것을 배우고 오히려 책의 역할은 위축되지 않을까 염려하고 있다.

18세기에 토머스 맬서스는 (오늘날에도 들리는 깊은 탄식과 함께[2]) 조절 불가능할 정도로 인구가 증가하여 기근과 굶주림으로 문명이 몰락할 것으로 예상했다. 하지만 기술의 발전은 어떻게든 인구 증가에 대처해왔으며 오늘날에는 오히려 많은 국가에서 인구 감소가 문제가 되고 있는 상황이다. 비평가들은 현재 우리가 누리고 있는 문명이 멸망할까 다시 우려를 표하고 있다. SNS 같은 새로운 기술로 인해 제도에 대한 신뢰가 흔들리고 있기 때문이다. 인구 증가로 인한 환경 문제는 기존 제도가 대응하기 어려울 만큼 거대한 규모로 커져버렸다.

그러나 우리가 측정하고 추적할 수 있는 어떤 방법으로 보더라도 문명이 시작한 이후 인간의 생활은 개선되어왔다. 사망률은 감소 중이고 행복지수는 상승 중이다. 인종 및 성별에 따른 격차는 감소하고 성적 취향으로 인한 차별 역시 감소했다. 질병으로 인한 사망자와 빈곤층의 비율도 줄어들었다. 전 세계적으로 불평등은 감소했다. 여아 교육률은 증가했고 영아 사망률은 감소했으며 건강보험 대상자는 늘었다.[3]

〈타임〉의 객원 편집자 시절 빌 게이츠는 세상이 나빠지는 건 아니라면서 데이터가 그걸 입증한다고 주장했다. 그는 오히려 모든 상황은 좋아지고 있으며 줄어드는 것은 우리의 인내심뿐이라고 말했다. 세상이 안 그렇다고 느껴져도 추세는 개선되고 있다.[4]

최근에 들어서 신뢰는 더욱 복잡한 경로를 거쳐왔다. 이 책에서 다룬 역사는 종교부터 시장제도 및 법률까지 인류가 만든 제도가 어떻게 신뢰 대상의 범위를 확장시켰고 생물종species으로서 인간의 능력을 확장시켰는지를 보여준다.

미디어나 정부 같은 전문기관에 대한 신뢰는 최근에 부침을 겪고 있지만 역사의 흐름은 긍정적인 면을 보여왔다. 관계에 대한 정보를 처리하는 제도가 발전해서 우리가 신뢰성 있는 행동을 할 만한 동기를 계속 만들고 있기 때문이다. 그러면서 한편으로는 신뢰와 관련된 위험을 감소시키고 자신의 신뢰성을 보여줄 수 있는 방법을 창조하고 있다.

우리는 지금 기술과 상호연결로 인해 우리가 가진 문제가 글로벌화하는 시대에 살고 있다. 지질학자들은 현 시대를 **인류세**라고 부르기 시작했다. 이는 인류의 선택에 따라 앞으로 지구의 운명이 결정되는 시기라는 뜻이다. 그러나 수 세기에 걸쳐 인간 사회가 진화함에 따라 인류는 적응하는 능력을 보여주었고 사회구조는 점점 심화되는 사회적 딜레마와 점점 증가하는 공유지의 비극을 처리할 수 있도록 변화했다. 그러나 그 과정에 문제도 있었다. 신뢰를 구축하기 위한 바로 그 메커니즘이 오히려 우리와 다른 사람을 불신하도록 만들고 있다. 하지만 그 어떤 시대든 내집단의 범위는 더욱 커졌고 '나와 같은 사람'에 대한 정의의 범위는 계속 확대되기만 했다. 우리 앞에는 엄청난 도전이 놓여 있지만 사회는 진보하면서 우리에게 도전을 이겨낼 도구도 같이 주었다.

나는 우리가 향후 닥치게 될 도전을 극복할 수 있다고 믿는다. 여러분 모두도 그런 믿음을 가졌으면 좋겠다.

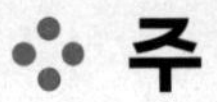

주

chapter 1 **신뢰의 역사**

1 Dawkins, R. (1989). *The Selfish Gene*. Oxford and New York: Oxford University Press. 국내 출간명《이기적 유전자》.

2 Foster, K., T. Wenseleers, and F. Ratnieks (2006). Kin Selection Is the Key to Altruism. *Trends in Ecology & Evolution, 21*: 57-60. 10.1016/j.tree.2005.11.020.

3 Smith, J., and G. Price (1973). The Logic of Animal Conflict. *Nature, 246*, 15-18. doi:10.1038/246015a0.

4 *Stanford Encyclopedia of Philosophy*. s.v. Biological Altruism https://plato.stanford.edu/entries/altruism-biological/.

5 Engel, C. (2011). Dictator games: A meta study. *Experimental economics, 14*(4), 583

6 Fehr, E., & Fischbacher, U. (2002). Why social preferences matter-the impact of non-selfish motives on competition, cooperation and incentives. *The economic journal, 112*(478), C1-C33

7 Blair, J., D. R. Mitchell, and K. Blair (2005). *The Psychopath: Emotion and the Brain*. Malden, MA: Blackwell Publishing. 국내 출간명《사이코패스: 정서와 뇌》.

8 Orr, S. P., and J. T. Lanzetta (1980). Facial Expressions of Emotion as Conditioned Stimuli for Human Autonomic Responses. *Journal of Personality and Social Psychology, 38*(2): 278-282.

9 J. P. W. Scharlemann, C. C. Eckel, A. Kacelnik, and R. K. Wilson (2001). The Value of a Smile: Game Theory with a Human Face. *Journal of Economic Psychology, 22*(5): 617-640. https://doi.org/10.1016/S0167-4870(01)00059-9.

10 재미있는 사실은 동일 실험에서 남자는 웃는 남자보다 웃는 여자를 더 신뢰하고, 여자는 웃는 여자보다 웃는 남자를 더 신뢰한다는 것이 밝혀졌다. 저자는 우리가 웃는 얼굴을 신뢰하는 것은 짝짓기 기회와 관련이 있기 때문이라고 주장한다. 결국 미소와 신뢰 사이에는 진화론적 연결관계가 있다는 이야기다.

11 Provine, R. R. (1993). Laughter Punctuates Speech: Linguistic, Social and Gender Contexts of Laughter. *Ethology, 95*: 291-298. doi:10.1111/j.1439-0310.1993.tb00478.x.

12 Weems, S. (2014). *Ha! The Science of When We Laugh and Why*. New York: Basic Books.

13 Williams, J. H. G. (2019). “Why Children Find ‘Poo’ so Hilarious—and How

Adults Should Tackle It." *The Conversation*, March 26. http://theconversation.com/why-children-find-poo-so-hilarious-and-how-adults-should-tackle-it-72258.

14 Adams, M. (2016). *In Praise of Profanity*. New York: Oxford University Press.

15 Magon, N., and S. Kalra (2011). The Orgasmic History of Oxytocin: Love, Lust, and Labor. *Indian Journal of Endocrinology and Metabolism, 15*(Suppl3): S156-S161.

16 Feldman, R., I. Gordon, and O. Zagoory-Sharon (2011). Maternal and Paternal Plasma, Salivary, and Urinary Oxytocin and Parent-Infant Synchrony: Considering Stress and Affiliation Components of Human Bonding. *Developmental Science, 14*: 752-761. doi:10.1111/j.1467-7687.2010.01021.x.

17 Kosfeld, M., M. Heinrichs, P. Zak, U. Fischbacher, and E. Fehr (2005). Oxytocin Increases Trust in Humans. *Nature 435*, 673-676. doi:10.1038/nature03701.

18 네이브, 캐머러, 매컬로프는 논문을 검토한 후 잭의 방법이 정확히 옥시토신의 양을 측정하지 못했을 수도 있다고 언급했으며 보완 연구에서도 옥시토신과 신뢰의 유전자표지자 사이의 연관성을 발견하지 못했다. 그러나 여전히 잭 및 다른 연구진들이 작성한 옥시토신과 신뢰의 연관성을 주장하는 많은 논문이 있다. Nave, G., Camerer, C., & McCullough, M. (2015). Does oxytocin increase trust in humans? A critical review of research. *Perspectives on Psychological Science, 10*(6), 772-789.

19 Fareri, D. S., Chang, L. J., & Delgado, M. R. (2012). Effects of direct social experience on trust decisions and neural reward circuitry. *Frontiers in neuroscience, 6,* 148.

20 Cesarini, D., C. T. Dawes, J. H. Fowler, M. Johannesson, P. Lichtenstein, and B. Wallace (2008). Heritability of Cooperative Behavior in the Trust Game. *Proceedings of the National Academy of Sciences, 105*(10), 3721-3726.

21 Williams, L. E., and J. A. Bargh (2008). "Experiencing Physical Warmth Promotes Interpersonal Warmth." *Science, 322*(5901): 606-607. doi:10.1126/science.1162548.

22 Chapman, G. (2009). *The Five Love Languages: How to Express Heartfelt Commitment to Your Mate*. Chicago, IL: Moody. 국내 출간명 《5가지 사랑의 언어》.

23 Waldfogel, J. (2009). *Scroogenomics: Why You Shouldn't Buy Presents for the Holidays.* Princeton, NJ: Princeton University Press. www.jstor.org/stable/j.ctt7ssvs.

24 Camerer, C. (1988). Gifts as Economic Signals and Social Symbols. *American Journal of Sociology 94*: S180-S214.

25 그러나 시장이 자원을 효율적으로 배분하기는 하지만 공정하게 배분하느냐에 대해서는 많은 비판이 있다. 공정한 배분을 위해 정부의 역할이 필요하다.

26 마르코 폴로가 정말로 중국에 갔는지에 대해서는 많은 의구심이 있다. Wood, F. (1996). Did Marco Polo Go to China? *Asian Affairs, 27*(3), 296-304.

27 Fairbank, J. K., & Teng, S. Y. (1941). On the Ch'ing tributary system. *Harvard journal of Asiatic studies, 6*(2), 135-246.

28 Bronislaw, M. (1922). *Argonauts of the Western Pacific: An Account of Native Enterprise and Adventure in the Archipelagoes of Melanesian New Guinea*. London and New York: George Routledge & Sons and E. P. Dutton. 국내 출간명 《서태평양의 항해자들》.

29 Marriott, McKim (1955). "Little Communities in an Indigenous Civilization", in McKim Marriott (ed.), *Village India: Studies in the Little Community*, University of Chicago Press, pp. 198-202.

30 경제학을 공부해본 사람이라면 '할인율'의 정의에 시간 선호와 위험 선호가 섞여 있다는 것을 알 것이다. 시간과 위험의 관계는 행동경제학에서 아직 충분한 연구가 이루어지지 않은 분야다.

31 Kandori, M. (1992). Social Norms and Community Enforcement. *Review of Economic Studies, 59*(1): 63-80.

32 Hill, R. A., and R. I. Dunbar (2003). Social Network Size in Humans. *Human Nature, 14*(1), 53-72.

33 Dunbar, R. I. (2016). Do Online Social Media Cut Through the Constraints That Limit the Size of Offline Social Networks? *Royal Society Open Science, 3*(1): 150292. https://doi.org/10.1098/rsos.150292.

34 Pope, W. (1975). Durkheim as a Functionalist. *Sociological Quarterly, 16*(3): 361-379.

35 Greif, A. (2004). Impersonal Exchange Without Partial Law: The Community Responsibility System. *Chicago Journal of International Law, 5*(1): 107-136.

36 Aronson, E., and J. Mills (1959). The Effect of Severity of Initiation on Liking for a Group. *Journal of Abnormal and Social Psychology, 59*(2): 177-181.

37 Berger, J. A., C. Heath, and B. Ho (2005). Divergence in Cultural Practices: Tastes as Signals of Identity. *Scholarly Commons*, Penn Libraries, University of Pennsylvania. Retrieved from https://repository.upenn.edu/marketing_papers/306.

38 National Research Council, Committee on the Human Dimensions of Global Change, E. Ostrom, T. Dietz, N. Dolšak, P. C. Stern, S. Stovich, and E. U. Weber

(Eds.), Division of Behavioral and Social Sciences & Education (2002). *The Drama of the Commons*. Washington, DC: National Academy Press.

39 Kandori, Michihiro, G. J. Mailath, and R. Rob. (1993). Learning, Mutation, and Long Run Equilibria in Games. *Econometrica, 61*(1): 29-56. www.jstor.org/stable/2951777.

40 Fehr, E., and S. Gächter. (1999). *Cooperation and Punishment in Public Goods Experiments*. Institute for Empirical Research in Economics Working Paper No. 10. CESifo Working Paper Series No. 183, June. https://ssrn.com/abstract=203194.

41 Goette, L., Huffman, D., & Meier, S. (2006). The impact of group membership on cooperation and norm enforcement: Evidence using random assignment to real social groups. *American Economic Review, 96*(2), 212-216.

42 Calvert, R. (1992). Leadership and its basis in problems of social coordination. *International Political Science Review, 13*(1), 7-24.

43 Barro, R. J., and R. M. McCleary (2003). Religion and Economic Growth Across Countries. *American Sociological Review, 68*(5): 760-781. www.jstor.org/stable/1519761; 연구원들은 역인과관계(reverse casualty) 같은 요소에 대한 통제도 최대한 강화하려 했으나 자신들이 통제할 수 없는 요소도 있다고 강조했다.

44 Lang, M., B. G. Purzycki, C. L. Apicella, Q. D. Atkinson, A. Bolyanatz, E. Cohen, ……, and J. Henrich (2019). Moralizing Gods, Impartiality and Religious Parochialism Across 15 Societies. *Proceedings of the Royal Society B: Biological Sciences, 286*(1898). https://royalsocietypublishing.org/doi/10.1098/rspb.2019.0202.

45 Weber, M. *The Protestant Ethic and the Spirit of Capitalism*. New York: Scribner, 1958. 국내 출간명《프로테스탄트 윤리와 자본주의 정신》.

46 Putnam Robert (1993). *Making Democracy Work: Civic Traditions in Modern Italy*. Princeton, NJ: Princeton University Press; La Porta Rafael, Lopezde-Silanes Florencio, Shleifer Andrei, Vishny Robert W(1997). Trust in Large Organizations. *American Economic Review, 87*:333-338.

47 Benjamin, D. J., J. J. Choi, and G. Fisher (2010). *Religious Identity and Economic Behavior*. NBER Working Paper No. w15925, April. https://ssrn.com/abstract=1594559.

48 Duhaime, E. P. (2015). Is the call to prayer a call to cooperate? A field experiment on the impact of religious salience on prosocial behavior. *Judgment and Decision Making, 10*(6), 593.

49 DeBono, A., Shariff, A. F., Poole, S., & Muraven, M. (2017). Forgive us our trespasses: Priming a forgiving (but not a punishing) god increases unethical

behavior. *Psychology of Religion and Spirituality, 9*(S1), S1.

50 Rigdon, M., K. Ishii, M. Watabe, and S. Kitayama (2009). Minimal Social Cues in the Dictator Game. *Journal of Economic Psychology, 30*(3): 358-367. https://doi.org/10.1016/j.joep.2009.02.002.

51 단 실험 횟수가 많지 않아 통계적으로 유의미한 결과를 도출했다고 보기 어렵다. 물론 이 문제가 이 논문에만 해당되는 것은 아니다.

52 Lesson, P. T. (2018). Witch Trials. *Economic Journal, 128*(613): 2066-2105. https://doi.org/10.1111/ecoj.12498.

53 Tversky, A., and D. Kahneman (1989). Rational Choice and the Framing of Decisions. In *Multiple Criteria Decision Making and Risk Analysis Using Microcomputers*, 81-126. Berlin and Heidelberg: Springer.

54 Dales, R. C. (1989). *Medieval Discussions of the Eternity of the World*. Vol. 18, Brill's Series in Intellectual History. https://brill.com/view/title/5655.

55 Cox, T. H., and S. Blake (1991). Managing Cultural Diversity: Implications for Organizational Competitiveness. *Academy of Management Perspectives, 5*(3): 45-56.

56 Page, S. E. (2010). *Diversity and Complexity. Vol. 2.* Princeton. NJ: Princeton University Press.

57 Weber, M. (1978). *Economy and Society: An Outline of Interpretive Sociology (Vol. 1).* Berkeley: University of California Press. 국내 출간명 《경제와 사회》.

58 Milgrom, P. R., North, D. C., & Weingast, B. R. (1990). The Role of Institutions in the Revival of Trade: The Law Merchant, Private Judges, and the Champagne Fairs. *Economics & Politics, 2*(1), 1-23.

59 Kranton, R. E. (1996). Reciprocal Exchange: A Self-Sustaining System. *American Economic Review, 86*(4): 830-851.

60 Ogilvie, S. (2011). *Institutions and European Trade: Merchant Guilds, 1000-1800*. Cambridge: Cambridge University Press.

61 이는 오길비의 설명이다.

62 Hobbes, T. (1968). *Leviathan*. Baltimore, MD: Penguin. 국내 출간명 《리바이어던》.

63 Pinker, S., and OverDrive Inc. (2011). *The Better Angels of Our Nature: Why Violence Has Declined*. New York: Penguin. 국내 출간명 《우리 본성의 선한 천사》.

64 Hobbes, *Leviathan.*

65 물론 우리는 한 학기 내내 사회에서 정부의 역할을 공부할 수도 있다. 예를 들어 정부가 계급제도를 공고히 한다는 마르크스주의자의 관점부터 정부에는 스스로 영원히 존재하려는 경향이 있다는 현대 사회학자의 관점까지 그리고 정부는 집단행동을 조정하고 그 대가로 렌트비를 징수한다는 랜달 캘버트의 게임이론적 관점까지 연구할 수 있다. 그러나 이 장에서는 정부의 두 가지 역할에 중점을 두겠다. (1)정부는 집단행동을 손쉽게 하는 역할을 한다. (2)정부는 우리가 준수하도록 법을 강제한다.

66 Ostrom, E. (1990). *Governing the Commons: The Evolution of Institutions for Collective Action*. New York: Cambridge University Press.

67 Calvert, R. L., M. D. McCubbins, and B. R. Weingast (1989). A Theory of Political Control and Agency Discretion. *American Journal of Political Science, 33*(3): 588-611.

68 Acemoglu, D., & Robinson, J. A. (2012). *Why Nations Fail: The Origins of Power, Prosperity, and Poverty*. Currency. Some of their most influential articles include: Acemoglu, D., Johnson, S., & Robinson, J. A. (2002). Reversal of Fortune: Geography and Institutions in the Making of the Modern World Income Distribution. *The Quarterly Journal of Economics, 117*(4), 1231-1294; Acemoglu, D., Johnson, S., & Robinson, J. (2005). The Rise of Europe: Atlantic Trade, Institutional Change, and Economic Growth. *American Economic Review, 95*(3), 546-579; Acemoglu, D., Johnson, S., & Robinson, J. A. (2001). The Colonial Origins of Comparative Development: An Empirical Investigation. *American Economic Review, 91*(5), 1369-1401.

69 Jensen, K. (2016). The Experiment: What Do Five Monkeys Have to Do with Negotiations? *Forbes*, October 31. https://www.forbes.com/sites/keldjensen/2016/10/31/the-experiment-what-do-five-monkeys-have-to-do-with-negotiations/#4c13280f498d.

70 Ginsburg, T., Z. Elkins, and J. Melton (2009). *The Endurance of National Constitutions*.

71 Xie, W., Ho, B., Meier, S., & Zhou, X. (2017). Rank Reversal Aversion Inhibits Redistribution Across Societies. *Nature Human Behaviour, 1*(8): 1-5.

chapter 2 전문기관에 대한 신뢰

1 Pew Research Center (2019). Confidence in Leaders of the Military Has Gone Up; Confidence in Some Other Institutions Is Declining. March 22. Retrieved from https://www.pewresearch.org/ft_19-03-21_scienceconfidence_confidence-in-

leaders-military-vs-others/.

2 Washington's Farewell Adress 1796, retrieved from https://avalon.law.yale.edu/18th_century/washing.asp.

3 Lindgren, J. (2019). Science Study: Republicans Struggle with Evolution, Democrats Struggle with the Earth Going Around the Sun. Washington Post, April 22. Retrieved from https://www.washingtonpost.com/news/volokh-conspiracy/wp/2014/02/25/most-democrats-dont-know-it-takes-a-year-for-the-earth-to-go-around-the-sun/.

4 Bullock, J. G., Gerber, A. S., Hill, S. J., & Huber, G. A. (2015). Partisan Bias in Factual Beliefs about Politics. *Quarterly Journal of Political Science, 10*(4), 519-578.

5 Lustgarten, A. (2018). Palm Oil Was Supposed to Help Save the Planet. Instead It Unleashed a Catastrophe. *New York Times* magazine. https://www.nytimes.com/2018/11/20/magazine/palm-oil-borneo-climate-catastrophe.html.

6 Barbaro, M. (2019). *How the Democratic Debates Narrow the Field. New York Times* podcast, August 2. Retrieved from https://www.nytimes.com/2019/08/02/podcasts/the-daily/democratic-debates-2020-election.html.

7 Benjamin, D. J., & Shapiro, J. M. (2009). Thin-slice forecasts of gubernatorial elections. *The review of economics and statistics, 91*(3), 523-536.

8 Bullock, J. G., A. S. Gerber, S. J. Hill, and G. A. Huber (2013). *Partisan Bias in Factual Beliefs About Politics*. No. w19080. National Bureau of Economic Research.

9 Cohen, G. L. (2003). Party over Policy: The Dominating Impact of Group Influence on Political Beliefs. *Journal of Personality and Social Psychology, 85*(5): 808-822.

10 물론 모든 정책과 마찬가지로 낙태 정책에는 여러 가지 복잡한 문제가 관련되어 있다. 생물학, 윤리, 경제적 측면, 여행 회수까지 영향을 미친다. 스티븐 레빗은 아무도 예상하지 못한 효과 중의 하나로 수십 년 후에 범죄율이 감소한다고 주장했다.

11 Levitt, S. D. (1995). *Using Electoral Cycles in Police Hiring to Estimate the Effect of Police on Crime*. No. w4991. National Bureau of Economic Research.

12 Gawande, K., and U. Bandyopadhyay (2000). Is Protection for Sale? Evidence on the Grossman-Helpman Theory of Endogenous Protection. *Review of Economics and Statistics, 82*(1): 139-152.

13 Maskin, E., & Tirole, J. (2004). The Politician and the Judge: Accountability in Government. *American Economic Review, 94*(4), 1034-1054.

14 Murray, A., Smith, A. (1874). *An Inquiry into the Nature and Causes of the Wealth of Nations* ...... New edition, revised, corrected and improved. United Kingdom: A. Murray.

15 Silverman, C. (2016). *This Analysis Shows How Viral Fake Election News Stories Outperformed Real News on Facebook*. Buzzfeed, November 16. Retrieved from https://www.buzzfeednews.com/article/craigsilverman/viral-fake-election-news-outperformed-real-news-on-facebook.

16 Clark, D. J. (dir.) (2019). *Behind the Curve*. Retrieved from https://www.netflix.com/title/81015076. 국내 제목은 <그래도 지구는 평평하다>.

17 Ho, B., and P. Liu (2015). Herd Journalism: Investment in Novelty and Popularity in Markets for News. *Information Economics and Policy, 31*:33-46.

18 Hall, E. (2020). Here Are 20 Headlines Comparing Meghan Markle to Kate Middleton That Might Show Why She and Prince Harry Are Cutting off Royal Reporters. *Buzzfeed*, January 13. Retrieved from https://www.buzzfeednews.com/article/ellievhall/meghan-markle-kate-middleton-double-standards-royal.

19 Groseclose, T., & Milyo, J. (2005). A Measure of Media Bias. *The Quarterly Journal of Economics, 120*(4), 1191-1237; Gentzkow, M., & Shapiro, J. M. (2010). What Drives Media Slant? Evidence from US Daily Newspapers. *Econometrica, 78*(1), 35-71.

20 Gentzkow and Shapiro, Media Bias and Reputation.

21 Ho, B., and P. Liu (2015). Herd Journalism.

22 공식적으로 경제학자들은 정보 획득의 모델화를 위해 베이즈의 법칙(Bayes's rule)을 이용했다. 상징으로서의 새로운 정보가 입수되면 베이즈의 법칙을 이용하여 우리가 가지고 있는 세상에 대한 신념을 수정한다. 정보를 정확히 가공하기만 하면 보다 더 진실에 가까워진다.

23 그러나 과연 진실이라는 것이 존재하느냐는 흥미로운 문제가 생긴다. 또한 진실이 있다면 그것이 우리가 알 수 있는 것이냐에 대한 질문도 있다.

24 Berger, J., and K. L. Milkman (2012). What Makes Online Content Viral?. *Journal of Marketing Research, 49*(2): 192-205.

25 Cheng, I. H., and A. Hsiaw (2019). *Distrust in Experts and the Origins of Disagreement*. Tuck School of Business Working Paper, 2864563. Sethi,R., and M. Yildiz (2016). Communication with Unknown Perspectives. *Econometrica, 84*(6): 2029-2069.

26 Ortoleva, P., & Snowberg, E. (2015). Overconfidence in Political Behavior. *American Economic Review, 105*(2), 504-535; Stone, D. F. (2019). "Unmotivated Bias" and Partisan Hostility: Empirical Evidence. *Journal of Behavioral and*

Experimental Economics, 79, 12-26; *Feelings About Partisans and the Parties* (2016). Pew Research Center, June 22. Retrieved from https://www.pewresearch.org/politics/2016/06/22/1-feelings-about-partisans-and-the-parties/.

27 Krehbiel, K. (1993). Where's the Party? *British Journal of Political Science, 23*(2): 235-266.

28 Fiorina, M. P. (2016). The Political Parties Have Sorted. *A Hoover Institution Essay on Contemporary American Politics*, Series 3, 1-20.

29 Morris, S. (2001). Political Correctness. *Journal of Political Economy, 109*(2): 231-265.

30 Pew Research Center (2018). Social media outpaces print newspapers in the U.S. as a news source. Retrieved from https://www.pewresearch.org/fact-tank/2018/12/10/social-media-outpaces-print-newspapers-in-the-u-s-as-a-news-source/

31 Oremus, W. (2019). These Startups Want to Protect You from Fake News. Can You Trust Them? *Slate*, January 25. Retrieved from https://slate.com/technology/2019/01/newsguard-nuzzelrank-media-ratings-fake-news.html.

32 Eckles, D. R. F. Kizilcec, and E. Bakshy (2016). Peer Encouragement Designs. *Proceedings of the National Academy of Sciences, 113*(27), 7316-7322.

33 Bikhchandani, S., Hirshleifer, D., & Welch, I. (1992). A Theory of Fads, Fashion, Custom, and Cultural Change as Informational Cascades. *Journal of Political Economy, 100*(5), 992-1026; Banerjee, A. V. (1992). A Simple Model of Herd Behavior. *Quarterly Journal of Economics, 107*(3), 797-817.

34 Enns, P. (2014). *Presidential Campaigns Are Less Important Than Previously Thought in Influencing How People Vote*. LSE US Centre, May 15. Retrieved from https://blogs.lse.ac.uk/usappblog/2013/09/05/presidential-campaigns-fundamentals/. Allcott, H., and M. Gentzkow (2017). Social Media and Fake News in the 2016 Election. *Journal of Economic Perspectives, 31*(2): 211-236.

35 Schoenfeld, J. D., & Ioannidis, J. P. (2013). Is Everything We Eat Associated with Cancer? A Systematic Cookbook Review. *The American Journal of Clinical Nutrition, 97*(1), 127-134.

36 Blendon, R. J., J. M. Benson, and J. O. Hero (2014). Public Trust in Physicians—US Medicine in International Perspective. *New England Journal of Medicine, 371*(17): 1570-1572.
이러한 경향은 2010년대 대부분 지속되었지만, 2020년에 들어 코로나19 팬데믹에 대응하여 의학에 대한 대중의 신뢰도가 크게 상승했다. https://www.pewresearch.org/science/2020/05/21/trust-in-medical-scientists-has-grown-in-u-s-but-mainly-among-democrats/.

37 Iuga, A. O., and M. J. McGuire (2014). Adherence and Health Care Costs. *Risk Management and Healthcare Policy, 7*, 35-44.

38 Singer, N., and K. Thomas (2019). Drug Sites Upend Doctor-Patient Relations: "It's Restaurant-Menu Medicine." *New York Times*, April 2. Retrieved from https://www.nytimes.com/2019/04/02/technology/for-him-for-hers-get-roman.html.

39 Hall, A. J., J. E. Logan, R. L. Toblin, J. A. Kaplan, J. C. Kraner, D. Bixler, …… and L. J. Paulozzi (2008). Patterns of Abuse Among Unintentional Pharmaceutical Overdose Fatalities. *JAMA, 300*(22): 2613-2620.

40 *Drug Overdose* (n.d.). Drug Policy Alliance. Retrieved from http://www.drugpolicy.org/issues/drug-overdose.

41 Okwo-Bele, J.-M. (2015). *Together We Can Close the Immunization Gap*. World Health Organization, April 22. Retrieved from https://www.who.int/mediacentre/commentaries/vaccine-preventable-diseases/en/.

42 O'Connor, C., and J. O. Weatherall (2019). *The Misinformation Age: How False Beliefs Spread*. New Haven, CT: Yale University Press.

43 Vinck, P., Pham, P. N., Bindu, K. K., Bedford, J., & Nilles, E. J. (2019). Institutional trust and misinformation in the response to the 2018-19 Ebola outbreak in North Kivu, DR Congo: a population-based survey. *The Lancet Infectious Diseases, 19*(5), 529-536.

44 Hussain, R. S., McGarvey, S. T., & Fruzzetti, L. M. (2015). Partition and poliomyelitis: An investigation of the polio disparity affecting Muslims during India's eradication program. *PLOS ONE, 10*(3), e0115628.

45 Mcneil, D. G. (2019). Polio Cases Surge in Pakistan and Afghanistan. *New York Times*, July 15. Retrieved from https://www.nytimes.com/2019/07/15/health/polio-pakistan-afghanistan.html.

46 Esposito, B. L., L. Rapaport, and D. Rauf (n.d.). *Fewer Disease Risk Factors, Yet More Fatal Heart Attacks.* EveryDay Health. Retrieved from https://www.everydayhealth.com/heart-health/1115/fewer-disease-risk-factors-yet-more-fatal-heart-attacks.aspx.

47 새내기 부모들이 플라시보 효과를 적용하는 가장 만족스러운 방법은 뽀뽀가 '아야'를 고쳐준다고 자녀를 납득시키는 것이다.

48 Waber, R. L., B. Shiv, Z. Carmon, and D. Ariely (2008). Commercial Features of Placebo and Therapeutic. *JAMA, 299*(9): 1016-1017.

49 Zhou, X., K. D. Vohs, and R. F. Baumeister (2009). The Symbolic Power of

Money: Reminders of Money Alter Social Distress and Physical Pain. *Psychological Science, 20*(6): 700-706.

50 Marchant, J. (2016). Placebos: Honest Fakery. *Nature, 535*(7611): S14-S15.

51 Kaptchuk, T. J., E. Friedlander, J. M. Kelley, M. N. Sanchez, E. Kokkotou, J. P. Singer, …… and A. J. Lembo (2010). Placebos Without Deception: A Randomized Controlled Trial in Irritable Bowel Syndrome. *PloS ONE, 5*(12) : e15591.

52 Jabr, F. (2019). The Truth About Dentistry. *The Atlantic*, April 17. Retrieved from https://www.theatlantic.com/magazine/archive/2019/05/the-trouble-with-dentistry/586039/.

53 Chandra, A., A. Finkelstein, A. Sacarny, and C. Syverson (2013). *Healthcare Exceptionalism? Productivity and Allocation in the US Healthcare Sector*. No. w19200. National Bureau of Economic Research. https://www.nber.org/papers/w19200.

54 Gottschalk, F. C., W. Mimra, and C. Waibel (2018). *Health Services as Credence Goods: A Field Experiment.* Available at SSRN 3036573.

55 Schneider, H. S. (2012). Agency Problems and Reputation in Expert Services: Evidence from Auto Repair. *Journal of Industrial Economics, 60*(3), 406-433.

56 Alsan, M., and M. Wanamaker (2018). Tuskegee and the Health of Black Men. *The Quarterly Journal of Economics, 133*(1): 407-455.

57 Hoffman, K. M., S. Trawalter, J. R. Axt, and M. N. Oliver (2016). Racial Bias in Pain Assessment and Treatment Recommendations, and False Beliefs about Biological Differences Between Blacks and Whites. *Proceedings of the National Academy of Sciences, 113*(16): 4296-4301.

58 Alsan, M., O. Garrick, and G. Graziani (2019). Does Diversity Matter for Health? Experimental Evidence from Oakland. *American Economic Review, 109*(12): 4071-4111.

59 Commonwealth Fund (2005). *Clinton and Obama Offer Bill to Encourage Disclosure of Medical Errors*. September 28. Retrieved from https://www.commonwealthfund.org/publications/newsletter-article/clinton-and-obama-offer-bill-encourage-disclosure-medical-errors.

60 https://med.stanford.edu/news/all-news/2012/09/little-evidence-of-health-benefits-from-organic-foods-study-finds.html; https://www.sciencemag.org/news/2016/05/once-again-us-expert-panel-says-genetically-engineered-crops-are-safe-eat; https://climate.nasa.gov/evidence/; https://www.cdc.gov/vaccinesafety/concerns/autism.html.

61 http://revisionisthistory.com/episodes/20-the-basement-tapes; https://www.hsph.harvard.edu/ritionsource/what-should-you-eat/fats-and-cholesterol/cholesterol/.

62 https://www.mayoclinic.org/healthy-lifestyle/womens-health/in-depth/breast-implants/art-20045957.

63 https://www.healthline.com/nutrition/8-glasses-of-water-per-day.

64 Camerer, C. F., A. Dreber, E. Forsell, T. H. Ho, J. Huber, M. Johannesson, …… and E. Heikensten (2016). Evaluating Replicability of Laboratory Experiments in Economics. *Science, 351*(6280): 1433-1436; Open Science Collaboration (2015). *Estimating the reproducibility of Psychological Science*, 349. Begley, C. G., & Ellis, L. M. (2012). Raise standards for preclinical cancer research. *Nature, 483*(7391), 531-533.

65 예를 들어 벤저민과 연구팀(2018)은 통계 산출에 보다 엄격한 기준을 적용해야 한다고 주장한 반면, 올켄과 연구팀(2015)은 데이터를 조사하기 전에 연구 계획을 사전 등록할 것을 주장했다. Benjamin, D. J., Berger, J. O., Johannesson, M., Nosek, B. A., Wagenmakers, E. J., Berk, R., …… and Cesarini, D. (2018). Redefine Statistical Significance. *Nature Human Behaviour, 2*(1), 6-10; Olken, B. A. (2015). Promises and Perils of Pre-analysis Plans. *Journal of Economic Perspectives, 29*(3), 61-80.

66 Berger and Milkman, What Makes Online Content Viral?

67 신뢰 구간의 정의에서 중요한 것은 진리 값이 구간 내에 있어야 한다는 점은 알고 있으나 이는 거짓 양성 발생률과 100퍼센트 일치하지는 않는다. 따라서 "거의"라고 표현하였는데 사실 거의 맞다.

68 Morris, Political Correctness

69 사례를 찾아보기 위해서는 퓰리처상을 수상한 더글러스 호프스태터가 쓴 괴델의 수학 접근법에 대한 책을 찾아보기 바란다. Hofstadter, Douglas R. (1979). *Gödel, Escher, Bach: An Eternal Golden Braid*. New York: Basic Books. 국내 출간명 《괴델, 에셔, 바흐》.

70 Nordhaus, W. D. (2007). *The Challenge of Global Warming: Economic Models and Environmental Policy, Vol. 4.* New Haven, CT: Yale University Press.

71 Bó, P. D. (2005). Cooperation Under the Shadow of the Future: Experimental Evidence from Infinitely Repeated Games. *American Economic Review, 95*(5): 1591-1604.

72 Candelo, N., C. Eckel, and C. Johnson (2018). Social Distance Matters in Dictator Games: Evidence from 11 Mexican Villages. *Games, 9*(4): 77.

73 Frank, R. H. (1985). *Choosing the Right Pond: Human Behavior and the Quest for Status*. New York: Oxford University Press.

74 Rayo, L., and G. S. Becker (2007). Habits, Peers, and Happiness: An Evolutionary Perspective. *American Economic Review, 97*(2): 487-491.

75 Moore, F. C., N. Obradovich, F. Lehner, and P. Baylis (2019). Rapidly Declining Remarkability of Temperature Anomalies May Obscure Public Perception of Climate Change. *Proceedings of the National Academy of Sciences, 116*(11): 4905-4910.

76 Finnemore, M., and K. Sikkink (1998). International Norm Dynamics and Political Change. *International Organization, 52*(4): 887-917.

77 *Kyoto Protocol Fast Facts* (2018). CNN, March 21. Retrieved from https://www.cnn.com/2013/07/26/world/kyoto-protocol-fast-facts/index.html.

78 엄밀히 말하면 투표 결과는 의정서에 있던 것은 아니고 버드-하겔 결의안에 언급되어 있다. 이 결의안은 의정서에 대해 아무런 언급 없이 이를 무효화시켰다.

79 United Nations (2020). *Paris Agreement*. https://unfccc.int/process-and-meetings/the-paris-agreement/the-paris-agreement/key-aspects-of-the-paris-agreement.

80 Improving No Child Left Behind (2011). *New York Times*, October 1. Retrieved from https://nytimes.com/2011/10/01/opinion/improving-no-child-left-behind.html.

chapter 3 **서로 신뢰하기**

1 Grossman, L. (2009). *A Watchmen* Fan's Notes. *Time*, March 5. Retrieved from https://content.time.com/time/magazine/article/0,9171,1883361,00.html.

2 Friedman, T. L. (1999). The Lexus and the Olive Tree: Understanding Globalization. New York: Farrar, Straus, and Giroux.

3 Sturgis, P., and P. Smith (2010). Assessing the Validity of Generalized Trust Questions: What Kind of Trust Are We Measuring? *International Journal of Public Opinion Research, 22*(1): 74-92.

4 Pinker, S. (2008). The Moral Instinct. *The New York Times*, January 13. Retrieved from https://www.nytimes.com/2008/01/13/magazine/13Psychology-t.html.

5 Graham, J., J. Haidt, and B. A. Nosek (2009). Liberals and Conservatives Rely on Different Sets of Moral Foundations. *Journal of Personality and Social Psychology,*

96(5): 1029-1046; Haidt, J. (2012). *The Righteous Mind: Why Good People Are Divided By Politics and Religion*. New York: Pantheon Books.

6 Coughlan, S. (2014). *US Schools to have Non-white Majority*. BBC News, August 26. Retrieved from https://www.bbc.com/news/education-28937660.

7 Berger, J. A., C. Heath, and B. Ho (2005). Divergence in Cultural Practices: Tastes as Signals of Identity. Retrieved from https://repository.upenn.edu/marketing_papers/306.

8 Putnam, R. D. (2007). E pluribus unum: Diversity and community in the twenty-first century the 2006 Johan Skytte Prize Lecture. *Scandinavian political studies, 30*(2), 137-174.

9 Abascal, M., & Baldassarri, D. (2015). Love thy neighbor? Ethnoracial diversity and trust reexamined. *American Journal of Sociology, 121*(3), 722-782.

10 Falk, A., A. Becker, T. Dohmen, B. Enke, D. Huffman, and U. Sunde (2018). Global Evidence on Economic Preferences. *Quarterly Journal of Economics, 133*(4): 1645-1692.

11 Zhou, X., Y. Liu, and B. Ho (2015). The Cultural Transmission of Cooperative Norms. *Frontiers in Psychology, 6*, 1554.

12 Matsa, K. E., and E. Shearer (2018). *News Use Across Social Media Platforms 2018*. Pew Research Center, September 10. Retrieved from https://www.journalism.org/2018/09/10/news-use-across-social-media-platforms-2018/.

13 Dunbar, R. I., Arnaboldi, V., Conti, M., & Passarella, A. (2015). The structure of online social networks mirrors those in the offline world. *Social networks, 43*, 39-47.

14 Ortoleva, P., and E. Snowberg (2015). Overconfidence in Political Behavior. *American Economic Review, 105*(2): 504-535.

15 Enns, P. (2014). *Presidential Campaigns Are Less Important Than Previously Thought in Influencing How People Vote*. LSE US Centre, May 15. Retrieved from https://blogs.lse.ac.uk/usappblog/2013/09/05/presidential-campaigns-fundamentals/.

16 Allcott, H., L. Braghieri, S. Eichmeyer, and M. Gentzkow (2019). *The Welfare Effects of Social Media*. No. w25514. National Bureau of Economic Research.

17 Boxell, L., M. Gentzkow, and J. M. Shapiro (2017). *Is the Internet Causing Political Polarization? Evidence from Demographics.* No. w23258. National Bureau of Economic Research.

18 Quoidbach, J., D. T. Gilbert, and T. D. Wilson (2013). The End of History Illusion. *Science, 339*(6115): 96-98.

19 Manson, M. (n.d.). *Why You Can't Trust Yourself*. Pocket. Retrieved from https://getpocket.com/explore/item/why-you-can-t-trust-yourself?utm_source=pocket-newtab.

20 O'Donoghue, T., and M. Rabin (1999). Doing It Now or Later. *American Economic Review, 89*(1): 103-124.

21 Centers for Disease Control and Prevention (CDC) (2020). *Smoking Cessation: Fast Facts.* May 21. Retrieved from https://www.cdc.gov/tobacco/data_statistics/fact_sheets/cessation/quitting/index.htm.

22 Chen, M. K. (2013). The Effect of Language on Economic Behavior: Evidence from Savings Rates, Health Behaviors, and Retirement Assets. *American Economic Review, 103*(2): 690-731.

23 수학기호로 표시하자면 경제학자들은 이타심을 자신을 위한 효용(x_i)에 (x_{-i})로 표시되는 다른 사람의 효용을 곱한다. 행동경제학자들은 오늘의 효용과 미래의 효용의 차이를 오늘의 효용(x_t) 곱하기 미래의 효용(x_{t+1})으로 표시한다.

24 Minsky, M. (1988). *Society of Mind*. New York: Simon and Schuster.

25 Ariely, D., G. Loewenstein, and D. Prelec (2003). "Coherent Arbitrariness": Stable Demand Curves Without Stable Preferences. *Quarterly Journal of Economics, 118*(1): 73-106.

26 Bénabou, R., & Tirole, J. (2011). Identity, Morals, and Taboos: Beliefs as Assets. *Quarterly Journal of Economics, 126*(2): 805-855.

27 이 이야기는 실화를 바탕으로 하지만, 무고한 사람에게 피해가 가지 않도록 세부적으로 각색했다.

28 Ho, B., & Liu, E. (2011). Does Sorry Work? The Impact of Apology Laws on Medical Malpractice. *Journal of Risk and Uncertainty, 43*(2), 141; Ho, B., & Liu, E. (2011). What's an Apology Worth? Decomposing the Effect of Apologies on Medical Malpractice Payments Using State Apology Laws. *Journal of Empirical Legal Studies, 8,* 179-199.
눈치 빠른 독자라면 이 책의 앞부분에서 내가 통계는 인과관계가 아닌 연관관계밖에 보여줄 수 없다고 한 말을 기억할 것이다. 내 논문에서는 위약 테스트, 평행추세 테스트, 불법 행위 개혁운동이나 정당의 대안 명분 테스트 같은 계량경제학의 기법을 사용해서 인과관계를 보여주었다.

29 Tiedens, L. Z. (2001). Anger and Advancement Versus Sadness and Subjugation: The Effect of Negative Emotion Expressions on Social Status Conferral. *Journal of Personality and Social Psychology 80*(1): 86-94.

30 Cilliers, J., O. Dube, and B. Siddiqi (2018). Can the Wounds of War Be Healed? Experimental Evidence on Reconciliation in Sierra Leone. May. International Initiative for Impact Education.

31 Ho, B. (2012). Apologies as Signals: with Evidence from a Trust Game. *Management Science, 58*(1), 141-158.

32 Warner, G. (2018). A Case Study in How to Apologize for a War Crime. NPR. https://www.npr.org/2018/06/13/619447126/a-case-study-in-how-to-apologize-for-a-war-crime.

33 Glass, I. (2019). Get a Spine! *This American Life*. https://www.thisamericanlife.org/674/transcript. <디스 아메리칸 라이프>는 수년 동안 수많은 사과를 다루었다. 독자들에게 찾아보기를 권한다. 1990년대부터 나는 열성팬이었다.

34 Tavuchis, N. (1991). *Mea Culpa: A Sociology of Apology and Reconciliation*. Stanford, CA: Stanford University Press, 1991.

35 이를테면, 다음을 보라. Fischbacher, U., and V. Utikal, V. (2013). On the Acceptance of Apologies. *Games and Economic Behavior, 82*: 592-608.

36 Minter, A. (2019). Why Big Brother Doesn't Bother Most Chinese. *Bloomberg*, January 24. Retrieved from https://www.bloomberg.com/opinion/articles/2019-01-24/why-china-s-social-credit-systems-are-surprisingly-popular.

37 *Social Credit System* (2020). Wikipedia, January 23. Retrieved from https://en.wikipedia.org/wiki/Social_Credit_System.

38 신뢰게임을 해본 사람이라면 성별이 미치는 영향을 데이터에서 확인했을 것이다. 나는 확실히 보았으며 다음 문헌을 참조하기 바란다. Innocenti, A., and M. G. Pazienza (2006). *Altruism and Gender in the Trust Game.* Labsi Working Paper No. 5/2006. https://ssrn.com/abstract=884378 or http://dx.doi.org/10.2139/ssrn.884378.

39 Board of Governors of the Federal Reserve System (n.d.). Retrieved from https://www.federalreserve.gov/econres/notes/feds-notes/gender-related-differences-in-credit-use-and-credit-scores-20180622.html.

40 Darwall, S. (2008). Kant on Respect, Dignity, and the Duty of Respect.

41 Acquisti, A., C. Taylor, and L. Wagman (2016). The Economics of Privacy. *Journal of Economic Literature, 54*(2): 442-492.

42 Case, A., and A. Deaton (2020). *Deaths of Despair and the Future of Capitalism.* Princeton, NJ: Princeton University Press.

43 Sexton, S. E., and A. L. Sexton (2014). Conspicuous Conservation: The Prius

Halo and Willingness to Pay for Environmental Bona Fides. *Journal of Environmental Economics and Management, 67*(3): 303-317.

44 Frank, R. H. (1984). Interdependent Preferences and the Competitive Wage Structure. *RAND Journal of Economics, 15*(4): 510-520.

45 Berger, J. A., B. Ho, and Y. V. Joshi (2011). *Identity Signaling with Social Capital: A Model of Symbolic Consumption*. Available at SSRN 1828848.

46 Buss, S., and A. Westlund (2018). Personal Autonomy. *Stanford Encyclopedia of Philosophy*, February 15. Retrieved from https://plato.stanford.edu/entries/personal-autonomy/#FourLessOverAccoPersAuto.

chapter 4 **신뢰의 경제학**

1 Sen, Amartya (1977). Rational Fools: A Critique of the Behavioral Foundations of Economic Theory. *Philosophy & Public Affairs, 6*(4), 317-344/

2 유사한 방식으로, 물리학에서는 중력이 우주의 두 천체(예를 들어 행성과 항성)의 움직임에 어떻게 작용하는지는 고등학생이 계산해서 어린이에게 설명할 수 있을 정도로 쉽다고 한다. 그러나 세 천체의 움직임을 예상하는 것(삼체문제(three body problem))은 수학적으로 매우 어렵다고 한다. 즉 우주에서 세 가지 천체가 서로 영향을 미치면서 움직이는 방향을 예측하는 것은 절대로 정확히 알 수 없다는 뜻이다.

3 Page, S. E. (2007). *The Difference: How the Power of Diversity Creates Better Groups, Firms, Schools, and Societies.* Princeton, NJ: Princeton University Press.

4 Arrow, K. J. (1969). The organization of economic activity: issues pertinent to the choice of market versus nonmarket allocation. *The analysis and evaluation of public expenditure: the PPB system, 1,* 59-73.

5 Arrow, K. J. (1974). *The Limits of Organization*. New York: Norton. 국내 출간명 《조직의 한계》.

6 Robbins, B. G. (2016). What is trust? A multidisciplinary review, critique, and synthesis. *Sociology compass, 10*(10), 972-986.

7 McLeod, C., in Zalta, E. N. (2015). Trust. In *Stanford Encyclopedia of Philosophy*

8 Fourcade, M., E. Ollion, and Y. Algan (2015). The Superiority of Economists. *Journal of Economic Perspectives, 29*(1): 89-114.

9 Lazear, E. (2000). Economic Imperialism. *Quarterly Journal of Economics, 115*(1), 99-146.

10 Card, D, Pischke, J. (2010). The Credibility Revolution in Empirical Economics: How Better Research Design is Taking the Con out of Econometrics. *Journal of Economic Perspectives, 24*(2), 3-30.

11 Deaton, A. (2010). Instruments, Randomization, and Learning About Development. *Journal of Economic Literature, 48*, 424-455.

12 Kuhn, T. S. (1962). *The Structure of Scientific Revolutions*. Chicago: University of Chicago Press. 국내 출간명 《과학혁명의 구조》.

13 Hill, T., Lewicki, P., Czyzewska, M., & Schuller, G. (1990). The Role of Learned Inferential Encoding Rules in the Perception of Faces: Effects of Nonconscious Self-Perpetuation of a Bias. *Journal of Experimental Social Psychology, 26*(4), 350-371.

14 Raz, J. (2017). Intention and value. *Philosophical Explorations, 20*(sup2), 109-126.

15 Tavuchis, N. (1991). *Mea Culpa: A Sociology of Apology and Reconciliation.* Stanford, CA: Stanford University Press.

16 Ho, B. (2012). Apologies as signals: with evidence from a trust game. *Management Science, 58*(1), 141-158.

17 Card, D., and S. DellaVigna (2013). Nine Facts about Top Journals in Economics. *Journal of Economic Literature, 51*(1), 144-161.

18 Angrist, J. D., and J-S. Pischke (2010). "The Credibility Revolution in Empirical Economics: How Better Research Design Is Taking the Con out of Econometrics." *Journal of Economic Perspectives, 24*(2): 3-30.

19 그러나 B가 정답일 수도 있으므로 관심이 있는 독자는 이를 연구하며 사색의 토끼굴에 빠져보는 것도 좋을 것 같다.

20 Zhou, X., Liu, Y., & Ho, B. (2015). The cultural transmission of cooperative norms. *Frontiers in psychology, 6*, 1554; Ho, Apologies as signals.

21 Halperin, B., Ho, B., List, J. A., & Muir, I. (2019). *Toward an understanding of the economics of apologies: evidence from a large-scale natural field experiment* (No. w25676). National Bureau of Economic Research.

22 Slonim, R., and A. E. Roth (1998). Learning in High Stakes Ultimatum Games: An Experiment in the Slovak Republic. *Econometrica, 66*(3), 569-596.

23 Dohmen, T., Falk, A., Huffman, D., & Sunde, U. (2008). Representative Trust

and Reciprocity: Prevalence and Determinants. *Economic Inquiry, 46*(1), 84-90.

chapter 5 현대경제와 신뢰

1 U.S. Treasury Department. (n.d.). History of "In God We Trust." Retrieved January 4, 2020 from https://www.treasury.gov/about/education/Pages/in-god-we-trust.aspx.

2 "The Colour of Money." *99% Invisible*, January 1, 1970, 99percentinvisible.org/episode/episode-54-the-colour-of-money/.

3 뒤에서 이자율을 이용해서 어떻게 금액으로 신뢰를 측정하는지 알아볼 것이다. 미국은 국가에 대한 신뢰 덕분에 전 세계에서 가장 낮은 이자율을 적용받는다.

4 Benjamin, A., and A. Shore (2017). *Change Is Good! A History of Money.* British Museum Blog. Retrieved from https://blog.britishmuseum.org/change-is-good-a-history-of-money/.

5 Goldstein, J., and D. Kestenbaum (2010). The Island of Stone Money. NPR, December 10. Retrieved from https://www.npr.org/sections/money/2011/02/15/131934618/the-island-of-stone-money.

6) Federal Reserve Bank of St. Louis (n.d.). "Functions of Money—The Economic Lowdown Podcast Series." http://www.stlouisfed.org/education/economic-lowdown-podcast-series/episode-9-functions-of-money.

7 *GoldSilverCopper Standard* (n.d.). TVTropes. Retrieved from https://tvtropes.org/pmwiki/pmwiki.php/Main/GoldSilverCopperStandard.

8 "Bryan's 'Cross of Gold' Speech: Mesmerizing the Masses" (n.d.). *History Matters—The U.S. Survey Course on the Web*. historymatters.gmu.edu/d/5354/. 여기에는 다음과 같이 멋지면서도 아이러니한 주석이 달려 있다. "뉴턴 역시 평생 연금술을 이용해 값싼 금속을 금으로 제조하려 했다. 그는 금을 만드는 데 실패했을지 모르지만 중앙은행장으로서 금을 '창조'할 수 있었다."

9 "Episode 421: The Birth of the Dollar Bill" (2012). NPR, December 7. Retrieved from https://www.npr.org/transcripts/166747693.

10 Fiat (n.d.). Dictionary.com. https://www.dictionary.com/browse/fiat?s=t.

11 Fontevecchia, A. (2012). How Many Olympic-Sized Swimming Pools Can

We Fill with Billionaire Gold? *Forbes*, March 20. www.forbes.com/sites/afontevecchia/2010/11/19/how-many-olympic-sized-swimming-pools-can-we-fill-with-billionaire-gold/#37af2f2f69f1.

12 Neumann, M. J. (1992). Seigniorage in the United States: How Much Does the U.S. Government Make from Money Production? *Federal Reserve Bank of St. Louis Review, 74*(March/April). https://files.stlouisfed.org/files/htdocs/publications/review/92/03/Seigniorage_Mar_Apr1992.pdf.

13 Bernanke, B. (2000). *Essays on the Great Depression*. Princeton, NJ: Princeton University Press.

14 Krugman, P. R. (1994). *Peddling prosperity: Economic sense and nonsense in the age of diminished expectations.* New York: Norton.

15 Ramsden, D. (2004). *A Very Short History of Chinese Paper Money.* Financial Sense University. Retrieved from https://web.archive.org/web/20080609220821/http://www.financialsense.com/fsu/editorials/ramsden/2004/0617.html.

16 Everett (n.d.). *World War I Poster Showing Uncle Sam*. Fine Art America. Retrieved from https://fineartamerica.com/featured/world-war-i-poster-showing-uncle-sam-everett.html.

17 Roeder, O. (2014). *What the Next Generation of Economists Is Working On*. FiveThirtyEight, December 17. Retrieved from https://fivethirtyeight.com/features/what-the-next-generation-of-economists-are-working-on/.

18 Witko, C. (2019). "How Wall Street Became a Big Chunk of the U.S. Economy—and When the Democrats Signed On." *Washington Post*, Monkey Cage, April 18. Retrieved from https://www.washingtonpost.com/news/monkey-cage/wp/2016/03/29/how-wall-street-became-a-big-chunk-of-the-u-s-economy-and-when-the-democrats-signed-on/.

19 '재화(Stuff)'는 효용의 개념을 내 식으로 설명하는 방식이다. 경제학자가 사람들이 효용을 최대화하는데 도움을 주고 싶다고 하는 것은 그들이 원하는 것을 주고 싶다는 뜻이다. 경제가 생산하는 것은 방학이나 교육보다 더 추상적인 존엄성이나 정체성을 의미할 수도 있지만 현대경제학에서는 중요한 개념이 아니며 제6장에서 다룰 것이다. 존엄성과 소속감, 일자리 창출 등은 경제학자가 아닌 사람들이 원하는 것이다. 이런 주제도 언급은 하겠지만 이 책에서 다루는 범위와는 거리가 있다.

20 Malthus, T. R. (1986). *An Essay on the Principle of Population. 1798. In The Works of Thomas Robert Malthus, Vol. 1*, 1-139, London: Pickering & Chatto Publishers. 국내 출간명 《인구론》.

21 효율적인 시장이라면 창출하는 효용의 가치와 동등한 급여를 받아야 하나, 비효율적인 시장에서는 독점기업이 보다 많은 대가를 받을 것이다.

22 Greif, A. (2006). *Institutions and the Path to the Modern Economy: Lessons*

from Medieval Trade. New York: Cambridge University Press.

23 흥미롭게도 노동자가 자본을 착취하는 현상은 카를 마르크스의 작품을 읽은 독자가 기대하는 상황과 다르다. 마르크스는 자본이 노동자를 착취한다고 보았다. 그는 자본가가 자본을 독점한다면 자본과 노동자 사이의 모든 권력을 가질 수 있다고 우려했다. 특히 자본가가 자기 마음대로 정부 규제를 준수하지 않을 때 이런 폐해가 더 커질 것이라고 했다. 이 장에서는 자본과 노동자가 처음부터 동일한 협상 위치에서 시작한다고 가정하나 한편이 독점권을 갖게 되면 주도권이 바뀔 수 있다는 점을 인정한다.

24 Yiin, W. (2019). Former Banks of NYC Repurposed into Drugstores, Ice Cream Parlors, and Pop-up Stores. *Untapped New York*, February 7. Retrieved from https://untappedcities.com/2013/08/02/former-banks-nyc-repurposed-into-drugstores-apartments-pop-up-stores/.

25 Chen, J. (2020). *Accredited Investor*. Investopedia, January 17. Retrieved from https://www.investopedia.com/terms/a/accreditedinvestor.asp.

26 Locke, M. (1989). Restaurant Issues Its Own "Deli Dollars." *LA Times*, November 19. Retrieved from https://www.latimes.com/archives/la-xpm-1989-11-19-mn-215-story.html.

27 Campbell, C. (2019). How China Is Using Big Data to Create a Social Credit Score. *Time*, August 14. Retrieved from https://time.com/collection/davos-2019/5502592/china-social-credit-score/.

28 Federal Reserve Bank of St. Louis (2020). 1-Month AA Financial Commercial Paper Rate. FRED Economic Data, January 17. Retrieved from https://fred.stlouisfed.org/series/DCPF1M.

29 National Bureau of Economic Research (n.d.). *The Global Financial Crisis: A Selective Review of Recent Research in the International Finance and Macroeconomics Program*. Retrieved from https://www.nber.org/programs/ifm/ifm09.html.

30 Irvine, Sol (2012). What Is It That A Lawyer Does That Takes So Many Hours? *Forbes*, May 21. Retrieved from https://www.forbes.com/sites/quora/2012/05/21/what-is-it-that-a-lawyer-does-that-takes-so-many-hours/#5047d986205b.

31 이 주제에 대해 자세히 알고 싶다면 B. Ho, and D. Huffman (2018), Trust and the Law, in *Research Handbook on Behavioral Law and Economics* (Cheltenham, UK: Edward Elgar)를 참조 바람.

32 Falk, A., and M. Kosfeld (2006). The Hidden Costs of Control. *American Economic Review, 96*(5): 1611-1630.

33 Halac, M. (2012). Relational Contracts and the Value of Relationships.

American Economic Review, 102(2): 750-779.

34 Aghion, P., and J. Tirole (1997). Formal and Real Authority in Organizations. *Journal of Political Economy, 105*(1): 1-29.

35 Algan, Y., and P. Cahuc (2014). Trust, Growth, and Well-Being: New Evidence and Policy Implications. In *Handbook of Economic Growth*(Vol. 2, 49-120). New York: Elsevier.

36 Acemoglu, D., and J. A. Robinson (2005). *Economic Origins of Dictatorship and Democracy*. New York: Cambridge University Press.

37 Falk and Kosfeld, The Hidden Costs of Control.

38 Halac, Relational Contracts and the Value of Relationships.

39 Smith, A., and D. Stewart (1963). *An Inquiry into the Nature and Causes of the Wealth of Nations, Vol. 1.* Homewood, IL: Irwin. 국내 출간명 《국부론》.

40 Coase. R. H. The nature of the firm (1937). *The Nature of the Firm. Origins, Evolution, and Development*. (New York: Oxford University Press), 18-33.

41 Alchian, A. A., and H. Demsetz (1972). Production, Information Costs, and Economic Organization. *American Economic Review, 62*(5): 777-795. Coase, R. H. (2000). The Acquisition of Fisher Body by General Motors. *Journal of Law and Economics, 43*(1): 15-32.

42 Xie, W., B. Ho, S. Meier, and X. Zhou (2017). Rank Reversal Aversion Inhibits Redistribution Across Societies. *Nature Human Behaviour, 1*(8): 1-5.

43 Chwe, M. S. Y. (1990). Why Were Workers Whipped? Pain in a Principal-Agent Model. *Economic Journal, 100*(403): 1109-1121.

44 Aghion, P., and J. Tirole (1997). Formal and Real Authority in Organizations. *Journal of Political Economy, 105*(1): 1-29.

45 Bao, J. (2020). (How) Do Risky Perks Benefit Firms? The Case of Unlimited Vacation. In *Academy of Management Proceedings* (Vol. 2020, No. 1, p. 18308). Briarcliff Manor, NY: Academy of Management.

46 Lazear, E. P. (2000). Performance Pay and Productivity. *American Economic Review, 90*(5): 1346-1361.

47 Fehr, E., S. Gächter, and G. Kirchsteiger (1997). Reciprocity as a Contract Enforcement Device: Experimental Evidence. *Econometrica: Journal of the Econometric Society*: 833-860.

48 노동에서의 선물 주기 모델에 대해서는 다음 요약을 참조하라. S. DellaVigna, J. A. List, U. Malmendier, and G. Rao (2016), *Estimating Social Preferences and Gift Exchange at Work*, Working Paper 22043, National Bureau of Economic Research, https://www.nber.org/papers/w22043.

49 McAlister, A. R., and T. B. Cornwell (2010). Children's Brand Symbolism Understanding: Links to Theory of Mind and Executive Functioning. *Psychology & Marketing, 27*(3): 203-228.

50 Kreps, D. M. (1990). Corporate Culture and Economic Theory. *Perspectives on Positive Political Economy, 90*: 109-10.

51 Lewis, R. A., and D. H. Reiley (2014). Online Ads and Offline Sales: Measuring the Effect of Retail Advertising via a Controlled Experiment on Yahoo! *Quantitative Marketing and Economics, 12*(3): 235-266.

52 Becker, G. S., and K. M. Murphy (1993). A Simple Theory of Advertising as a Good or Bad. *Quarterly Journal of Economics, 108*(4): 941-964.

53 Wattenberg, L. (2015). *Was Freakonomics Right About Baby Names?* Baby-Name Wizard, July 30. Retrieved from https://www.babynamewizard.com/archives/2015/7/was-freakonomics-right-about-baby-names.

54 Berger, J. A., Ho, B., & Joshi, Y. V. (2011). Identity Signaling with Social Capital: A Model of Symbolic Consumption. *Marketing Science Institute Working Paper Series*. https://www.msi.org/working-papers/identity-signaling-with-social-capital-a-model-of-symbolic-consumption/.

55 Bertrand, M., and F. Kamenica (2018). *Coming Apart? Cultural Distances in the United States over Time* (No. w24771). National Bureau of Economic Research. https://www.nber.org/papers/w24771.

56 Berger, J. (2013). *Contagious: Why Things Catch On* New York: Simon and Schuster. Ho, B. (2017). How Hollywood Manipulates You by Using Your Childhood Memories. Quartz, October 24. Retrieved from https://qz.com/1108122/how-hollywood-manipulates-you-using-your-childhood-memories/.

57 Hsiaw, A. (2014). Learning Tastes Through Social Interaction. *Journal of Economic Behavior and Organization, 107*: 64-85.

58 Farrell, H. (2020). *Dark Leviathan*. Aeon, January 23. Retrieved from https://aeon.co/essays/why-the-hidden-internet-can-t-be-a-libertarian-paradise.

59 Sabanoglu, T. (2019). *Amazon: Third-Party Seller Share 2020*. Statista, November 19. Retrieved from https://www.statista.com/statistics/259782/third-party-seller-share-of-amazon-platform/.

60 이런 종류의 비즈니스 모델은 그 전부터 존재했다. 다만 현대의 기술 진보 덕택에 오늘날 더욱 인기를 끌고 있을 뿐이다.

61 2019년 11월 우버의 시장 점유율은 69.7퍼센트였다.

62 Irwin, N. (2017). Tale of Two Janitors—Kodak vs. Apple—Dramatizes How Economy Has Changed. *Seattle Times*, September 9. Retrieved from https://www.seattletimes.com/business/economy/tale-of-two-janitors-kodak-vs-apple-dramatizes-how-economy-has-changed/.

63 Torpey, K. (2018). Study Suggests 25 Percent of Bitcoin Users Are Associated with Illegal Activity. *Bitcoin Magazine*, January 22. Retrieved from https://bitcoinmagazine.com/articles/study-suggests-25-percent-bitcoin-users-are-associated-illegal-activity1.

64 United States Money Supply M0 (n.d.). Trading Economics. Retrieved from https://tradingeconomics.com/united-states/money-supply-m0.

65 Purkey, H. (2010). The Art of Money Laundering. *Florida Journal of International Law, 22*: 111.

66 Bloomberg (2017). Ethereum Bandits Stole $225 Million This Year. *Fortune*, August 28. Retrieved from https://fortune.com/2017/08/28/ethereum-cryptocurrency-stolen-bitcoin/.

chapter 6 결론

1 Ridley, M. (2010). *The Rational Optimist: How Prosperity Evolves*. New York: Harper. 국내 출간명 《이성적 낙관주의자》.

2 Ehrlich, P. R., D. R. Parnell, and A. Silbowitz (1971). *The Population Bomb, Vol. 68*. New York: Ballantine.

3 Rosling, H., O. Rosling, and A. Rosling Rönnlund (2018). *Factfulness: Ten Reasons We're Wrong About the World—and Why Things Are Better Than You Think*. New York: Flatiron Books. (국내 출간명 《팩트풀니스》.) Pinker, S. (2012). *The Better Angels of Our Nature: Why Violence Has Declined*. New York: Penguin.

4 Gates, B. (2018). Bill Gates: Why I Decided to Edit an Issue of TIME. *Time Magazine*, January 4. Retrieved from https://time.com/5086870/bill-gates-guest-editor-time/.

❖ 찾아보기

ㅇ